武汉大学刑法博士文丛（24）

共犯认识错误问题研究

Research on the Mistake Issues of Complicity's Crimes

袁 雪 著

中国人民公安大学出版社

·北 京·

图书在版编目（CIP）数据

共犯认识错误问题研究/袁雪著. —北京：中国人民公安大学出版社，2011.8

（武汉大学刑法博士文丛）

ISBN 978-7-5653-0522-1

Ⅰ. ①共… Ⅱ. ①袁… Ⅲ. ①同案犯—研究 Ⅳ. ①D914.04

中国版本图书馆 CIP 数据核字（2011）第 150180 号

共犯认识错误问题研究

袁 雪 著

出版发行：中国人民公安大学出版社
地　　址：北京市西城区木樨地南里
邮政编码：100038
经　　销：新华书店
印　　刷：北京蓝空印刷厂

版　　次：2011 年 8 月第 1 版
印　　次：2011 年 8 月第 1 次
印　　张：7.625
开　　本：880 毫米×1230 毫米　1/32
字　　数：205 千字

书　　号：ISBN 978-7-5653-0522-1
定　　价：25.00 元

网　　址：www.cppsup.com.cn　www.porclub.com.cn
电子邮箱：zbs@cppsup.com　zbs@cppsu.edu.cn

营销中心电话：（010）83903254
读者服务部电话（门市）：（010）83903257
警官读者俱乐部电话（网购、邮购）：（010）83903253
法律图书分社电话：（010）83905745

总　序

依法治国、建设社会主义法治国家已成为我国的基本治国方略，而刑事法治是社会主义法治的重要组成部分。因此，以刑事法治为研究内容的刑法科学也一直受到国家和社会的重视。改革开放以来，我国的刑法学研究取得了长足的进步，研究领域日益扩展，研究层次不断提高，呈现出空前繁荣兴旺的景象。这一大好局面的取得，离不开几代刑法学人的奋斗，其中也包括刑法学博士研究生们的努力。他们风华正茂、思想活跃、勤于探索、刻苦钻研，所撰写的博士论文一般来说选题合理、资料翔实、思路开阔、论证充分、精品迭出，为刑法理论的完善与发展作出了贡献。

武汉大学刑法学科从1987年开始招收博士生，在将近20年的时间里，为社会输送了一批又一批高质量的人才，同时也使博士点本身得以不断发展与壮大。武汉大学刑法学的博士生们关注刑法基础理论的研究，重视学位论文的撰写，他们的论文大多具有真知灼见，理论水平较高。一部分论文出版之后，在社会上得到好评。进入新的世纪，由于博士生招生规模的扩大，每年毕业的博士生数量大增，优秀博士论文的数量也相应增多，以往每年出版两本毕业论文的规模已经跟不上形势的发展变化。如果优秀的博士论文因各种原因不能付梓，研究成果无法与读者见面，既不利于理论成果的社会共享，也不利于年轻学者的脱颖而出。有鉴于此，我们与中国人民公安大学出版社洽商，设立“武汉大学刑法博士文丛”，出版社慨然允诺，给予支持。这样每年出版一批优秀的刑法学博士论文，形成规模效益，可以凝聚成一股学术力量，为刑法学界增添较有分量的学术成果。

"武汉大学刑法博士文丛"由武汉大学法学院刑事法研究中心的教授组成编委会，负责编辑出版事宜，以每年答辩的刑法学博士论文为选择范围，审慎选择其中优秀的博士论文逐年编辑出版。"武汉大学刑法博士文丛"的质量，取决于入选论文的水平。它的社会评价的高低，是检验武汉大学刑法学博士点教学研究水平的试金石。希望我们的博士研究生能够潜心治学、求真务实、重视创新、锐意进取，写出高质量的博士论文，使这套文丛不断有优秀著作问世。

最后需要提出的是，多年来中国人民公安大学出版社给予了武汉大学刑法学科大力支持，"武汉大学刑法博士文丛"的顺利出版正是这种支持的又一具体体现。借此机会，我本人并代表编委会谨向中国人民公安大学出版社表示由衷的感谢！

马克昌

2006 年夏于珞珈山

目　录

前　言

共犯认识错误是刑法学中一个极为复杂的问题，其复杂程度远非单独犯所能比，共犯本身就被誉为刑法学中最黑暗的一章，在共犯中探讨错误问题无疑是难上加难。这一方面是因为共犯人主观认识要素的范围要远远大于单独犯，他不仅要对自己的行为有所认识，还要对其他共犯人的主观方面、行为有所认识，在特定场合甚至还需要对其他共犯人主体方面的要素有所认识；另一方面，在教唆犯、帮助犯的场合，行为人是间接地通过实行犯的实行行为引起最终的犯罪结果，在这样一个被有些学者称为因果关系延长了的过程中，错误问题更加错综复杂。对于实行犯的认识错误，教唆犯或帮助犯要不要承担刑事责任、应该在什么样的范围内承担，都必须从理论上加以解决。不仅如此，不同共犯学说对共犯认识错误的处理也将产生重大的影响。因此，如果不对共犯认识错误问题进行深入研究，就无法准确地认定共犯人的主观罪过，也就会直接影响对他的定罪量刑。

现实中，共犯人间发生认识错误的情况是比较常见的，特别是近年来高发的雇凶犯罪案件中，由于雇凶者和被雇者对雇凶者所欲实施之罪或者被雇者实际实现之罪的认识不一致而造成了对雇凶者主观罪过认定的困难，很多判决引起了不小的争议，从刑法学者到普通民众都十分关注。例如，1999 年发生在河南省平顶山市的政法委书记李某雇凶杀人案，李某意图雇凶教训吕某，被雇者却实施了杀人行为，杀死了吕某的妻子并致吕某受伤。本案中对李某主观犯罪意图的认定不无争议。据李某的辩护律师讲，李某明确告诉被雇者意图伤害吕某，那么认定李某构成故意伤害罪的教唆犯是没有疑问的，可问题是李某对于吕妻的死亡是否应当承担责任，如果应当承担，那么是构成故意伤害罪致死的教唆犯还是故意杀人罪的教唆犯呢？学者们的观点并不一致。还有2000年发生在福建省厦门市的谢甲雇凶杀人案，谢甲意图雇凶教训谢乙，最终被雇者却实施了杀人行为，并且发生了错误，杀死了与谢乙同去的公司经理李某，而经鉴定谢乙只受到了轻伤。这个案件聚讼的焦点在于：首先，谢甲的教训意图能否包括杀人的故意；其次，谢甲是否应该为被雇者杀害错误对象承担责任。虽然最后判决认定谢甲构成故意杀人罪的教唆犯，但直至今日该案例仍被学者们激烈讨论，远没有达成共识。

因此，无论从理论上还是从社会现实的角度来看，深入研究共犯认识错误都具有十分重要的意义。

现阶段中国刑法学者对共犯认识错误的研究相对比较薄弱，专题论文较少，更多的是在刑法学教材以及关于共犯或认识错误的专著中有所涉及。主要的论文有：刘明祥教授的《论共同实行犯的事实错误》（《法商研究》1994年第5期）、汪保康教授的《共同犯罪中认识错误的几种情况》（《法律科学》1991年第6期）、许发民教授的《析教唆犯与间接正犯[1]之间认识错误的认定与处理——以部分的主客观相统一原则为立场》（《甘肃政法学院学报》2006年第1期）、沈琪等的《教唆犯罪事实错误问题的认定与处理——以主客观相统一原则为立场》（《法律适用》2007年第9期）等；在专著中探讨共犯认识错误的学者比较多，其中较有代表性的是刘明祥教授的《刑法中错误论》（中国检察出版社2004

① 间接正犯是德日学者提出的概念，我国学者多以间接实行犯名之，二者是指同一类犯罪现象，本书在介绍德日学者的观点时采用“间接正犯”，在介绍我国学者的观点时采用“间接实行犯”。

年版）第四章、陈兴良教授的《共同犯罪论》（中国人民大学出版社 2006 年版）第十四章；迄今为止，在硕、博论文中以共犯认识错误为研究对象的仅有 2006 年郑州大学陶辉硕士的《共犯错误论》一篇。不难看出，目前我国学者对于共犯认识错误的研究尚处于萌芽阶段，仅着手研究了共同实行犯、教唆犯等个别共犯形态的事实认识错误，而对法律认识错误鲜有论及，论述较为简单，研究较为分散，还没有形成围绕共犯认识错误自身特点而展开的体系化研究。张明楷教授曾经总结："共同犯罪的认识错误，是相当复杂的问题，我国刑法理论还没有展开研究。"

相较而言，日本刑法学者对共犯认识错误的研究较为深入，研究成果也比较丰富。其中具有代表性的成果有：齐藤金作的《共犯判例与错误》（《共犯判例与共犯立法》1959 年）、植田重正的《共犯与错误》（《关西大学法学评论集》1958 年第 8 卷）、福田平的《共犯与错误》（《齐藤还历》1964 年）、大塚仁的《间接正犯与教唆犯的错误》（《齐藤还历》1964 年）、西村克彦《共犯与错误》（《共犯论叙说》1961 年）、大野真义的《共犯与错误（1）》（《判例百选总论》1991 年）、齐藤丰治的《共犯与错误（2）》（《判例百选总论》1991 年）、西田典之的《论共犯的错误》（《团藤重光博士古稀祝贺文集》1984 年）等，在著作中论及共犯认识错误的学者则不胜枚举。可以看出，日本学者对于共犯认识错误的研究已经形成体系化的局面，并能够与实践中的判例紧密结合，可谓观点林立、百家争鸣，在众多的研究者中不乏一些知名学者。

与日本学者的研究状况相比，现阶段我国共犯认识错误理论亟须解决的问题主要有以下几点：第一，对共犯认识错误的基本问题进行界定，主要包括共犯认识错误的概念、特点以及地位等问题，这是构建共犯认识错误理论体系的必要前提；第二，以共犯的分工为基础、以单独犯认识错误的处理方法为指导深入研究共犯认识错误的具体问题，为解决发生共犯认识错误的场合如何确定各共犯人的刑事责任提供妥当的处理方法，这是研究共犯认识错误的终极目的和核心任务；第三，深入研究共犯认识错误和刑法中与其密切相关的其他若干问题相结合所产生的特殊问题，如共犯认识错误与身份、共犯认识错误与结果加重犯、共犯认识错误与阻却犯罪性前提事实错误等，这是完善共犯认识错误理论体系的必要组成部分。随着这些研究的展开，相信我国刑法学中的共犯认识错误理论将迎来一个崭新的局面。

基于上述认识，本书围绕我国共犯认识错误理论中“三个亟须解决的问题”谋篇布局，主要通过运用错误论中的不同处理方法来解决共犯认识错误问题，并将处理结果放入共犯基础理论中检讨，以此为据诠释了主客观相统一原则在处理共犯认识错误中的具体判断标准，分别论证了具体相一致、犯罪构成形式要件相一致以及罪质相一致三种不同判断标准的合理之处，并主张应当具体问题具体分析，根据不同的情况分别适用三种不同的判断标准，全书贯穿使用了实证分析法，通过深入分析大量案例作为论证的依据。本书旨在能够为我国共犯认识错误理论体系的建立贡献微薄之力，若能为司法实践提供一些有益的指导，笔者将不胜荣幸。当然，由于个人水平所限，书中难免存在一些谬误和粗疏，敬请学界各位前辈、师长和学友多多指教。

第一章

共犯认识错误的基础理论

第一节　刑法中认识错误的基础理论

研究共犯认识错误必须以单独犯认识错误的基础理论为依托，就像前者的犯罪构成是以后者为基础加以修正一样，共犯认识错误的处理方法也应该是通过对单独犯认识错误的处理方法的修正而形成的。

一、刑法中认识错误的概念

认识错误者，依一般社会通念而言，是指主观认识和客观事实不一致的情况。但也有学者认为，对客观事实的未知也应当归属于错误的范围内。① 外国刑法学者中，多数学者对刑法中认识错误的定义都比较简单，有的学者是在阐明错误在一般社会通念上的概念之后直接将刑法中的认识错误分为事实错误（构成要件事实错误）与法律错误（违法性错误、禁止错误）加以论述的；② 有的学者认为，刑法中的认识错误就是关于事实和法律的不正确认识或者没有

---

① ［日］大谷实著：《刑法总论》，黎宏译，法律出版社 2003 年版，第 132 页。

② ［日］泷川幸辰著：《犯罪论序说》，王泰译，法律出版社 2005 年版，第 107 页；［日］大谷实著：《刑法总论》，黎宏译，法律出版社 2003 年版，第 132 页；我国台湾地区也有学者采取类似做法，见陈子平著：《刑法总论》（2008 年增修版），中国人民大学出版社 2009 年版，第 136 页。

认识；[①] 当然也有一些学者认为，刑法中认识错误有其特定的内涵，不宜采用一般通念上的定义。例如，前苏联学者基里钦科认为，“错误是行为人对所实施的行为的社会危害性和那些组成某种犯罪构成重要因素的情况的不正确的观念”。[②] 我国刑法学者比较重视刑法中认识错误的本质特征，一般都从犯罪构成或者犯罪行为的性质上加以阐述，具体观点也并不一致。例如，有人认为是行为人对自己实施的犯罪构成事实或者对自己行为的社会危害性的主观认识与客观事实不一致的情况；[③] 有人认为是行为人在实施同犯罪相关的行为时对其行为的事实情况和法律意义的认识与现实不一致的情况；[④] 还有人认为是行为人主观上对和自己行为有关的、影响其犯罪与刑事责任的客观事实及其联系的歪曲反映。[⑤] 从上述几种定义可以看出，学者们对刑法中认识错误的存在范围的认识有较大差异，其中争议较多的问题有以下四个。

（一）刑法中的认识错误是否仅存在于故意犯罪中

有少数学者认为，过失犯罪同样会发生认识错误，并且在通常情况下认识错误是产生过失的重要原因，而负过失责任又是存在认识错误的行为人可能承担的一种法律后果，因此不能将过失犯罪排除在错误论的研究范围之外。[⑥] 但多数学者认为，刑法中的认识错误还是应当限定在故意犯罪中，因为错误本为过失应有之义，自然不必在过失论之后再探讨错误问题；并且，错误论在体系上也应该是由故意论派生出来的特殊问题，其目的在于解决发生认识错误的

---

① ［意］杜里奥·帕多瓦尼著：《意大利刑法学原理》，陈忠林译，法律出版社1998年版，第238页；［德］弗兰茨·冯·李斯特著，埃贝哈德·施密特修订：《德国刑法教科书》，徐久生译，何秉松校订，法律出版社2000年版，第295页。

② ［前苏联］基里钦科著：《苏维埃刑法中错误的意义》，蔡枢衡译，法律出版社1956年版，第19页。

③ 阮齐林：《论刑法中的认识错误》，载《法学研究》1996年第1期。

④ 刘明祥著：《刑法中错误论》，中国检察出版社2004年版，第33页。

⑤ 贾宇：《论刑法中的认识错误》，载《人民检察》2009年第5期。

⑥ 刘明祥著：《刑法中错误论》，中国检察出版社2004年版，第29页。

场合能否阻却行为人犯罪故意成立。[①]

笔者认为，如果从社会一般观念来看待认识错误，过失是典型的主观认识与客观事实不一致的情况，认识错误是产生过失的重要原因，一切过失都可以归结为错误，因此错误对过失来说是一般性问题而非特殊性问题。所以在已有过失论的情况下已没有必要在错误论中继续探讨过失问题，否则将不仅导致错误论的繁冗复杂，还会造成在内容上难以厘清与过失论的关系以及体系上的混乱。不可否认，在处理认识错误的过程中可能适用到过失论，错误论与过失论存在一定程度的联系。在发生认识错误的场合，第一步要运用错误论的处理原则判断是否阻却犯罪故意成立；第二步要根据第一步判断的结果，在肯定犯罪故意成立的场合判断认识错误是否影响到犯罪既遂；在否定犯罪故意成立的场合判断是成立过失犯罪还是作无罪处理。第二步的判断过程不能认为只是在错误论中解决的问题，而是涉及错误论、犯罪未遂论以及过失论三方面的问题。由此可以得出，错误论和过失论之间的联系存在于一个阶段性的判断过程中，但是两者在内容上则是界限清楚、泾渭分明的。

（二）刑法中的认识错误是否仅限于研究行为人的错误

日本学者西原春夫提出，在刑法分则所规定的要求被害人或第三人产生错误才能成立的犯罪中，被害人和第三人的认识错误属于构成要件事实错误的范围，有必要纳入错误论中进行研究。[②] 当然，即使在日本西原春夫教授的观点也属于少数说。通说认为，在此类犯罪中被害人或第三人基于错误而实施的处分行为是默示的犯罪构成要件，是判断犯罪是否既遂的要素之一，其本身是否发生错误并不能决定行为人的主观认识是否符合客观实际，因此不应该在错误论中讨论。

---

① 参见阮齐林：《论刑法中的认识错误》，载《法学研究》1996 年第 1 期。

② 参见［日］西原春夫：《刑法における错误の理论》，载《法学セミナー》1982 年第 7 期。

笔者赞成通说的观点，被害人或第三人是否产生错误认识对其自身而言是主观意识问题，但对于行为人而言则是必须认识的、客观存在于他人心里的事实，二者之间并没有决定与被决定的关系。以我国现行刑法规定的诈骗罪为例进一步分析，首先，如果被害人或第三人基于正确的认识而实施处分行为使行为人受益，此时存在两种情况：第一种是行为人认为被害人或第三人基于自己的欺诈行为而产生错误（这种场合下虽然行为人发生了认识错误，但却并不阻却故意成立），这种情况通常被认为构成诈骗罪未遂；第二种情况是行为人认识到被害人或第三人并没有因为自己的欺诈行为产生错误，而是自愿实施处分行为使自己获益，这种情况是否仍有必要按照诈骗罪未遂处理存在争议（具体争议已经超出了本书的讨论范围，不再详述）。其次，如果被害人或第三人基于错误的认识而实施处分行为使行为人受益，此时亦存在两种情况：第一种情况是被害人或第三人基于行为人的欺诈行为而产生错误，此时如果行为人有认识则无疑构成诈骗罪既遂，如果行为人没有认识转而实施其他行为获益则要探讨是否有构成其他犯罪的可能（如被害人的交付行为正在进行，但行为人误认为其欺诈行为没有起作用转而实施抢夺行为获益）；第二种情况是被害人或第三人基于行为人的欺诈行为之外的因素而产生错误，对于这种情况的处理就比较复杂了。如果行为人对此没有认识，那么对其是按照诈骗既遂还是未遂处理，学者们的主张并不一致。因为这种场合被害人或第三人的错误处分行为与行为人的欺诈行为之间没有因果关系，如果行为人认识到这种情况进而利用被害人或第三人的错误获益则存在构成其他犯罪的可能，因为之前的欺诈行为已经完成，而后实施的利用他人错误的行为应当另作评价。这就是说，被害人或第三人是否产生错误认识并不能够影响到行为人的认识是否符合客观实际。

（三）刑法中方法错误的归类

我国刑法学者中，有的认为刑法中的错误应当分为认识错误和方法错误（也称打击错误、行为误差等），因为在后者的场合是由与行为人主观认识无关的失误而导致行为人实际侵害的对象与他本欲侵害的对象不一致，所以方法错误与认识错误的性质并不相同;① 有的认为由于方法错误与行为人的主观认识无关，所以不应该在错误论中讨论;② 有的则认为方法错误属于刑法中的认识错误，因为认识错误的理论就是为了解决出现主观认识与客观事实不一致的情况时能否追究行为人的故意责任的问题，没有必要再为方法错误另建一套理论。③

笔者认为，肯定方法错误属于认识错误的观点更为合理。产生上述分歧的原因是没有完整地理解认识错误的含义。认识错误一方面可以理解为主观认识与客观实际不一致；另一方面也可以理解为由于认识本身违背了客观实际而导致的错误，但这两方面的含义并不是处在一个层次上，后者才是与方法错误并列的认识错误，并与方法错误共同组成了前者的内容。虽然，从一般社会观念上来说错误有很多种，看错了、想错了、说错了、做错了等，更有学者从哲学的角度分析认为“错误是与客观规律相违背的认识和行动。认识上的错误是对客观事物本来面目的歪曲反映，是人的认识与这种认识所反映的客观对象状况的实际不相符合，是没有正确地揭示客观规律。行动上的错误是与客观规律相违背的行动……”④ “把错误限于认识错误加以界说，把实践错误排除在外，这不能说是关于错误的完整定义”。⑤ 但是，就主观认识与实践错误（方法错误）本身而言，二者并非毫无关系的两个命题。人们基于既有的认识而指导实践活动，并通过实践来检验已有的认识是否正确进而反作用于主观认识。实践中发生错误，一方面可能是指导实践的主观认识违背了客观规律（即所谓的认识错误）；另一方面可能是基于认识

① 参见刘明祥：《打击错误及其处理原则研析》，载《法学家》1994 年第 5 期。

② 参见何秉松、于齐生：《论刑法上的错误》，载《政法论坛》1994 年第 4 期。

③ 参见张明楷：《论具体方法错误》，载《中外法学》2008 年第 2 期。

④ 文清源著：《错误论》，辽宁人民出版社 1991 年版，第 18 页。

⑤ 文清源著：《错误论》，辽宁人民出版社 1991 年版，第 16 页。

指导的实践活动本身违背了客观规律（即所谓的方法错误），而这两方面的错误都与行为人的主观认识密切相关。事实上，在人们的主观认识之外，任何事物的发生、发展、变化、消亡都是符合客观规律的，差别在于人们的认识是否符合客观规律以及是否认识到这种客观规律（这也就是有的学者所主张的无认识也是错误的一种表现形式）。可以断言，离开人们的主观认识，错误将不复存在，这也是为什么多数学者认为主观认识与客观事实不一致的场合即为认识错误的原因所在。因此，方法错误不应该从认识错误中独立出来。

（四）刑法中的认识错误是否仅存在于犯罪行为中

有学者指出，刑法中的认识错误不仅存在于犯罪行为中，在非犯罪行为中也可能存在。[①] 按照我国的犯罪构成理论，发生在阻却犯罪性行为中的认识错误无法通过犯罪构成来检讨（如正当防卫和紧急避险中的认识错误），但却同样需要运用错误论的处理方法来解决，这样看来非犯罪行为中也有刑法中认识错误的存在余地。然而，如果错误与犯罪行为没有任何联系或者对行为在刑法上的意义没有任何影响，那就不能说是刑法中的错误，发生在阻却犯罪性行为中的认识错误是应当在阻却犯罪性行为的构成中讨论的问题，不属于刑法中认识错误的研究范围。因此，可以说凡是与行为人的主观故意没有联系的事实错误、凡是与行为人对他行为在法律评价上的意义无关系的法律错误都不属于刑法中认识错误的研究范围。

这样，刑法中的认识错误可定义为行为人在实施故意犯罪行为之际产生的、对与其主观故意相关联的事实情况或者与其行为在法律评价上的意义的认识与客观实际不一致的情况。

① 参见刘明祥著：《刑法中错误论》，中国检察出版社2004年版，第30页。

二、刑法中认识错误的分类

（一）外国学者对刑法中认识错误的分类

通说认为，刑法中的认识错误应当分为事实错误和法律错误，前者是指行为人对自己所实施行为的事实情况的认识与客观实际不一致，后者是指行为人对自己所实施行为在法律评价上的意义的不正确认识。虽然这种分类方式最为古老，但却广为流传，不仅被德、日等大陆法系国家学者采用，也被英美法系国家学者采用。当然，这种分类方法由于过于粗浅而受到很多学者的批评，不仅事实错误和法律错误的范围不好界定，而且二者之间的区别也并不明确，经常被举出的例子是“关于财物的他人性”的认识在这种分类方法下难以判断是事实错误还是法律错误。过去，学者们一般是从广义上理解事实错误和法律错误的，这样前者既包括构成要件事实错误又包括构成要件之外的影响违法性的事实错误，后者既包括刑法法规的错误又包括非刑法法规的错误。①并且，这种分类方法与“事实错误阻却故意成立，法律错误不阻却故意成立”（也有学者认为非刑法法规的错误能够阻却故意成立）这一基本原则密切相关。近来，也有学者主张应该从狭义的角度理解事实错误和法律错误，这样前者就只包括构成要件事实错误，后者则增加了构成要件之外的影响违法性的事实错误的内容。

目前，德国理论界和实务界的通说认为刑法中的认识错误应当分为构成要件的错误和禁止的错误（也称“违法性错误”），前者是指在与构成要件所规定的事实上行为人的认识与客观实际不一致，后者则指对自己的行为不被法律所允许的认识错误。这种分类方法得到了很多日本学者的支持。西原春夫认为，这种分类方法不仅是词语上的变更，更加改变了认识错误在刑法学中的位置，从此

① 参见［德］弗兰茨·冯·李斯特著，埃贝哈德·施密特修订：《德国刑法教科书》，徐久生译，何秉松校订，法律出版社2000年版，第296页。

构成要件的错误属于构成要件该当性的问题，而禁止的错误则放在责任论中讨论，如此与犯罪论体系的变化相适应。[①] 而福田平则认为，这种分类方式与传统分类方式中狭义说的立场并无实质差别。因此，在很多日本学者的论著中，事实错误与构成要件的错误、法律错误与禁止错误的含义并无差别。[②]

以上述两种分类方式为基础，德日学者的具体主张仍存在较大差异。德国学者耶赛克等认为，刑法中的错误可分为构成要件错误、禁止的错误和关于免责事实的错误。耶赛克教授指出，免责事实的前提条件是错误既不是构成要件错误也不是禁止的错误，应当独立地加以研究。[③] 德国学者罗克辛认为，刑法中的错误应当分为行为构成错误、正当化事由错误和禁止的错误。罗克辛教授还指出，对因果过程的认识不是故意的条件，因果关系的错误与行为人的心理无关，只不过在这种场合将产生对故意的归责问题，所以应当把因果关系错误作为一种特殊的错误类型单独加以研究。[④] 日本学者大谷实认为，刑法上的错误应当分为事实错误、违法性错误和期待可能性错误。大谷实教授进一步指出，规范的构成要件要素错误、关于违法性的事实错误和法律事实错误（对刑法法规之外规范的不知或误解）应当属于事实错误的范围。[⑤] 日本学者川端博认为，刑法中的错误应当分为构成要件事实错误、正当化事由错误和违法性错误。川端博教授认为，正当化事由错误是一种独立的错误

① 马克昌等主编：《刑法学全书》，上海科学技术文献出版社 1993 年版，第 641 页。

② 转引自刘明祥：《论刑法中错误的分类》，载《国家检察官学院学报》1994 年第 4 期。

③ ［德］汉斯·海因里希·耶赛克、托马斯·魏根特著：《德国刑法教科书》（总论），徐久生译，中国法制出版社 2001 年版，第 352、537、607 页。

④ ［德］克劳斯·罗克辛著：《德国刑法学》（总论 第 1 卷），王世洲译，法律出版社 2005 年版，第 336 页。

⑤ ［日］大谷实著：《刑法总论》，黎宏译，法律出版社 2003 年版，第 132 ~ 136 页。

形式，必须单独加以讨论。[①] 韩国学者金日秀、徐辅鹤所采用的观点与川端博教授基本相同。俄罗斯学者采取事实错误和法律错误的分类方式，与我国刑法学界的通说类似。[②]

对于德日学者的分类方法，笔者认为从事实错误、法律错误到构成要件错误、违法性错误的改变正如西原春夫教授所说的那样绝不仅仅是词语上的变更，虽然这两种分类方式在内容上未必有实质性的差别，但其意义在于能够与故意在犯罪论中地位的变化相适应。通说认为，违法是客观的，责任是主观的，故意被认为是责任的要素，作为故意论的特殊问题——错误，无论是事实错误还是法律错误都只能在责任论中讨论，因此区分构成要件事实错误与关于违法性的事实错误的意义不大。然而自目的行为论产生以来，故意在犯罪论中的地位发生了变化。简言之，目的行为论认为实现构成要件结果的目的是行为的本质要素，在所有的故意犯罪中故意必须作为构成要件要素而存在，并从违法性判断的对象的意义上为违法性要素奠定基础，从此故意不再是责任的要素而成为责任非难的对象。这样，按照在构成要件论中讨论构成要件错误、在责任论中讨论违法性错误对刑法中的错误进行分类无疑更符合德日犯罪论体系的见解。然而，新的分类方法并非没有问题，既然将错误分为构成要件错误和违法性错误，那么存在于构成要件之外影响违法性意识的事实错误恐怕只能归入违法性错误中，这样违法性错误将不再是纯粹的评价上的错误，法律错误不阻却故意的原则势必将被改变。再者，违法性前提事实错误的归类也会存在极大的困难。一方面该错误无法归入构成要件错误中；另一方面又与违法性错误不同，所以有的学者认为应当将该错误作为一种独立的错误类型加以研究，也有学者为此放弃新的分类方法而仍将其视为事实错误的一种表现

① 参见［日］川端博著：《正当化事实の错误》，日本成文堂 1988 年版，第 210 页。

② 参见［俄］斯库拉托夫等主编：《俄罗斯联邦刑法典释义》（上册），中国政法大学出版社 2000 年版，第 52 页。

形式。另外，对于有些学者提出的将期待可能性错误作为独立的错误类型加以处理的见解，[①] 笔者认为并不妥当。目前，德日学者对于期待可能性在责任论中的地位仍存在争议，但多数学者认为它是与故意或过失无关的规范的责任条件。因此，发生期待可能性错误的场合并不能够影响行为人故意的成立与否，故而不需要在错误论中讨论。

（二）我国学者对刑法中认识错误的分类

我国刑法学界的通说认为刑法中的认识错误应当分为事实错误和法律错误，前者一般是指行为人对自己的行为与犯罪构成相关的事实情况的不正确认识，后者通常是指行为人对自己的行为在法律上是否构成犯罪、构成何种犯罪以及应当受何种处罚的不正确认识。有少数学者受德国刑法学界新两分法的影响，认为应该将刑法中的错误分为犯罪构成事实错误和违法性错误，该学者的具体主张与我国刑法学界的通说的主要差别在于：首先，将犯罪构成之外的影响行为人罪责的事实错误归入违法性错误中，其次，将行为人对具体罪名和刑罚适用的认识错误排除在违法性错误之外。[②] 也有学者提出，应该从现行刑法规定的故意认识要素的角度考虑，将刑法中的错误分为犯罪构成事实认识错误和社会危害性认识错误，并认为后者具有推定违法性错误的功能且能够容纳阻却犯罪性前提事实错误，因而较之事实错误与法律错误的分类法更适合我国刑法理论体系。[③]

另外，还有一些学者从多个角度对刑法中的认识错误进行分类，较有代表性的观点有：第一，影响社会危害性认识错误和不影响社会危害性认识错误两分法。其中前者包括引起社会危害性认识错误

① 目前，在将期待可能性作为一种独立错误类型处理的学者中存在两种见解，即阻却责任说和阻却故意说，前者是视期待可能性为独立的责任要素或视期待不可能为阻却责任事实的见解，后者是视期待可能性为故意和过失之共同的要素的见解。参见陈子平著：《刑法总论》（2008 年增修版），中国人民大学出版社 2008 年版，第 251 页。

② 参见何秉松主编：《刑法教科书》，中国法制出版社 1993 年版，第 226 ~ 233 页。

③ 参见阮齐林：《论刑法中的认识错误》，载《法学研究》1996 年第 1 期。

的事实方面的错误和事实错误之外的错误，后者则指犯罪对象、手段等对社会危害性认识没有影响的误认。[①] 第二，三分法，即应负故意责任的认识错误、应负过失责任的认识错误和不负刑事责任的认识错误。[②] 第三，五分法和六分法。这两种分类方法的特点是将不同层次的错误类型整合在一起，如将共同犯罪错误、对象错误、客体错误、方法错误或者因果关系错误等与犯罪构成事实错误并列。[③] 第四，多分法。从不同的角度对认识错误加以分类，不仅可以从内容上分为事实错误和法律错误，还可以从性质上分为绝对肯定性错误、绝对否定性错误、相对肯定性错误和相对否定性错误等。[④]

对于我国学者所主张的分类方法，笔者认为主要存在以下问题：第一，以构成要件错误、禁止错误的分类方法为基础提出的犯罪构成事实错误、违法性错误（社会危害性错误）的分类方法并不适合我国的犯罪构成体系。我国并不存在类似于德日刑法理论那样的三阶段犯罪构成体系，没有必要将故意分为构成要件故意和责任故意分别检讨认识错误，更何况构成要件错误和禁止错误的分类本身就存在很多问题。依据我国的犯罪构成体系，刑法中的认识错误作为故意的特殊问题只在犯罪主观方面探讨即可，采取事实错误和法律错误的分类无疑更为适宜，这样也不会产生阻却犯罪性前提事实错误在归类上的困难。[⑤] 第二，将社会危害性认识错误作为独

① 参见安健：《论刑法上的认识错误》，中南政法学院1992年印，第19页。

② 参见赵秉志主编：《全国刑法硕士论文荟萃》，中国人民公安大学出版社1989年版，第287～289页。

③ 参见赵秉志主编：《全国刑法硕士论文荟萃》，中国人民公安大学出版社1989年版，第292页。

④ 参见时春明著：《刑法上错误的理论和实践》，兰州大学出版社1989年版，第92～94页。

⑤ 事实上也只有采取这种分类方法才能合理地解释我国刑法学界的通说将阻却犯罪性前提事实错误归入事实错误中作为行为性质错误处理的现象。因为如果按照犯罪构成错误与违法性错误的分类方法，该错误要么归入违法性错误中，要么只能作为独立的错误类型处理。

立的错误类型不妥当。行为是否具有社会危害性是对行为在社会意义上的性质所作出的评价，而社会意义上的评价绝不能代替法律上的评价，二者虽然存在实质与形式的关系，但这不能成为以社会危害性评价取代违法性评价的理由。并且，发生社会危害性认识错误既可能是由事实错误引起的也可能是由法律错误引起的，三者并非一个层次上的概念，不能并列。第三，三分法是以发生错误后的处理结果为标准进行的分类，而研究认识错误的处理方法时不宜采纳这种分类方法。因为，在未对错误进行处理之前无法判断错误是否阻却行为人的故意罪责，更谈不上过失责任或无罪的认定问题。第四，五分法、六分法以及多分法存在层次不清的问题。其中五分法、六分法中共同犯罪错误、行为对象错误以及因果关系错误等与事实错误和法律错误不是一个层次上的概念，不宜并列。

（三）本书的立场

本书支持事实错误和法律错误这一传统的分类方法，尽管该分类方法被有些学者指责过于粗疏、界限不清，但笔者认为这样的批评并不合理。很多支持该分类方法的学者在将刑法中的认识错误分为事实错误和法律错误之后又进行了更为细致的、多层次的分类。例如，将事实错误分为客体错误、对象错误、行为性质错误、手段错误、因果关系错误以及方法错误，将法律错误分为法律上的积极错误、法律上的消极错误和对行为相当罪名及刑罚的认识错误。[①]这种多层次的分类模式不仅条理清晰、层次分明，而且逻辑合理，怎么能说是粗疏呢？

当然，事实错误与法律错误确实存在区分困难的问题，但这不是正好为学术研究的深入提供了机会吗？迄今为止，我国学者并没有明确提出区分事实错误和法律错误的标准，而在论及该问题时通常只是从概念上加以区分，这不能不说是个遗憾。目前，在日本刑法学界关于区分事实错误和法律错误主要有两派学说。第一派学说

① 参见马克昌主编：《犯罪通论》，武汉大学出版社1999年版，第372~382页。

是形式标准说。该说内部又分为三种观点：第一种观点主张从二者的概念上区分，认为凡是关于评价基础的事实错误是事实错误，凡是关于评价标准的规范错误是法律错误；第二种观点认为应当依据犯罪成立的要件来区分，凡是关于构成要件的客观事实错误属于事实错误，凡对行为不被法律所许可方面的错误属于法律错误；第三种观点主张应当将前两种观点折中，一方面应当肯定法律错误与事实错误在本质上应当是评价与评价前提事实的区别；另一方面于理论体系上与责任故意和构成要件故意相适应，肯定违法性错误和构成要件错误的区别乃是妥当的见解。第二派学说是实质标准说。该说内部亦分为两种观点：第一种观点以责任说为基础，认为凡不能唤起违法性意识的错误属于事实错误，凡对事实有认识但却错误地相信不违法属于法律错误；第二种观点认为，应当从故意的本质上加以区分，事实错误是从一般人的角度看不可能有违法性意识，法律错误是在认识到了期待唤起违法性意识的事实之后而误认为不违法。[①] 在这两派学说中，第一派学说中第一种观点居于通说地位，也得到了我国一些学者的赞同。[②] 我国刑法理论历来强调形式与实质相统一，因此不仅要从概念上区分事实错误和法律错误，还应当从错误的性质上来判断。我国刑法所规定之犯罪故意，其本质是对犯罪构成事实的容认或表象，欠缺犯罪构成事实认识的场合不能追究行为人的故意责任，此即事实错误阻却故意的法理，而犯罪构成事实之外的要素皆属于行为是否为法律所许可的判断要素，自当视为法律错误。这样，不仅规范的犯罪构成要素应当属于事实错误的范围，类似于“财物的他人性”这种刑法法规之外的法律事实在成为犯罪构成事实要素后亦当属事实错误；而法律错误仅限于犯罪构成事实之外的原因引起行为人对自身行为在法律上的评价的认识错误。

---

① 参见［日］川端博著：《刑法总论二十五讲》，余振华译，甘添贵监译，中国政法大学出版社 2003 年版，第 105 ~ 109 页。

② 参见刘明祥：《论事实错误与法律错误的区别》，载《法学评论》1995 年第 4 期。

在进一步细分的问题上，法律错误的分类较为简单，通说认为法律错误包括法律上的积极错误、法律上的消极错误和对行为相当罪名或刑罚的认识错误。一般来说，法律上的积极错误是行为人自认为构成犯罪而实际不构成犯罪的情况（也称幻觉犯），这种情况并不会将行为人的行为与犯罪联系在一起。再者，对行为相当罪名或刑罚的认识错误如果不是由对犯罪构成事实的认识错误所引起的，在刑法上同样不会产生任何效果，因为如果行为人对犯罪构成事实和其行为不被法律所许可有着清楚的认识，那么他究竟应当构成什么罪名以及判处什么刑罚都与他的罪责没有任何关系，而是应当由法官于事后根据案件具体事实来认定。因此，法律上的消极错误是需要重点研究的法律错误类型。而事实错误的分类则相对比较复杂，目前我国刑法学界的通说认为事实错误应当分为客体错误、对象错误、行为性质错误、手段错误以及因果关系错误。笔者认为，这种分类方法主要考虑的是故意的认识要素，其优点在于：首先，严格按照刑法中故意的认识要素分类易于将不具有刑法意义的错误排除在外，如甲意欲在特定的时间杀 A，但由于看错了表，提早杀死 A 的场合；其次，有利于按照不同的故意认识要素对故意成立的实际影响来解决错误问题，如成立犯罪故意并不要求准确无误地认识因果关系，但对于犯罪对象或手段却要求有确定的认识，因此因果关系错误与对象错误对于故意成立的影响存在较大差异，自当适用不同的处理方式；最后，能够将阻却犯罪性前提事实错误纳入行为性质错误中，从而避免了单独讨论的麻烦（尽管这样未必妥当）。但是，该分类方法的弊端也是显而易见的。首先，没有考虑到犯罪构成理论的影响。发生错误的场合，检讨故意能否成立离不开刑法分则所规定的具体的犯罪构成，错误是否发生在同一犯罪构成内对于故意的认定有重大影响。误把 A 当做 B 而杀死与误把山林中采药的老人当做野兽而射杀虽然同样是对象错误，但却有着本质的不同，前者是同一犯罪构成内的对象错误，一般并不阻却故意成立，后者是不同犯罪构成间的对象错误，通常只可能按过失致人死亡罪处罚行为人。这也就是说，即使以故意的认识要素为标准对错误进行分类，最终判断错误所造成的实际影响时仍需要以犯罪构成为依据。事实上，对传统分类方法所分出的错误类型仍可以进一步分为：同一犯罪构成内的对象错误和不同犯罪构成间的对象错误、同一犯罪构成内的客体错误和不同犯罪构成间的客体错误等。其次，该分类方法最大的疑问是行为性质错误的归类问题。笔者认为，该分类方法犯了一个逻辑错误，依据该分类方法事实错误必须首先分为犯罪构成事实错误与行为性质错误，但客体错误、对象错误、因果关系错误、方法错误与行为性质错误不是一个层次上的概念，不能并列。因为，依据通说的观点，行为性质错误是由犯罪构成事实之外的事实错误引起的行为人对自己行为的社会危害性的认识与客观实际不符，该错误一般表现为误把对社会有害的行为当做对社会有益的行为而实施。由此可以看出，行为性质错误与故意犯罪的主观认识要素并没有什么联系，既然如此该错误又如何能够与客体错误、对象错误等犯罪构成事实错误并列存在于一个分类层次上呢？并且，由于我国刑法理论不承认消极的犯罪构成要素，因此无法通过该要素为行为性质错误与犯罪故意之间的联系搭建桥梁。[①] 当然，既然犯罪构成事实错误、行为性质错误与故意的联系并不相同，那么对刑法中的错误采取犯罪构成事实错误、行为性质错误以及法律错误三分法也未尝不可。因为，传统观点认为错误论是反面的故意论，是故意论中的特殊问题，错误论应该在与故意犯罪相关联的场合讨论，并且遵循“事实错误阻却故意成立，法律错误不阻却故意成立”的基本原则。基于传统错误论的立场，犯罪构成事实错误作为犯罪故意的认识要素对其成立的影响是不言而

---

① 即使在德日刑法理论中，为认定阻却违法性前提事实错误为事实错误的主张奠定基础的消极构成要件要素理论，也因为不具备类型化的作用而被很多学者否定。参见［日］木村龟二主编：《刑法学词典》，顾肖荣等译，上海翻译出版公司 1991 年版，第 272 页。

喻的，但行为性质错误对于犯罪故意成立的影响至少在体系上未必能够充分说明。一方面，我国刑法中的犯罪论体系是积极的、实质的犯罪构成体系，并不存在表面上符合犯罪构成要件，实质上却可以通过阻却犯罪性事实排除犯罪成立的情况，阻却犯罪性事实被认为自始就不符合犯罪构成要件，不过是在阻却犯罪性事实不能成立的情况下才与犯罪构成发生联系，而发生行为性质错误的场合不能阻却犯罪成立自不待言，是按故意犯罪还是过失犯罪处理则必须通过犯罪构成来判断，在此之前不能当然地把故意犯罪排除出去。另一方面，虽然行为性质错误与法律错误有相似之处（都属于行为人对其行为在法律评价上的认识发生错误，也正是因为这一点才有学者把该错误类型归入法律错误中讨论），但如果严格贯彻传统错误论，即法律错误是纯粹评价上的错误，行为性质错误也将无法归入法律错误中。这样，行为性质错误一方面与犯罪构成事实错误在对于犯罪故意的作用的机理上有所不同；另一方面又与法律错误在本质上存在差异，那么为了维持传统错误论体系，笔者认为三分法反而更为妥当。①

这样本书所采纳的分类方法就已经非常清楚了，它大体上包含两个层次：其一，将刑法中的错误分为犯罪构成事实错误、行为性质错误以及法律错误；其二，再分别进行更为细致的划分，如将犯

① 在德日刑法理论中类似行为性质错误的错误类型是阻却违法性前提事实错误（也称正当化事由错误），在该错误的归属上目前主要是事实错误说、法律错误说（又称严格责任说）和独立错误说（又称限制罪责说）三种学说对立，事实错误说是通说的观点。参见［日］川端博著：《正当化事由错误》，日本成文堂 1988 年版，第 16 ~ 20 页。三说的区别在于事实错误说认为该错误与构成要件错误具有相同的价值，可适用事实错误的处理原则；独立错误说认为该错误虽然不属于构成要件错误，但可准用事实错误的处理原则（持该说的学者所采理论依据各不相同，本书将在处理原则中讨论）；法律错误说则认为该错误应当适用法律错误的处理原则不阻却故意成立，只不过在错误不可归责于行为人的场合应作无罪处理。本书所采分类方法实质上就是独立错误说，但是笔者却认为未必一定要采取事实错误的处理原则，事实上采取这一分类方法能够使事实错误的处理原则和法律错误的处理原则都有解释的余地。

罪构成事实错误分为同一犯罪构成内的事实错误和不同犯罪构成间的事实错误等。事实上，这样的分类方法与德日刑法理论中的多数说极为类似，并且因为综合考虑了犯罪构成理论与故意的认识要素两个标准，所以从方法上来说是妥当的。与此同时，以是否属于同一犯罪构成对事实错误进行分类所能带来的额外益处更加有利于与法定符合说、具体符合说等处理错误的学说相结合。

三、刑法中认识错误的处理原则

很多国家的刑法典都明文规定了认识错误的处理原则（如德国、日本、意大利等），这样就能够为其国内学者研究认识错误提供相应的法律依据；而在这一方面目前我国刑事立法还是一片空白，学者们只能够根据理论学说处理认识错误。

（一）西方刑法理论中处理认识错误的学说

依据德国、日本、意大利、英国等国家的刑法理论，一直以来的通说认为，处理认识错误的总原则是“事实错误阻却故意成立，法律错误不阻却故意成立”。近代以来，法律错误对行为人主观意图的影响被重新考量，传统学说得到了修正，[①] 一些国家立法规定在法律错误不可避免的场合能够免除或减轻处罚，即使在法律错误可以避免的场合少数国家也规定能够减轻处罚，如德国刑法典第17条的规定。[②]

西方学者大都根据其国内立法规定对认识错误进行深入的研究并提出了详细的处理方法，其中以日本学者的研究最具特点。在日本刑法学界，关于事实错误的学说概括起来可以分为：具体符合说、法定符合说以及抽象符合说。在这三种学说之下学者们的具体

① 传统学说中有一派观点认为，法律错误分为刑法上的法律错误和刑法外的法律错误，前者不阻却故意的成立，后者阻却故意的成立，德国学者李斯特、日本学者牧野英一都持这种观点，这种主张反映出学者们早已开始重视法律错误对故意的实际影响。

② 参见徐久生、庄敬华译：《德国刑法典》，中国方正出版社2004年版，第10页。

主张又有所不同：首先，对于同一构成要件内错误的处理主要存在具体符合说、法定符合说以及各种折中说三派观点。目前，具体符合说中的代表性观点被有些学者称为“具体的法定符合说”，[①] 该观点认为故意的成立只需要对构成要件的重要事实有认识即可，只有关于构成要件的重要事实的错误才能够阻却故意成立。例如，在杀人罪中发生客体错误的场合，由于客体的属性并不为构成要件所关注，故而不属于重要的构成要件事实，而在方法错误的场合由于存在复数的攻击客体，因此行为人的具体指向就变得重要了，该说在判断是否认识到关于构成要件的重要事实时仍重视行为人的具体意思。具体的法定符合说吸收了法定符合说中的构成要件类型化的评价标准，已不再坚持行为人所认识的事实必须与客观发生的事实具体一致，克服了具体符合说的一些弊端，因此得到很多学者的大力支持。因此，对该说的批判有一些已经不能成立，如批判该说放弃了具体符合说的基本立场，在对财产的犯罪上容易导致不可罚的现象等。由于具体的法定符合说的出现，目前法定符合说也被有些学者称为“抽象的法定符合说”，[②] 该观点认为行为人所认识的事实与实现的事实只要在法定构成要件内相一致即可，又因为构成要件是被类型化的抽象评价标准，基于抽象的程度不同法定符合说内部又可分为数故意说和一故意说，前者认为不仅客体的具体属性不重要，而且故意的个数也并非故意的本质，因此存在复数侵害客体的场合可以认为是行为人基于概括的故意而实施行为，并分别作用于数个客体成立数个故意；后者则认为仅因为复数攻击客体的存在就将一个故意分解为数个故意是违反责任主义的。仍以方法错误为例，行为人以杀 A 的意思对 A 开枪却误杀了 A 身旁的 B，数故意说认为对 A 构成故意杀人罪未遂，对 B 构成故意杀人罪既遂，两

---

① 参见［日］平野龙一著：《刑法总论 I》，日本有斐阁 1972 年版，第 175 页。

② 参见［日］内藤谦著：《刑法讲义总论（下）》，日本有斐阁 1991 年版，第 906 页。

罪是想象竞合犯的关系；一故意说认为只对 B 成立故意杀人罪既遂。因为具体符合说和法定符合说各自存在一些弊端，近年来一些日本学者提出了各种类型的折中说，如有的学者认为在方法错误的场合应当以行为之际有无预见发生实际侵害结果的可能作为判断故意能否成立的标准，① 有的学者从判断是否具有侵害法益的同一性的角度考虑限制立于法定符合说之下的故意的成立范围等，② 折中说的出现大大地增加了处理认识错误的复杂程度。其次，对不同构成要件间错误的处理曾经是法定符合说和抽象符合说之间的对立。持法定符合说的学者认为，不同构成要件间的错误原则上阻却故意成立，只有在不同构成要件间发生重合的范围内能够成立轻罪的故意，而对如何判断重合范围的认识的不同形成了法定符合说内部的各派学说，具有代表性的观点主要有：第一，构成要件符合说。此说以构成要件作为判断重合范围的标准，而根据构成要件符合的类型，此说又可分为严格符合说、形式与实质符合说以及实质符合说。因为严格符合说使构成要件的重合范围过于狭窄，而实质符合说的无限扩张又使构成要件的类型化失去了意义，所以形式与实质符合说成为该派观点的代表。第二，罪质符合说。此说认为不同的构成要件间只要在罪质上符合故意就能够成立，至于如何认定罪质是否符合，持该说的学者提出应当从保护法益是否具有同一性以及侵害这种法益的行为方式的共同性上判断。第三，不法、责任符合说。此说认为成立故意并不需要对构成要件该当性事实有认识，只要认识到作为构成要件的内容的不法、责任的事实即可，至于判断不法、责任重合的标准，持该观点的学者认为应当从质与量两方面判断，即行为人所欲实现的犯罪与实际实现的犯罪在关于不法、责

① 参见［日］木村龟二主编：《刑法学词典》，顾肖荣等译，上海翻译公司 1991 年版，第 259 页。

② 参见［日］西田典之：《论共犯的错误》，载《团藤重光博士古稀祝贺文集》第 3 卷。

任的质与量上相符故意就能够成立。[①] 持抽象符合说的学者认为，即使不同构成要件间的错误也未必就一定阻却故意成立，只要行为人认识的事实与实现的事实能够达到抽象的符合，故意也可以成立。此说为主观主义刑法学者所创，少数客观主义刑法学者为了解决罪刑均衡问题也加入了该派观点。对于抽象符合的判断标准，有学者提出既然行为人基于故意实施了犯罪行为，即使他认识的事实与实现的事实不一致也应当追究他故意既遂的责任，只是由于刑法规定“犯重罪而于犯罪时不知其重者不得以重罪处罚”，所以才以轻罪的既遂处罚，但若同时成立重罪的未遂时，仍应以重罪的未遂处罚。也有学者提出了可罚的故意论，认为刑法上的故意不同于一般规范意义上的故意，它只需具备可罚性的符合条件就能成立，因此行为人以轻罪的意思实现了重罪的结果便构成轻罪的未遂与重罪的过失既遂的竞合，在这种场合由于可罚的意思引起了可罚的结果便认为对实现的事实存在可罚的故意，因而成立重罪的既遂，但又因为法律的特别规定只能够以轻罪的法定刑处罚。还有学者认为，不同构成要件间的错误造成故意未遂和过失既遂的场合，极有可能导致因为缺乏刑法上的规定而不可罚的结果，为了避免这种情况发生，即使刑法没有规定处罚未遂也应该按照未遂处罚。[②] 另外，日本学者植松正所倡的合一评价说也被学者们归入抽象符合说中，该说认为研究错误论的目的是为了解决处刑不均的问题，以此为出发点对轻罪的故意抽象化，在实际决定罪名和处断刑时排斥观念的竞合而进行合一评价，仅成立一个重罪并以轻罪的法定刑处罚。[③] 由于抽象符合说置构成要件的限制于不顾，严重违反了罪刑法定主

---

① 参见［日］日高义博著：《刑法中错误论的新展开》，日本成文堂 1991 年版，第 28 页。

② 参见刘明祥著：《错误论》，法律出版社、日本成文堂 1996 年联合出版，第 41 ~ 54 页。

③ 参见马克昌著：《比较刑法原理》，武汉大学出版社第 2002 年版，第 294 ~ 295 页。

义，现在在日本已没有多少支持者。因此，目前在日本对于不同犯罪构成间错误的处理主要是法定符合说内部诸说的争论，具体符合说在这一问题上并没有市场，于是就产生了在处理同一构成要件内的错误时采具体符合说的学者在处理不同构成要件间的错误时反而采法定符合说的现象。①

关于法律错误对故意的影响，日本学者的主张由于受到对违法性意识的认识的不同也存在较大差异。持违法性意识不要说的学者认为违法性错误无碍于故意成立；② 持严格故意说的学者认为，违法性意识是所有故意犯罪的必要要素，发生法律错误的场合应当阻却故意成立；③ 持自然犯、法定犯区别说的学者认为，法定犯的犯罪故意成立需要违法性意识，所以发生法律错误的场合能够阻却故意，自然犯并不需要为违法性意识，所以发生法律错误的场合不阻却故意；④ 持限制故意说的学者认为，故意的成立只需具备违法性意识可能性即可，因此如果发生法律错误是由于缺乏违法性意识可能性时阻却故意成立，反之则不能；⑤ 持责任说的学者认为，违法性意识是与故意不相关的独立的责任要素，法律错误不阻却故意成立，只能够根据错误是否可以避免来判断是阻却或是减轻责任。⑥还有一种被称为“法律过失准故意说”的观点，此说认为虽然故

---

① 日本学者平野龙一即是这种主张。参见马克昌著：《比较刑法原理》，武汉大学出版社第 2002 年版，第 283～291 页。

② 参见［日］野村稔著：《刑法总论》，全理其、何力译，邓又天审校，法律出版社 2001 年版，第 308 页。

③ 参见［日］野村稔著：《刑法总论》，全理其、何力译，邓又天审校，法律出版社 2001 年版，第 309 页。

④ 参见［日］大塚仁著：《刑法概说（总论）》，冯军译，中国人民大学出版社 2003 年版，第 397 页。

⑤ 参见［日］野村稔著：《刑法总论》，全理其、何力译，邓又天审校，法律出版社 2001 年版，第 310 页。

⑥ 参见［日］野村稔著：《刑法总论》，全理其、何力译，邓又天审校，法律出版社 2001 年版，第 311 页。

意以存在违法性意识为必要，但在发生违法性错误的场合如果行为人对于错误有过失也应当按故意处理。[①] 目前在日本刑法学界，违法性意识不要说已经失去了支持者，以违法性意识可能性作为判断要素的限制故意说和责任说已经成为了多数说。

英美法系国家虽然采取判例法体系，但其对待认识错误的基本原则与大陆法系却极为类似，同样经历了从过去的“事实错误得以抗辩、不允许法律错误”到承认“不允许法律错误但应当有适用上的例外”的转变，应当说法律错误的处理原则的变化最大，也成为我国学者研究较多的对象。目前，美国模范刑法典不仅明文规定了“不知或错误在否定证明犯罪基础要件所必需之目的、认识、确信、轻率或过失时以及不知或错误所证明之心理状态经法律规定可做抗辩理由时”两种法律错误可以作为抗辩理由的情形，还规定了“法律未公布或不能知悉法令的存在以及合理的信赖”同样能够作为无罪的抗辩理由，[②] 尽管这些例外规则的范围较小、适用严格，但却为法律错误阻却故意提供了法律依据。目前在英国，虽然“不知法不赦”原则仍然被法官严格遵守，但这种现状受到学者们的强烈批评。多数学者指出，至少对于合理地相信权力机关的解释或者受到律师错误的劝告而实施的认为不触犯刑律的行为，在判决中应当表现为刑罚的减轻，[③] 并且受美国模范刑法典的影响，英国法律委员会于 1989 年提出的刑法典草案也深入讨论了设立“不允许不知法律的例外条款”的可能性，尽管该条款最终没有通过，但议会同时保留了创设例外条款的权利。[④]

---

① 参见洪福增著：《刑事责任之理论》，台湾刑事法杂志社 1982 年版，第 110 页。

② 参见储槐植著：《美国刑法》（第 3 版），北京大学出版社 2005 年版，第 68 ~ 71 页。

③ 参见［英］鲁珀特·克罗斯著：《英国刑法导论》，赵秉志等译，中国人民大学出版社 1991 年版，第 49 页。

④ 参见［英］Michael Jefferson, *Criminal Law*, 5th, Edition, 法律出版社 2003 年版（英文影印本），第 286 ~ 287 页。

（二）我国刑法理论中处理认识错误的学说

如前文所述，我国刑法并没有规定处理认识错误的具体规则，所以学者们和司法工作人员都只能依靠理论学说来解决此类问题。目前，我国刑法学界的通说也承认“事实错误阻却故意、法律错误不影响故意成立”的基本原则。由于受马克思主义哲学思想的影响，我国刑法学者多强调以主客观相统一、具体问题具体分析等原则为指导研究认识错误，并没有提出具体的学说，可在具体错误类型的处理上学者们的见解仍存在较大差异，这也反映出学者们对主客观相统一原则的理解并不相同。

对于事实错误我国刑法学者一般是按照客体错误、对象错误、行为性质错误、手段错误、因果关系错误以及方法错误的分类来研究的。①

第一，客体错误。多数学者认为，客体错误是独立于其他错误类型之外的、行为人意欲侵害的社会关系与实际侵害的社会关系不一致的情况。② 这就是说，发生客体错误的原因必定不是对象错误或者方法错误。发生客体错误的场合，对意欲侵害客体成立故意罪未遂自不待言，对实际侵害客体则要判断是否存在过失，如果过失能够成立且刑法又有相应的处罚规定，就构成对意欲客体的故意罪未遂与对侵害客体的过失罪既遂的想象竞合犯。

第二，对象错误。一般认为，对象错误，是指由于行为人的误认使其意图侵害的对象与实际侵害的对象不一致。处理对象错误的基本原则是如果意欲对象和侵害对象能够在同一犯罪构成内重合，那么就能够认定对侵害对象成立故意罪的既遂，如意欲杀 A 却误

---

① 学者们的具体分类并不统一，如有些学者并没有严格区分客体错误和对象错误，参见阮齐林：《论刑法中的认识错误》，载《法学研究》1996 年第 1 期。

② 有些学者将行为人在实施合法行为之际由于认识错误而导致危害结果的发生也归入客体错误中（参见刘明祥著：《刑法中错误论》，中国检察出版社 2004 年版，第 107 页），如山林中打猎的猎人误把采药的老人当做野兽打死，但这种情况行为人并没有犯罪的故意，其行为只可能与过失犯罪发生联系，所以不宜在错误论中讨论。

认B为A而将B杀害的场合就认为对A的杀人故意于B能够成立；反之，意欲对象与侵害对象不能在同一犯罪构成内重合的场合，对意欲对象成立故意罪的未遂自不待言，对侵害对象则要判断过失能否成立以及刑法有无相关处罚规定，如果过失能够成立且刑法有相应的处罚规定，则同样构成对意欲对象的故意罪未遂与对侵害对象的过失罪既遂的想象竞合犯。通常，对象错误与不能犯未遂有一定程度的联系，即由于行为人的误认使实际侵害的对象不符合完成犯罪的性质，如误将男人当做女人而强奸的情况就属于对象不能犯未遂。

第三，行为性质错误（在前述认识错误的分类中本书已对行为性质错误的地位作了简单的介绍，这里主要讨论该错误的范围和处理规则）。依据通说的见解，行为性质错误，是指行为人对自己的行为是否具有社会危害性的认识与客观事实不符的情况。对于行为性质错误的范围学者们的认识并不一致，有的学者认为我国刑法理论中的行为性质错误大体类似于西方大陆法系国家刑法理论中的阻却违法性事实错误，这样该错误就能包括阻却违法性前提事实错误（如假想防卫、假想避险以及偶然防卫）、行为时机错误（如防卫不适时）以及行为对象错误（如防卫对象错误）等。[①] 有的学者认为，行为性质错误应当仅限于阻却犯罪性前提事实错误，即假想防卫、假想防卫过当、假想避险与假想避险过当。[②] 通说认为，发生这类错误的场合，由于行为人并没有实施危害社会行为的故意，所以应当判断行为人主观上是否存在过失，如果存在过失且刑法又有相应的处罚规定则成立过失犯罪，否则只能按意外事件处理。还有的学者认为，发生行为性质错误的场合要么成立故意犯罪，要么

---

① 参见刘明祥著：《刑法中错误论》，中国检察出版社2004年版，第118~119页。

② 参见郑泽善：《论正当化事由错误》，载《甘肃政法学院学报》2008年第1期。

属于意外事件。[①]

第四，手段错误。手段错误，是指行为人对自己的行为在性质或作用上的认识发生错误而使他所欲实施的罪行不能实现。手段错误与不能犯、迷信犯之间的联系较为密切，前者的例子是欲用砒霜毒死他人而误把白糖当做砒霜拿给他人吃的情况，后者的例子是误以为念咒语可以杀死他人而诅咒他人的情况。发生手段错误的场合一般是按照犯罪未遂处理，符合迷信犯的可作无罪处理。

第五，因果关系错误。通说认为，因果关系错误，是指行为人对自己的危害行为与危害社会的结果之间的因果关系的认识与客观实际不符的情况。对于因果关系错误的范围学者们的认识并不相同，有的学者将西方大陆法系刑法理论中的方法错误归入因果关系错误中，[②] 有的学者则认为因果关系错误应该是在行为人预期的结果已经发生情况下的纯粹的因果经过错误。[③] 应当说后者的观点较为合理，如果不对因果关系错误的范围加以限制，那么事实上所有的认识错误都可以归入因果关系错误中，并且方法错误也并不比客体错误、对象错误更有理由归入因果关系错误中。常见的因果关系错误有两种：一种是行为人所预期的结果已经实现，但实际发生的因果经过与行为人的认识不一致，如甲欲杀 A 便射击站在悬崖边的 A，而 A 由于惊吓失足跌落山崖摔死。另一种是行为人为实现某一犯罪结果而实施行为，尽管实际上没有达到目的，但行为人误认为已经达到进而为掩盖犯罪事实等其他目的而实施第二个行为，并由第二个行为导致预期犯罪结果发生的情况，如甲欲杀 A 而勒住 A 的脖子直至 A 的身体不能活动时以为 A 已死，进而将 A 沉尸河中致使 A 淹死。通说认为，第一种类型的因果关系错误在刑法上并

---

① 该学者所主张的处理原则与其将行为性质错误归入法律错误的观点是相互照应的。参见郑泽善：《论正当化事由错误》，载《甘肃政法学院学报》2008 年第 1 期。

② 参见马克昌主编：《犯罪通论》，武汉大学出版社 2001 年版，第 382 页；张绍谦著：《刑法因果关系研究》，中国检察出版社 2004 年版，第 169 页。

③ 参见刘明祥：《论刑法中的因果关系错误》，载《法学评论》1994 年第 4 期。

无重要的意义，无碍于认定行为人故意罪既遂的责任。第二种类型的因果关系错误是德日刑法理论中“韦伯概括的故意”的典型案例，由于行为人的两个行为是紧密结合在一起的，后继行为实际上可以看做前一故意行为的继续，并且最终也产生了预期的结果，所以能够以故意犯罪的既遂处罚。①

第六，方法错误。方法错误，是指由于行为的误差使行为人意欲侵害的对象与实际侵害的对象不一致。无论是西方大陆法系国家还是我国的刑法理论中，方法错误的处理都是错误论中争议最大的问题。方法错误可以分为同一犯罪构成内的方法错误和不同犯罪构成间的方法错误，前者经常列举的例子是甲欲杀A，向A射击，却将A身旁的B打死，后者如甲欲杀A，向A射击，却将A身边的狗打死。目前，我国学者虽然都是以主客观相统一原则为指导处理方法错误，但由于对“如何统一”的认知不同使学者们的具体主张差别较大。反而，对于不同犯罪构成间的方法错误的处理学者间的争议不大，一般认为对于意欲对象成立故意罪的未遂，对于侵害对象则要判断行为人的过失责任能否成立并根据刑法的相关规定处理，在认定成立过失罪既遂的场合与对意欲对象的故意罪未遂构成想象竞合犯的关系。对于同一犯罪构成内的方法错误的处理，目前学界主要有两种对立观点：通说的观点认为，虽然意欲对象与侵害对象具体不一致，如上述例子中，甲意欲杀A却杀死A身旁的B，但这种不一致不会对行为人的故意产生影响，因为故意杀人罪中的人是具有普遍性含义的一般人而不是某个人，即使由于方法错误使行为人没能实现预期目的，但刑法对于这样的错误并不关心，行为人出于杀人的故意实施了杀人的行为，虽然其意欲杀害的对象没有被杀死，而是误杀了无辜的B，行为人就应当对这样的结果负故意杀人罪既遂的责任。② 另一种观点认为，行为人对于意欲对象应当

① 参见高铭暄主编：《中国刑法学》，中国人民大学出版社1989年版，第143页。

② 参见马克昌主编：《犯罪通论》，武汉大学出版社2001年版，第382页。

承担故意罪未遂的责任，而对于侵害对象则应当判断过失是否成立，如果过失能够成立并且刑法有相应的处罚规定，则成立过失罪的既遂，并与对意欲对象的故意罪未遂构成想象竞合犯的关系，在上述甲意欲杀 A 却杀死 A 身旁的 B 的例子中，对于杀死 B，行为人并没有希望或者放任，反而是感到意外（否则就不能称之为错误），故行为人没有杀 B 的故意，所以对于 B 的死亡只可能成立过失致人死亡罪，但是出于杀 A 的意思而实施杀 A 的行为是客观存在的，不过是由于行为误差而没有实现，因而符合故意杀人罪未遂的构成。①

在笔者看来，我国学者对于认识错误的处理原则的研究主要存在下列问题。

首先，客体错误是否有必要单独研究。我国刑法所规定的犯罪故意是以明知自己的行为会发生危害社会的结果，并希望或放任这种结果发生作为成立的充足条件，因此行为人并不需要对犯罪客体有所认识，尽管它是所有犯罪成立的必要条件。而且，从实践的角度考虑，由于犯罪客体是被犯罪行为侵害或威胁的且受刑法保护的社会关系，所以要求行为人在实施犯罪行为之际对这种抽象的客观联系有所认识才能够肯定故意成立是不现实的。实际上，从立法者的角度考虑，是因为存在需要刑法保护的社会关系才有犯罪的存在；从司法者的角度考虑，是由于犯罪行为或犯罪结果的存在而认识到犯罪客体被侵害的事实，并通过法定程序发动刑罚；而从犯罪人的角度考虑，他要么是通过犯罪行为直接作用于犯罪客体，要么是通过犯罪行为直接作用于犯罪对象而间接作用于犯罪客体，因此只要他对自己的行为及结果有所认识故意就能成立。当然，不可否认，对象错误或行为错误的场合可能会引起客体错误，但这并不表

① 参见刘明祥著：《刑法中错误论》，中国检察出版社 2004 年版，第 178～181 页；林亚刚、赵慧：《对象错误与打击错误——与倪培兴同志商榷》，载《中国刑事法杂志》2002 年第 3 期。

示客体错误能够直接影响到行为人的故意，客体与行为人主观认识之间的联系只能通过行为人的危害行为或者通过他危害行为作用于犯罪对象所造成的危害结果而产生。因此，如果不是通过行为错误或者对象错误，纯粹的客体错误是无法与行为人的主观认识联系起来的。

其次，因果关系错误、手段错误是否必须在错误论中解决。[①] 在德日刑法理论中，一般认为犯罪故意的成立并不需要认识危害行为与危害结果之间具体的因果经过，只要能够肯定行为与结果之间的因果关系具有相当性就能够成立故意犯罪的既遂，即使在相当性被否定的场合也只能够排除行为人的既遂责任，故而因果关系错误不会对行为人的主观故意产生任何影响。但在我国刑法理论中，因果关系的判断并不是要解决既遂责任的认定问题，而是要为认定行为人的罪责奠定客观基础，因此对因果关系的认识错误应当属于认识错误的研究范围，只不过正如通说所指出的那样，无论哪种类型的因果关系错误都不能阻却行为人的故意罪责，因此在研究共犯认识错误的过程中就没有必要再特别讨论共犯人的因果关系错误。而手段错误则有所不同，实际上行为人对手段的认识错误与犯罪未遂的联系更为紧密，这是造成犯罪未遂的主要原因之一，故而放在未遂论中解决更为妥当。

再次，关于行为性质错误的范围和处理原则。虽然行为性质错误在我国刑法理论中并没有引起太大争议，但是在德日刑法理论中却是至今仍无定论的疑难问题。第一，笔者倾向于将行为性质错误的范围限定为阻却犯罪性前提事实错误，因为发生在阻却犯罪性行为过程中的错误属于判断行为人的行为是否符合阻却犯罪性行为的构成要件的问题（当然防卫不适时例外，因为它可以看做阻却犯

① 有些德日刑法学者认为因果关系错误不需要在错误论中特别讨论，参见［日］大谷实著：《刑法总论》，黎宏译，法律出版社2003年版，第141页。

罪性前提事实错误的一种表现形式)，[①] 如防卫对象错误、防卫方法错误的场合不过是防卫行为不符合正当防卫的构成要件而已，并且在经过正当防卫的构成要件检验之后才能够与犯罪构成相联系，因此没有必要在错误论中检讨。但阻却犯罪性前提事实错误则不然，因为该事实是成立阻却犯罪性行为的前提条件而并非其构成要件，对该事实的认识符合客观实际的场合直接适用阻却犯罪性行为的构成要件来判断自不待言，而发生错误的场合就需要适用犯罪构成来判断，那么究竟是适用故意犯、过失犯的犯罪构成还是作无罪处理就需要运用错误论来判断。第二，笔者认为行为性质错误的概念与事实错误、法律错误的分类不符，因为行为性质错误是指关于自己的行为是否具有社会危害性的认识与客观事实不符，简单说，就是关于社会危害性的认识错误，而这种错误类型无法融入事实错误与法律错误的分类中（本书在错误的分类问题中已简要说明）。因此，不妨直接以阻却犯罪性前提事实错误命名之。第三，关于阻却犯罪性前提事实错误的处理，通说认为它属于事实错误，应当阻却故意成立，只在该错误能够归责于行为人的情况下才能够认定为过失犯罪。目前，可以说通说占据了压倒性的优势，其地位难以撼动。而在德日刑法理论中则主要存在事实错误说、法律错误说和独立错误说三种观点。事实错误说的主张与我国通说相类似，认为阻却违法性前提事实错误与构成要件错误同样具有阻却故意成立的作用，支持该说的学者一般认为发生阻却违法性前提事实错误的场合并不能使行为人直面规范问题，不能认定行为人主观上存在反规范的意思。法律错误说认为，阻却违法性前提事实错误不能阻却构成要件故意成立，行为人对于发生该错误有责任的场合仍应按故意犯

---

① 本书所指的阻却犯罪性构成要件的事实错误不同于德日刑法学者所说的阻却违法性构成要件的事实错误，后者仅指行为人误解刑法关于阻却违法性事实的规定，如误认为对不是正在进行的不法侵害也允许防卫，这样的误认应当属于违法性错误，参见刘明祥著：《错误论》，法律出版社、日本成文堂 1996 年联合出版，第 192 页。

罪处理，无责任的场合应作无罪处理。支持该说的学者一般认为，即使阻却违法性行为也具有构成要件该当性，只不过是在违法性判断中符合了国家所承认的社会共同生活目的且能够认为是具有社会相当性的行为，因而能够阻却违法性，不成立犯罪，而阻却违法性前提事实错误是发生在违法性判断中的错误，是属于构成要件事实之外的影响违法性评价的事实错误，因此不能阻却构成要件故意成立，而是应当根据能否将错误归责于行为人来判断是否阻却责任。独立错误说则认为，阻却违法性前提事实错误虽然不同于构成要件错误，但应当准用构成要件错误的处理原则，阻却故意成立。支持该说的学者认为，故意、过失不仅是构成要件的故意、过失，更加应当是作为责任形式的故意、过失，阻却违法性前提事实错误虽然不能阻却构成要件故意，但却能够阻却责任故意，发生该错误的场合由于责任故意被阻却仍只可能成立过失犯罪或作无罪处理。以上述三种观点为基础的学者们具体主张各有不同，据川端博教授统计，共有八种之多，如同样采用事实错误说，有的是以消极的构成要件要素为依据加以论述的，有的是以反规范意识作为故意的本质展开论述的，以至于有的学者发出“带有完全学究式的精致”的感慨，该学者提出不妨以简单的刑事政策思想为基础加以解释，摒弃错综复杂的体系结构上的论证。[①] 德日刑法学者之间的激烈论战给我们带来启示，单纯从体系结构上论证阻却犯罪性前提事实错误应当适用事实错误的处理原则不仅十分困难，而且还会导致体系上的混乱，这在我国犯罪论体系中恐怕还会表现得更为明显。因为，至少在德日刑法理论中阻却违法性行为与犯罪行为在构成要件该当性上具有共同点，而依据我国的犯罪论体系阻却犯罪性行为与犯罪构成之间并不存在任何联系，成立犯罪故意以对犯罪构成事实有认识为已足，阻却犯罪性前提事实错误若要产生阻却故意的效果就必

① 参见［德］克劳斯·罗克辛著：《德国刑法学（总论 第1卷）》，王世洲译，法律出版社2005年版，第406页。

须能够认定由于该错误而导致行为人对犯罪构成事实的认识与客观实际不符，也就是说行为人仍旧是因为对犯罪构成事实的认识发生错误而阻却故意成立，只不过导致犯罪构成事实错误的原因是阻却犯罪性前提事实错误。但问题是阻却犯罪性前提事实错误能够引起犯罪构成事实错误吗？对于该问题的回答，我国刑法理论的通说是通过社会危害性认识加以说明的，在发生阻却犯罪性前提事实错误的场合，行为人误以为所实施的是对社会无害的行为，他并没有认识到犯罪构成事实，所以不能够按故意犯罪处理，只在行为人主观上有过失的情况下能够按过失犯罪处罚。事实上，在阻却犯罪性前提事实错误不可归责于行为人的场合，每种观点都认为不构成犯罪，但是在能够归责于行为人的场合是按过失犯罪处理还是按故意犯罪处理是学者们争议的焦点，事实错误说和法律错误说各执一词，都有一定的合理之处，实在难以选择。基于事实错误说的立场，重视该错误的“事实性质”是与重视“主观正当化要素”思想一脉相承的，因为行为人有“保全法益”的意思才能够阻却他“侵害法益”的故意，只在错误能够归责于行为人的场合对他按过失犯罪处理才能够与朴素的“法感情”联系在一起，反之，如果否定该错误的“事实性质”，以故意犯罪处罚，势必将使民众在面对不法侵害时犹豫抵抗，易于助长社会不正之风。然而，倘若再稍加注意就能发现不法侵害不存在的场合行为人极其轻率地认为存在不法侵害进而实施防卫行为致使被害人重伤、死亡的，恐怕也不宜按过失犯罪处理，否则将会削弱刑法的法益保护功能。这是因为行为人在实施攻击行为之际就面临“这样做是否合法”的规范问题，行为人有义务采取谨慎的态度却极其轻率地违反了该义务，实施了侵害社会的行为，对其按故意犯罪处罚也并无不当，况且刑法虽然鼓励民众抵抗不法侵害，然而在对是否存在不法侵害有疑问的场合为了避免伤及无辜，单纯地从现场离开也是一般社会观念所能接受的，因此重视阻却犯罪性前提事实错误在“法律评价上的意义”，在错误能够避免的场合追究行为人的故意责任也不失妥当。第四，关于该错误能否避免的判断标准，以一般人的认识为准，于事前判断错误是否能够避免的“二元严格责任说”在日本目前正成为有力的主张。[①] 对于事实错误与法律错误之争，笔者在此无法得出结论，唯有将二说分别与共犯认识错误相结合而检验之，以期能够作出回答。

最后，关于对主客观相统一原则的理解。主客观相统一原则是我国刑法理论中认定行为人刑事责任的基本原则，而认识错误恰恰是发生了主客观不一致的情况，在这样的场合应当如何适用该原则认定行为人的罪责呢？我国学者在处理方法错误时所持观点的不同在一定程度上反映出学者们对主客观相统一原则应当表现为何种程度上“统一”的理解的不同。而事实上，主客观相统一原则首先可以分为具体相统一和抽象相统一两个标准，如甲以杀 A 的故意向 A 射击却杀死 A 身旁的 B，对此凡认为甲应该成立对 A 的故意杀人罪未遂和对 B 的过失致人死亡罪的想象竞合犯的学者所采取的就是具体相统一的标准，而认为甲只成立对 B 的故意杀人罪既遂的学者所采取的就是抽象相统一的标准。其次，对于抽象相统一的判断，目前我国学者所依据的只有犯罪构成要件，而对于德日学者所主张的超越构成要件限度的犯意标准说、罪刑均衡标准说等观点在我国刑法学界并没有支持者。可以看出，我国学者所采取的具体相统一的认定标准与德日学者所主张的具体符合说并没有多少区别，而存在差异的是抽象相统一的认定标准与法定符合说，这主要是由双方在犯罪论体系构造上的不同所造成的，那么德日学者所主张的法定符合说在我国犯罪构成体系中应当对应哪部分内容呢？笔者认为，应该相当于在犯罪构成形式要件上的符合。因为，尽管我国刑法理论所采取的是一元的、实质的犯罪构成体系，但是犯罪构成要件必须具备的功能之一就是能够将犯罪事实类型化，所以我国

---

① 参见［日］川端博著：《刑法总论二十五讲》，余振华译，甘添贵监译，中国政法大学出版社 2003 年版，第 226 ~ 227 页。

刑法理论中的犯罪构成要件在形式上是实质要件与形式要件的统一，在内容上是实质性与形式性的统一，即无论实质要件与形式要件都兼具实质性与形式性的特征，故而能够在形式要件上与德日刑法理论中的构成要件相符合。于是，问题是对于抽象相统一的判断是要求在犯罪构成形式要件上符合即可，还是必须在形式要件和实质要件上都符合？笔者认为，行为人所认识的犯罪事实能够与犯罪构成形式要件相符合即可，不必对实质要件有所认识，因为我国犯罪构成要件中的实质要件在德日刑法理论中属于违法性、有责性的部分，这部分要件通常并不需要被行为人所认识，如行为人的责任能力、身份等（至少在单独犯的场合行为人对此不需要认识）。因此，我国学者对于主客观相统一原则的理解可以总结为具体相一致说与犯罪构成形式要件相一致说两种观点，尽管后者目前是通说，但前者也得到一些学者的大力支持，因此本书拟分别采用此两种学说处理共犯认识错误问题，以较优劣。此外，德日学者在法定符合说之下所采具体主张在处理共犯认识错误中也都有探讨的余地，如处理并发案时一故意说与数故意说之争，[①] 以及处理不同构成要件间错误时为认定构成要件重合范围而提出的各种学说。[②]

对于法律错误我国刑法学界的通说是分为三种不同的类型加以研究的，即法律上的积极错误、法律上的消极错误以及对行为相当罪名或刑罚的认识错误。一般来说，只有法律上的消极错误才可能对行为人的故意产生影响（具体理由本书在错误的分类问题中已简要说明）。所谓法律上的消极错误，是指行为人的行为在法律上构成犯罪但行为人误认为不构成犯罪的情况。目前，关于该错误的范围理论界不是没有争议，而是对它究竟应当限于纯粹评价上的错

---

① 我国学者的具体主张与一故意说相同，鲜有支持数故意说者。

② 抽象符合说中的各种具体观点以及法定符合说中的不法、责任符合说不在继续讨论的范围内，前者即使在德日刑法理论中也属于少数说的观点且弊端众多，后者则是因为与我国犯罪构成体系不符。

误还是能够包括犯罪构成事实之外的法律事实错误学者们有不同见解，通常持法律错误阻却故意说的学者大都认为法律错误能够包括犯罪构成事实之外的法律事实错误，而持法律错误不阻却故意说的学者则多认为法律错误应当仅限于纯粹评价上的错误。对于该错误，我国刑法学界的通说认为原则上不阻却故意成立，只在该错误是由于行为人对其行为的社会危害性的认识错误所造成的场合才能够排除故意，理由是有些行为的社会危害性是相对的，会随着社会条件的改变而发生变化，行为人即使认识到此类行为的事实情况也未必能认识到它的社会危害性，因此不能追究行为人的故意罪责。① 这样，通说的处理方式与日本学者所主张的违法性意识可能性必要说就非常相似，详言之，缺乏社会危害性认识就意味着不存在违法性意识的可能，在这种场合能够阻却故意成立；反之，认识到行为的社会危害性就认识该行为的违法性提供了条件，即有了违法性意识的可能，这种场合就不阻却故意成立。应当说，通说的见解符合“法律错误不阻却故意但应允许例外”的原则，但是通说的说理并不透彻。首先，通说并没有旗帜鲜明地指出社会危害性认识是所有犯罪故意成立的必要要素。其次，通说更加没有说明社会危害性认识与过失犯罪之间的关系。最后，通说也没有说明当行为人对于欠缺社会危害性认识有责任的场合应当如何处理。依据通说的见解，行为人只要对犯罪构成事实有认识通常就能够认识到行为的社会危害性，但例外的是在特殊情况下，行为人即使准确认识了犯罪构成事实也无法认识到他行为的社会危害性，这时就不能让他承担故意犯罪的刑事责任，这就意味着对社会危害性的认识与对犯罪构成事实的认识一样具有决定故意成立与否的作用。可这样一来，认定故意成立与否就不仅要考察行为人是否认识到犯罪构成事实，还必须检讨行为人有无社会危害性认识，于是社会危害性认识就成了故意成立的必要要素。事实上，通说的观点可以认为是以社

---

① 参见马克昌主编：《犯罪通论》，武汉大学出版社 2001 年版，第 373 ~ 375 页。

会危害性认识取代违法性意识，即成立犯罪故意无须具备违法性意识，但却必须具备社会危害性认识，因此通说也可称为社会危害性认识必要说。如果再考虑德日刑法理论中的实质违法性论，那么社会危害性认识与违法性意识间已不存在本质上的差别了，因为无论是社会危害性还是违法性都属于评价的范畴，二者之间的区别不过是评价所依据的标准不同，而实质违法性论者所主张的国家社会伦理规范违反说和法益侵害必不可少原则与我国学者所主张的社会危害性评价标准之间的差异就只存在于阶级社会、意识形态以及文化传统等方面了。这样，通说与违法性意识必要说的本质是非常接近的，但是通说的处理方式又与违法性意识必要说不同，之所以会出现这样的现象，恐怕是我国学者将违法性理解为刑事违法性的原因所致。受德日刑法理论的影响，我国学者中有的明确支持违法性意识必要说（具体包括社会危害性认识和违法性意识必要说、以社会危害性认识为内容的违法性意识必要说、否定社会危害性认识的违法性意识必要说等），认为违法性意识是成立故意的必要要素，发生法律错误的场合同样能够阻却故意成立；① 也有少数学者支持责任说的观点，认为违法性意识应当作为责任的要素包含在行为人的责任能力中考察，并认为发生法律错误的场合虽不阻却故意成立，但在错误不可避免的场合能够阻却责任；② 此外，还有一些学者提出折中说的观点，不同折中说的具体主张与德日刑法理论中的自然犯与法定犯区别说、法律过失准故意说以及限制故意说均有类似之处。③ 对于学者间的争议，笔者认为：首先，除责任说在我国

---

① 参见贾宇：《论违法性认识应是犯罪故意的必备要件》，载《法律科学》1997年第3期；陈兴良著：《刑法哲学》，中国政法大学出版社1992年版，第49页；刘明祥著：《刑法中错误论》，中国检察出版社2004年版，第224～225页。

② 参见竹怀军、利子平：《“不知法不免责”原则价值的嬗变与选择——违法性错误理论与实践发展的比较考察及借鉴》，载《比较法研究》2007年第5期。

③ 参见刘明祥著：《刑法中错误论》，中国检察出版社2004年版，第225～227页。

犯罪构成体系中难有立足之地外，其他学说均有可以探讨的余地，可在共犯认识错误中进一步研究。因为，依据德日的犯罪论体系构成要件之故意可以认为是行为的故意，从而能够与责任故意区分开，仅有行为故意而没有责任故意的场合犯罪并不能成立，这样就能够确定“事实错误阻却行为故意、法律错误阻却责任故意”的原则。而在我国的犯罪构成体系中，并不存在行为故意与责任故意的区分，虽然不可否认我国刑法所规定的故意同样包括了事实要素和评价要素，即“明知自己的行为会发生危害社会的结果”，这里“危害社会的结果”就不仅是纯粹的事实要素，但是我国犯罪构成体系中的故意是事实要素和评价要素的有机统一，二者是不可分割的整体，成立犯罪故意就意味着行为人必须对事实要素和评价要素都有认识，所以不存在“有故意而无责任”的特殊情况。[①] 其次，正如有学者指出的那样，社会危害性认识的内涵难以确定反不如以违法性意识取代，[②] 何况社会危害性与违法性并非能够完全对应。例如，紧急避险行为实际上是对社会有害的行为，只不过在那种场合不能期待避险人自愿承受危险，所以允许其在特定的条件下转移

---

① 为了使责任说能够在我国犯罪论体系中解释清楚，该说的支持者提出可将违法性意识作为刑事责任能力中行为人的辨认能力的要素来考察，认为凡没有违法性意识的场合就没有辨认能力，从而能够阻却或减轻责任。参见竹怀军、利子平：《“不知法不免责”原则价值的嬗变与选择——违法性错误理论与实践发展的比较考察及借鉴》，载《比较法研究》2007 年第 5 期。但这样的做法是不切实际的，辨别能力应当作为主观认识的前提而存在，有辨别能力才有可能对犯罪构成事实有认识并在此基础之上对该事实是否违法作出评价，没有认识到构成事实的场合都不会产生违法性意识的问题，又如何能够在辨别能力中讨论违法性意识呢？易言之，并非没有违法性意识的场合就没有辨别能力，而是没有辨别能力的场合就不会产生违法性意识，因此该学者的观点实属本末倒置。

② 当然也有学者指出，实质的违法性也存在难以界定的问题，所以对违法性意识该学者主张形式的违法性意识可能性必要说。参见张明楷著：《刑法学》（第 3 版），法律出版社 2007 年版，第 268 ~ 272 页。

危险，也才能够认为紧急避险行为是合法行为。[1] 又如像“父亲杀死为非作歹、恶贯满盈的儿子”的大义灭亲之举实际上是对社会有益的行为，但却是违法行为，因此以社会危害性认识取代违法性认识，社会危害性认识与违法性认识并用或者社会危害性认识与违法性认识选用的主张都不如直接采纳违法性意识必要说好。再次，行为人对于发生法律认识错误或者社会危害性认识错误有责任的场合究竟是按过失处理还是按故意处理是处理法律错误的各种学说必须回答的问题。最后，通说和各种折中说的见解是出于对违法性意识必要说的修正而提出的，为法律错误的处理提供了另外的思路，并且能够与“法律错误不阻却故意但应允许例外”的原则相契合，因此可与违法性意识必要说共同作为共犯法律认识错误的处理原则一并探讨。

第二节 共犯认识错误的概述

一、共犯认识错误的概念

共犯认识错误，简言之，就是指在共同犯罪的过程中共犯人对本人或其他共犯人的共同犯罪之行为的事实情况或法律意义的认识与现实不符。有学者总结，我国刑法中的共犯认识错误具有下列特点：第一，发生在共同犯罪过程中；第二，主体是共同犯罪人；第三，可能影响到共同犯罪人的刑事责任。[2] 对此笔者认为还应当增加一点作为共犯认识错误的第四个特征，即与单独犯相比错误存在的范围更广，形式也更复杂。

---

① 至少我国刑法学界的通说认为紧急避险行为是合法的行为；而在德日刑法学界则有一种较有影响的学说认为紧急避险行为应当属于违法行为，只不过因为缺乏期待可能性故而阻却避险人的责任。

② 参见刘明祥著：《刑法中错误论》，中国检察出版社 2004 年版，第 263 ~ 264 页。

与单独犯认识错误相比，共犯认识错误在主体和研究范围两方面都显得更为广阔，也正是在这两个方面学者们的认识有所不同。

（一）共犯认识错误的主体

在德日刑法理论中，对于共犯有三种不同的解释：第一种是最广义的共犯说，认为凡二人以上协力实现犯罪的所有情形都是共犯；第二种是广义的共犯说，认为共犯包括共同正犯、教唆犯和从犯；第三种是狭义的共犯说，认为共犯仅指教唆犯、从犯。基于第一种解释，间接正犯能够作为共犯存在；反之，第二、三种解释则认为间接正犯不过是正犯的一种。在日本刑法学界，有的学者认为，共犯认识错误，是指与某种犯罪的实现相关的共同正犯、教唆犯、从犯相互之间的认识错误；[①] 有的学者则认为，共犯认识错误，是指教唆犯、从犯所认识的犯罪事实与正犯实现的犯罪事实之间不一致的情况。[②] 但是，由于间接正犯认识错误的场合势必会与教唆犯、从犯发生联系，因此无论持哪种观点的学者在研究共犯认识错误时都会论及间接正犯认识错误。

我国学者对于共同犯罪的理解是比较一致的，并不存在广义说、狭义说之争，因此对于共犯认识错误的主体范围学者之间并没有太大争议。而间接实行犯在我国刑法理论中是作为一种特殊形态的单独犯来理解的，不能作为共犯认识错误的主体，但由于其特殊性所以仍需要放在共犯认识错误中研究。另外，二人以上协力实现犯罪的场合，由于错误而导致各参与人之间的故意没有重合之处的可能是存在的，这种场合共犯不能成立自不待言（犯罪共同说的观点，也是通说的观点），是否应当放在共犯认识错误中研究也存

① 参见［日］大塚仁等编：《刑法解释大全》（第3卷），日本青林书院1992年版，第246页。

② 参见［日］齐藤信宰著：《刑法中错误论的研究》，日本成文堂1989年版，第235页。

在疑问，我国刑法学界的通说认为这种情况属于判断共犯能否成立以及在什么样的范围内成立的问题，尽管在判断各参与人故意重合范围的过程中可能适用到具体相一致说或犯罪构成形式要件相一致说的机理，但至少在否定共犯成立的场合各参与人的认识错误应当按照单独犯处理。笔者认为，通说的观点是妥当的，为了能够成立共同犯罪之故意各参与人需要彼此认识对方故意的内容并在此基础上形成合意，共同犯罪的合意一方面是以各参与人的故意为基础，另一方面又与各参与人的故意不是完全重合的关系；共犯认识错误一方面表现为共同犯罪之故意的认识错误，另一方面表现为各参与人的认识错误，而各参与人的认识错误至少应该在共犯能够成立的场合才属于共犯认识错误的研究范围。

（二）共犯认识错误的研究范围

德日学者一般认为，共犯属于修正的构成要件问题，而法律错误是责任论中的问题，二者之间并不存在什么联系，共犯认识错误只需要研究事实错误即可。再者，在共同犯罪中可能出现所有共犯人都发生相同的客体错误、方法错误或者因果关系错误的现象，即所有共犯人共同的认识错误，由于这种错误对全体共犯人产生的影响是相同的，因此德日学者通常不主张将其放在共犯认识错误中研究。

在我国刑法学界，对于法律错误是否应当放在共犯认识错误中研究，学者们的见解有所不同。有的学者认为，法律错误对于行为人的刑事责任没有任何影响，共犯人发生法律错误的场合直接适用单独犯法律错误的处理原则即可，不需要特别研究。[①] 有的学者认为，应当在共犯认识错误中研究法律错误，但仅限于研究对行为相当罪名或刑罚的认识错误，而积极的法律错误和消极的法律错误均没有存在的余地。[②] 还有学者认为，在共同犯罪中同样存在共犯人

① 参见马克昌主编：《犯罪通论》，武汉大学出版社2001年版，第603页。

② 参见刘明祥著：《刑法中错误论》，中国检察出版社2004年版，第265页。

对本人或其他共犯人行为的法律意义的认识与实际不符的情况，因此应该在共犯认识错误中研究法律错误。[①] 对于上述三种观点，笔者认为，第一种观点将法律错误排除在共犯认识错误的研究范围之外的理由并不充分，该观点所依据的是法律错误不阻却故意的基本原则，但目前该原则不仅已经失去了学者们的支持，并且也被许多国家的刑事立法修正，因此该观点不妥当。第二种观点认为发生消极的法律错误的场合不可能成立共同犯罪，故而这种类型的法律错误是不可能出现在共同犯罪过程中的，事实上持该观点的学者所依据的是法律错误阻却故意成立的基本原则，但是这一原则有着严格的适用范围，并非所有的法律错误都能阻却故意成立，因此将所有消极的法律错误一概排除在共犯认识错误的研究范围之外同样有失合理性。第三种观点相对较为合理，并且采取该观点的见解能够使处理法律错误的各种学说都可以在研究共犯法律认识错误的过程中再次得到检讨。但是，在共同犯罪中研究法律错误是非常困难的，这是因为如果认为法律错误不能阻却故意成立，不会对犯罪人的刑事责任产生任何影响，就不存在研究共犯法律错误的意义和必要（即使在单独犯的场合也能这样认为）。如果认为法律错误阻却故意成立，就不会有共同犯罪故意的存在，即使承认过失的共同实行犯，在这种场合直接适用共犯论处理即可，法律错误也因为与共同犯罪故意没有关联而失去了研究的价值。因此，在德日刑法学界极少有学者研究共犯法律认识错误。恰恰相反，我国很多学者在研究共犯认识错误的场合都会论及法律错误，但也都只简单地罗列了与共同犯罪相关的法律错误的若干表现形式，并且在结论上几乎是一

① 参见陈兴良著：《共同犯罪论》，中国人民大学出版社2006年版，第332页。

边倒地认为无论何种形式的法律错误均不能阻却共同犯罪故意成立。[①] 这就是说，学者们试图找到法律错误对共犯人的刑事责任所产生的影响，但结论就是没有影响，也就是说，关于法律错误的争论并没有在研究共犯法律认识错误的过程中表现出来。而笔者认为，可以将处理法律错误的各种争议观点引入共犯法律认识错误的研究中，从而进一步检讨法律错误对于共犯人刑事责任的影响。

另外，对于所有共犯人共同的认识错误，目前在我国刑法学界还未见相关论述。笔者认为，从本质上来说所有共犯人共同的认识错误应当属于共犯认识错误的研究范围，适用错误理论的处理结果同样必须符合共犯基本理论的要求。尽管发生该错误的场合对所有共犯人所产生的影响是相同的，这样在处理结果上就与单独犯认识错误没有两样，但在处理过程上以及是否受到共犯基本理论的限制上与单独犯相比还是有所不同，因此应当放在共犯认识错误中研究。

二、共犯认识错误的分类

对于共犯认识错误的分类，学者们所采取的标准各不相同，常见的分类方法有：根据错误是否发生在同一构成要件内，将共犯认识错误分为同一构成要件内的共犯认识错误和不同构成要件间的共犯认识错误；根据错误是否发生在同一共犯形式内，将共犯认识错误分为同一共犯形式内的认识错误和不同共犯形式间的认识错误；根据共犯的结合方式，将共犯认识错误分为一般共犯认识错误和特殊共犯认识错误（集团犯罪的认识错误）、简单共犯认识错误和复杂共犯认识错误；根据共犯的分工，将共犯认识错误分为共同实行

① 参见刘明祥著：《刑法中错误论》，中国检察出版社 2004 年版，第 267 ~ 268 页；陈兴良著：《共同犯罪论》，中国人民大学出版社 2006 年版，第 332 ~ 336 页；陈家林著：《共同正犯研究》，武汉大学出版社 2004 年版，第 310 ~ 311 页；魏东著：《教唆犯研究》，中国人民公安大学出版社 2002 年版，第 147 页；田鹏辉著：《片面共犯研究》，中国检察出版社 2005 年版，第 188、190、194 页。

犯认识错误、教唆犯认识错误、帮助犯认识错误；根据错误的内容，将共犯认识错误分为共犯客体认识错误、共犯方法认识错误和共犯因果关系认识错误等。日本学者中，多数学者采取多种标准对共犯认识错误进行多层次的分类，如首先，将共犯认识错误分为同一共犯形式内的认识错误和不同共犯形式间的认识错误。其次，将同一共犯形式内的认识错误分为共同正犯认识错误、教唆犯认识错误以及从犯认识错误，将不同共犯形式间的认识错误分为共同正犯与从犯间的认识错误、教唆犯与从犯间的认识错误。再次，将不同分工类型的共犯人的认识错误分为同一构成要件内的共同正犯认识错误和不同构成要件间的共同正犯认识错误、同一构成要件内的教唆犯认识错误和不同构成要件间的教唆犯认识错误、同一犯罪构成内的从犯认识错误和不同犯罪构成间的从犯认识错误。最后，将同一构成要件内的共同正犯认识错误、教唆犯认识错误、从犯认识错误分别分为共同正犯客体认识错误、共同正犯方法认识错误、共同正犯因果关系认识错误、教唆犯或实行犯客体认识错误、被教唆的实行犯方法认识错误、教唆犯或实行犯因果关系认识错误、从犯或实行犯客体认识错误、被帮助的实行犯方法认识错误、从犯或实行犯因果关系认识错误，将不同构成要件间的共同正犯认识错误、教唆犯认识错误、从犯认识错误分别分为共同正犯客体认识错误、共同正犯方法认识错误、教唆犯或实行犯客体认识错误、被教唆的实行犯方法认识错误、从犯或实行犯客体认识错误、被帮助的实行犯方法认识错误。[①] 我国学者一般也都采取多种标准对共犯认识错误进行分类，有的学者首先根据认识的对象，将共犯认识错误分为对他人责任能力的认识错误、对他人意思表示的认识错误以及对他人行为性质的认识错误，其次进一步将此三种错误分为若干具体的错

① 参见［日］大塚仁等编：《刑法解释大全》（第3卷），日本青林书院1992年版，第233、550、551页。

误类型；[①] 有的学者根据错误的性质，将共犯认识错误分为共犯法律认识错误和共犯事实认识错误，并在前者的场合研究共同实行犯法律认识错误、组织犯法律认识错误、教唆犯法律认识错误以及帮助犯法律认识错误，在后者的场合研究共同实行犯事实认识错误、组织犯事实认识错误、教唆犯事实认识错误以及帮助犯事实认识错误；[②] 也有的学者首先根据共同犯罪的分工，将共犯认识错误分为共同实行犯认识错误、教唆犯认识错误以及帮助犯认识错误，其次又根据错误的性质，进一步分为共同实行犯事实认识错误与共同实行犯法律认识错误、教唆犯事实认识错误与教唆犯法律认识错误、帮助犯事实认识错误与帮助犯法律认识错误。[③]

共犯认识错误本就错综复杂，将其层层剥离、合理划分将有助于深入研究和解决实践中发生的共犯认识错误问题。因为不同类型的共犯认识错误所适用的处理原则以及可能产生的疑难问题各不相同，所以采取多种标准对共犯认识错误进行多层次的分类是非常必要的。通过比较、借鉴国内外学者的分类方法并结合我国刑法理论中共犯论与错误论的基础理论，笔者认为能够成为共犯认识错误的分类标准的主要有：共犯人的分工、错误的性质、错误的内容以及犯罪构成要件。鉴于此，笔者所采取的分类方法为：第一步，以共犯人的分工为标准，将共犯认识错误分为组织犯认识错误、共同实行犯认识错误、教唆犯认识错误以及帮助犯认识错误；第二步，以错误的性质为标准，将第一步划分出的共犯认识错误类型继续分为组织犯事实认识错误与组织犯法律认识错误、共同实行犯事实认识错误与共同实行犯法律认识错误、教唆犯事实认识错误与教唆犯法律认识错误、帮助犯事实认识错误与帮助犯法律认识错误；第三

① 参见汪保康：《共同犯罪中认识错误的几种情况》，载《法律科学》1991年第6期。

② 参见陈兴良著：《共同犯罪论》，中国人民大学出版社2006年版，第332～342页。

③ 参见刘明祥著：《刑法中错误论》，中国检察出版社2004年版，第267～296页。

步，以犯罪构成要件为标准，将第二步分类中的各种事实错误划分为同一犯罪构成内的组织犯认识错误与不同犯罪构成间的组织犯认识错误、同一犯罪构成内的共同实行犯认识错误与不同犯罪构成间的共同实行犯认识错误、同一犯罪构成内的教唆犯认识错误与不同犯罪构成间的教唆犯认识错误、同一犯罪构成内的帮助犯认识错误与不同犯罪构成间的帮助犯认识错误；以发生错误的主体为标准，将第二步分类中的各种法律认识错误分为组织犯法律认识错误与实行犯法律认识错误、部分实行犯法律认识错误与全体实行犯法律认识错误、教唆犯法律认识错误与实行犯法律认识错误、帮助犯法律认识错误与实行犯法律认识错误；第四步，以错误的内容为标准，将第三步分类中分出的各种具体事实错误分为组织犯或实行犯关于对象的认识错误与实行犯方法认识错误、共同实行犯对象认识错误与共同实行犯方法认识错误、教唆犯或实行犯关于对象的认识错误与实行犯方法认识错误以及帮助犯或实行犯关于对象的认识错误与实行犯方法认识错误，以认识的对象为标准将第三步分类中分出的各种具体法律认识错误分为组织犯对自己行为的法律认识错误与组织犯对实行犯行为的法律认识错误、实行犯对组织犯行为的法律认识错误和实行犯对自己行为的法律认识错误（共同实行犯、教唆犯与实行犯）等。

当然，除了上述主要的分类方法之外，对共犯认识错误仍可以根据很多不同的分类标准进行更为细致的划分。例如，以是否参与实行为标准分为实行的共同实行犯认识错误、未实行的共犯与实行犯的认识错误；以发生错误的主体为标准分为部分共犯人的认识错误与全体共犯人的认识错误；以发生认识错误的时间为标准分为共谋阶段的共犯认识错误与实行阶段的共犯认识错误；① 以帮助行为发生的时间为标准将帮助犯认识错误分为事前帮助犯认识错误、事

① 共谋阶段的认识错误，是指共犯人的主观认识发生在共谋阶段，且这种认识与实行阶段实现的犯罪不一致的情况。通常，未实行的共犯人只能犯这种类型的错误。

中帮助犯认识错误以及事后帮助犯认识错误（事前共谋于事后实施帮助行为的）等，标准之多，不胜枚举。

在笔者所采取的分类方法中有这样几个问题需要说明。

（一）以分工为标准对共犯认识错误进行分类的意义

尽管我国现行刑法主要是以共犯人在共同犯罪中的作用为标准对共犯人进行分类的，但是学者们在对共犯认识错误进行分类的过程中却从未采用过这个标准，反而是以共犯人的分工为主要的分类标准。因为，认定共犯人在共同犯罪中所起的作用是一个多方面综合判断的结果，共犯人在共同犯罪中所起的作用也不以行为人的主观认识为转移，即共犯人对自己究竟是主犯、从犯还是胁从犯不需要有认识；与此相反，共同犯罪故意的认识要素与共犯人在共同犯罪中的分工是密切相连的，组织犯、共同实行犯、教唆犯与帮助犯之间无论在主观认识上还是客观行为上绝不存在任何相同之处，那么这四种共犯人的认识错误所存在的范围、表现形式必定是不同的，所以非常有必要区分开来加以研究。通常来说，共犯人发生认识错误的场合只能够影响到共同犯罪的成立范围以及共犯人的刑事责任，一般不会对其在共同犯罪中所起的作用产生较大影响，易言之，即使共犯人的认识错误对于判断他在共同犯罪中所起的作用可能会产生一定程度的影响，但两者之间并不存在决定与被决定的关系。因此，共犯人的分工应当作为对共犯认识错误进行分类的首要标准。

（二）阻却犯罪性前提事实错误在共犯认识错误中的定位

前文已述，目前我国学者尚未对阻却犯罪性前提事实错误展开深入研究，该错误与共犯认识错误的关系并不明确，因此难以将该错误纳入共犯认识错误的分类中。根据我国刑法学界的通说，阻却犯罪性前提事实错误被归入事实错误下的行为性质错误中，发生该错误的场合阻却故意成立，仅在行为人主观上有过失并且刑法有相关处罚规定的情况下才能够按过失犯处罚，又因为我国刑法理论不承认过失共犯论，这样该错误就与共犯论没有联系了。但近年来，受德日刑法理论的影响，有些学者认为阻却犯罪性前提事实错误应当属于法律错误的范畴，发生该错误的场合不能阻却故意成立，这样阻却犯罪性前提事实错误与共同犯罪就可能存在交叉之处了。例如，甲和乙共同误认为不法侵害存在而共同实施防卫行为，如果认定该错误属于法律错误且不阻却故意成立，甲、乙二人就可能成立共同犯罪，那么该错误就属于共犯认识错误的研究范围。鉴于阻却犯罪性前提事实错误的特殊性，本书将在最后一章研究它与共犯认识错误的关系。

（三）所有共犯人共同的认识错误

所有共犯人共同的认识错误，亦可称为共犯整体性认识错误，是指在共同犯罪过程中出现的所有共犯人都发生相同认识错误的情况。因为，这种错误在处理上与单独犯认识错误极为类似，反而与部分共犯人发生认识错误或者全体共犯人发生不同认识错误等共犯个体性认识错误的处理有所不同，因此绝大多数日本学者并没有在共犯认识错误中研究这种类型的错误。可是，尽管共犯整体性认识错误与单独犯认识错误非常类似，但它仍然属于共同犯罪的范畴，在认定错误阻却共同犯罪故意成立的场合同样会导致过失责任的认定困难，所以将该错误纳入共犯认识错误中研究也是合理的。当然即使将前者纳入后者中研究也可以采取两种不同的方法：一种是将共犯整体性认识错误作为一个整体与共犯个体性认识错误分开研究；一种是不区分共犯整体性认识错误与共犯个体性认识错误，而将所有的共犯认识错误放在一起研究。相较而言，笔者认为第一种方法更为妥当，其优点在于能够与共犯整体性认识错误的特点相适应，并能彰显它与共犯个体性认识错误的差别，更有益于归纳共犯整体性认识错误在处理方式上的独特之处。

三、共犯认识错误之其他问题

（一）共犯认识错误与共犯过限

共犯过限，又可称为实行过限、共犯过剩等，是指在共同犯罪过程中实行犯故意或过失地实施了超出共同犯罪故意范围之外的罪行的一种犯罪现象。[①] 对于共犯认识错误与共犯过限之间的关系，我国学者同样没有展开研究。多数学者认为，共犯认识错误与共犯过限是两个有重合关系的概念，即共犯认识错误的客观表现之一就是共犯过限，而造成共犯过限的原因之一又是共犯认识错误，也正因为如此很多学者将共犯过限放在共犯认识错误的范畴下研究。[②] 但是，共犯过限是非常复杂的犯罪现象，不仅与共犯认识错误间的关系不易界定，而且重合性共犯过限[③]与共同犯罪中的结果加重犯间的关系也难以厘清。例如，对于实行犯所实施的与他所参与的共同犯罪的实行行为密切相关的附随行为造成了所犯之罪的基本结果之外的重结果的情况是按共犯过限处理还是按共同犯罪的结果加重犯处理就存有疑问。当然，这与如何界定共犯过限在共犯论中的地位和存在范围有关。对此，通说认为共犯过限应当属于共同犯罪的构成要件的判断问题，即在发生共犯过限的场合判断共同犯罪在什么样的范围内成立以及各共犯人应当承担什么刑事责任，由于过限行为超出了共同犯罪的故意，所以应当由实施过限行为的共犯人对该过限行为承担刑事责任，其他共犯人对过限行为不负刑事责任。但如果对共犯过限的理解仅限于此，就难以说明它与共犯认识错误的关系，因为共犯认识错误中包括对其他共犯人行为事实的认识错误，而实行犯所实施的过限行为恰恰属于这个范围。

近年来，有些日本学者提出共犯人之间意思联络不一致的情况应当属于共犯成立范围的问题，应当按照共犯成立的主观要件与责

---

① 参见叶良芳:《实行过限之构成及其判定标准》，载《法律科学》2008 年第 1 期。

② 参见陈兴良著:《共同犯罪论》，中国人民大学出版社 2006 年版，第 344 页；刘明祥著:《刑法中错误论》，中国检察出版社 2004 年版，第 273 页。

③ 所谓重合性共犯过限，一般指实行犯所实施的过限行为与共同犯罪的基本行为能够在犯罪构成上重合，在这种情况下对实行犯的过限行为并不单独定罪，而是与基本行为共同定罪。

任原则来处理，因此不属于共犯认识错误的研究范围。[①] 受日本学者的影响，我国也有学者指出，共犯过限虽然依附于共同犯罪，但却不属于共同犯罪，而应当认为是一种非共同犯罪的犯罪类型。[②] 笔者认为，将共犯过限与共犯认识错误完全割裂开的理由并不充分，这同样是因为对于实行犯的过限行为其他共犯人没有认识的情况应当属于共同犯罪中关于共同犯罪事实的认识错误，故而放在共犯认识错误中研究并无不当之处。

因此，界定共犯过限和共犯认识错误的关系与如何理解共犯过限密切相关。笔者认为，只有纯正的实行犯过限，即实行犯于实施共同犯罪行为之际或者是基于自己单独实施的意思实施过限行为，或者是过失地实施了过限行为，能够按照共同犯罪的成立要件与责任原则处理，因为在这种场合对于过限行为该实行犯已经没有了共同犯罪的意思，完全能够按照单独犯处理；除此之外，其他共犯过限的情况应当属于共犯认识错误的研究范围，如各共犯人间由于误解而使各共犯人的故意不能完全重合，那么实行犯在实施合意内容之外的过限行为之际自认为实施的是共同犯罪行为，也正因为如此该实行犯的过限行为才能够与他所参与实施的共同犯罪相关联，才应当放在共犯认识错误中研究。否则，如果将因各共犯人之间的误解而实施的合意之外的过限行为排除在共犯认识错误的研究范围外，就无异于将过限行为与合意完全割裂开，实行犯所实施的过限行为与其所参与的共同犯罪之间的联系被切断，这样极有可能造成处罚不均的现象。例如，甲以犯伤害罪的意思与乙于事前共谋，并在与乙谋议之后单独实施了故意杀人的行为，那么甲的杀人行为属于合意之外的过限行为，乙参与谋议的行为只能作无罪处理。但

---

① 参见刘明祥著：《错误论》，法律出版社、日本成文堂1996年联合出版，第267页。

② 参见叶良芳：《实行过限之构成及其判定标准》，载《法律科学》2008年第1期。

是，如果甲在与乙谋议之后实施了伤害行为，对乙就能够按照故意伤害罪的共犯处罚，反而在甲实施了更为严重的杀人行为时，乙却因为甲的过限行为而得不到任何处罚，这样的处理结果不仅造成处罚不均的现象，而且与一般公民的法感情不符。正是为了解决这一问题，将共犯人间合意不一致的情况排除在共犯认识错误之外的日本学者不得不提出可以在“故意的内涵”范围内肯定行为人之间的合意，如上例中就可以认定甲杀人的故意与乙伤害的故意能够形成合意。与其如此，笔者认为反而不如直接在共犯认识错误中研究共犯人间合意不一致的情况。事实上，试图将共犯人间合意的成立范围问题与共犯认识错误截然分开是不现实的，除非放弃共犯错误论的研究，将共犯人的认识错误作为共犯本身的问题适用共同犯罪构成要件加以解决；否则，共犯人由于认识错误而导致他所实施的行为超出合意之外的现象是客观存在的，没有理由排除在共犯认识错误的研究范围之外。事实上，笔者的见解可以认为是将关于共犯成立与否的问题排除在共犯认识错误的研究范围之外，而关于共犯的成立范围问题，只要与错误有关，就都属于共犯认识错误的研究范围。

（二）共犯认识错误与共犯的未遂

通常，刑法中认识错误的处理犯罪未遂的关系密切，因为发生错误的场合一般都会存在行为人意欲侵害的对象和实际侵害的对象，如果能够认定行为人对于意欲侵害对象的故意能够在与实际侵害对象相关的行为上成立，那么就能够认定行为人对实际侵害对象成立故意罪的既遂；反之，如果不能认定的话，那么行为人对于意欲侵害对象就构成了故意罪的未遂，而对于实际侵害对象则只能判断是否构成过失犯罪，并在构成过失犯罪的情况下与对意欲侵害对象的故意罪未遂构成想象竞合犯。另外，由于我国现行刑法对犯罪未遂采取了“概括主义”的处罚模式，虽然这样的规定不会产生因认识错误而导致故意罪未遂不可罚的问题，但却造成了在行为人意欲实施之罪与实际实现之罪间存在重罪与轻罪的重合关系的场合，在重罪的未遂和轻罪的既遂间选择的问题。例如，以盗窃他人巨额财产为目的实施盗窃行为，但由于对象错误结果只窃得几千块钱，这种场合对盗窃者就可以采取两种处理方式：一种是按重大盗窃的未遂适用较高的法定刑幅度处罚，另一种是按一般盗窃的既遂适用较低的法定刑幅度处罚，通说采取的是第一种处理方式。①

同样，共犯认识错误的处理与共犯的未遂也会产生联系，只不过联系的方式表现得更为复杂。首先，共犯人关于合意范围的认识错误与共犯的未遂的联系。在合意范围内意欲侵害的对象没有受到侵害的场合，全体共犯人构成对该对象的故意罪的未遂，而对于合意范围外的实际侵害对象则由造成该侵害结果的共犯人独自承担责任；在合意范围内意欲侵害的对象受到了预定之罪之外的侵害的场合，各共犯人在预定之罪与实现之罪重合范围内构成轻罪的既遂。其次，在只有部分实行犯发生错误的场合，对共同犯罪故意所欲侵害的对象由于未发生认识错误的实行犯已经完成了犯罪，所以发生错误的实行犯也同样能够成立故意罪的既遂；而对由于部分实行犯的错误所造成的合意范围外的侵害结果，在认定不阻却故意成立的场合全体实行犯就构成了对合意范围内意欲侵害对象的故意罪既遂与合意范围外侵害对象的故意罪既遂的想象竞合犯，在否定故意成立的场合，依据通说的观点，只能够判断发生错误的实行犯是否应当承担过失责任，并在应当承担的场合与对合意范围内意欲侵害对象的故意罪既遂构成想象竞合犯。因此，部分实行犯发生错误的场合发生错误的实行犯并不会对合意范围内意欲侵害的对象构成故意罪的未遂。最后，在全体实行犯发生错误的场合，如果能够认定全体共犯人对于意欲侵害对象的故意能够在与实际侵害对象相关的共同实行行为上成立，那么全体共犯人构成对实际侵害对象的故意罪既遂；反之，如果不能认定的话，则全体共犯人都构成对意欲侵害

① 参见王作富主编：《刑法分则实务研究》，中国方正出版社 2003 年版，第 1256 页。

对象的故意罪未遂的共同犯罪，而对于实际侵害结果则只能分别判断各共犯人是否应当承担过失责任，这是因为在这种场合没有任何实行犯所分担的共同实行行为完成了预定之罪。当然，由于共犯认识错误而造成各共犯人意欲实施之罪与实际实现之罪间存在重罪与轻罪的重合关系的场合也会产生在重罪的未遂和轻罪的既遂间选择的问题，这一点与单独犯没有两样。再者，在组织犯、教唆犯以及帮助犯的场合，共犯认识错误与共犯的未遂的联系就更为复杂了，因为组织犯、教唆犯以及帮助犯并不具体实行犯罪，所以对他们的既遂或未遂的认定一般都从属于实行犯，如果由于实行犯的认识错误使他构成对合意范围内意欲侵害对象的未遂，通常对组织犯、教唆犯以及帮助犯能够作相同的处理，对此本书将在后面的具体研究中详细分析。

第三节　解决共犯认识错误的基本立场

一、不同共犯理论对共犯认识错误的影响

不同共犯理论对研究共犯认识错误的影响是不言而喻的，在前述共犯认识错误的分类中便可窥其一斑，而在共犯认识错误的处理上这种影响恐怕将会表现得更为突出。尽管我国学者对于共犯基本理论的认识总体上比较一致，不存在德日刑法学界那种学派林立、基本观点对立的局面，这样对于共犯认识错误的研究就不至于产生较大的分歧；但是，共犯理论毕竟是极为复杂的，前述共犯认识错误与共犯过限之间的纠结就是一个鲜明的例子，任何一个共犯基础理论中的争议问题都有可能影响到共犯认识错误的处理，因此在研究过程中必须格外重视。

在共犯基础理论中，最重要的问题就是共犯的本质与共犯的处罚依据。关于共犯的处罚依据，我国学者与德日学者的认识有较大差异，我国刑法学界的通说认为犯罪的本质在于其社会危害性，而

共同犯罪也是具有社会危害性的行为，即不仅是实行犯的实行行为，包括组织犯的组织行为、教唆犯的教唆行为以及帮助犯的帮助行为都是具有社会危害性的行为，都具有可罚性，因此不需要特别的研究共犯的处罚根据；而在德日刑法理论中，正犯是刑法处罚的对象，共犯只有在能够与正犯相关联的场合才能受到刑法的关注，因此就必须为共犯寻求可罚性依据。但实际上，德日刑法理论中关于共犯的处罚依据的各种学说与共犯从属性说中的各种主张具有相同的机理。例如，责任共犯说认为“共犯的处罚依据在于使正犯陷于责任与刑罚的后果”,[①] 而这种见解与极端从属性说的主张基本相同。因此笔者认为，不需要深入讨论共犯处罚根据对共犯认识错误的影响。而关于共犯的本质，德日学者通常是分为两个方面来论述的：一方面是关于共同正犯的本质，有犯罪共同说、行为共同说[②]以及共同意思主体说；另一方面是关于教唆犯、帮助犯的本质，有共犯从属性说与共犯独立性说。我国刑法学界的通说虽然没有明确提出这两方面的问题，但是具体主张与上述学说中的部分观点有相似之处。例如，通说认为，为了能够成立共同犯罪必须要求共同犯罪的故意和共同犯罪的行为在犯罪构成的范围内相符合，超出共同故意之外的行为不构成共同犯罪,[③] 这实际上与犯罪共同说的主张相同。另外，关于教唆犯性质的争论（我国刑法学界的通说并不承认帮助犯的独立性），通说所主张的教唆犯二重性说也是以教唆犯从属性说和教唆犯独立性说为基础而提出的。[④] 近年来，

---

① 参见陈子平著：《刑法总论》（2008 年增修版），中国人民大学出版社 2009 年版，第 338 页。

② 严格的犯罪共同说已经没有支持者，目前持犯罪共同说的学者均主张部分犯罪共同说，因此本书所述犯罪共同说均指部分犯罪共同说；同样，主观主义的行为共同说也已经失去支持者，目前持行为共同说的学者所主张的是客观主义的行为共同说，本书所述的行为共同说均指客观主义的行为共同说。

③ 参见马克昌主编：《犯罪通论》，武汉大学出版社 2001 年版，第 505 ~ 513 页。

④ 参见李光灿、马克昌等著：《论共同犯罪》，中国政法大学出版社 1987 年版，第 82 页。

更有学者明确指出，共犯从属性说、共犯独立性说以及共犯从属性与独立性相统一说不仅说明共犯成立的形式和方法，而且直接论及共犯的本质，属于共犯存在论的问题；而犯罪共同说、行为共同说则主要说明共犯的成立范围，属于形成共犯之方法论的问题。[①] 这就是说，关于共犯本质的争论在我国刑法学界同样存在，而且有些具体主张与德日刑法理论中的学说有很多相似之处。对于我国学者在共犯本质问题上的争论，笔者认为：首先，共犯从属性说、共犯独立性说以及共犯二重性说仍应该认为是关于教唆犯、帮助犯本质的认识，因为在共同实行犯的场合各共犯人都能够作为实行犯看待，各共犯人的行为是作为一个整体而存在的，不存在从属性与独立性的问题；其次，犯罪共同说、行为共同说以及共同意思主体说则属于共犯成立范围的问题，因为这三种学说所解决的是判断共同犯罪成立的标准问题，自然与共犯的成立范围相关。应该说目前在我国刑法学界犯罪共同说是通说的观点，不过近年来行为共同说以及与共谋共同实行犯相关的各种学说得到一些学者的支持，也有了一席之地。

（一）共犯从属性说、共犯独立性说等对研究共犯认识错误的影响

若依共犯从属性说，教唆犯、帮助犯从属于实行犯而成立，那么原则上实行犯发生认识错误的场合将会对教唆犯、帮助犯的刑事责任产生影响（至于影响的程度与对从属性的理解有关，即最小从属性、限制从属性、极端从属性以及扩张从属性之间的区别通常决定了影响的程度），反之，教唆犯、帮助犯发生认识错误的场合不会对实行犯的罪责产生影响。

若依共犯独立性说，教唆犯的成立并不需要依赖于实行犯，那么实行犯的认识错误将不会对教唆犯的刑事责任产生影响，这是共

---

① 参加陈兴良著：《共同犯罪论》，中国人民大学出版社 2006 年版，第 38、52 页。

犯独立性说的必然结论，并不会因为实行犯已着手实行教唆犯教唆之罪而使教唆犯从属于实行犯。这样，即使在实行犯由于认识错误而阻却其犯罪故意成立的场合对教唆犯仍能够按其所教唆之罪处罚。

目前，我国刑法学界的通说是共犯二重性说，既肯定了教唆犯的从属性又承认其相对独立性。在二重性说内部尚存在抽象二重性说与具体二重性说：前说从教唆犯的一般性的立场论述，认为教唆犯一方面通过被教唆人的行为实现犯罪目的，另一方面教唆犯的教唆行为本身具有社会危害性应当受刑罚处罚；后说以现行刑法的具体规定为据，认为现行刑法同时肯定了从属性的教唆犯和独立性的教唆犯，即刑法第 29 条第 1 款规定的是从属性的教唆犯，第 2 款规定的是独立性的教唆犯。① 笔者认为，二说的区别仅在于立论的角度不同，相互间并不矛盾。但是，这样的观点在实行犯发生认识错误的场合恐怕极易造成对教唆犯处罚不均的情况。例如，甲教唆乙犯非法狩猎罪，乙在实施犯罪行为过程中误将山中采药的老人当做猎物而射杀，而非法狩猎罪只有在情节严重的场合才能定罪处罚，因此乙未遂的非法狩猎行为将得不到处罚，而如果乙对老人的死有过失则能够对他按照过失致人死亡罪定罪处罚，但是无论如何教唆者甲都将因为从属于实行犯乙而得不到处罚，但若乙没有实施甲所教唆之罪，对甲却能够按照他所教唆之罪处罚（且不论是否有处罚的必要性），这样的结论实在让人难以接受。

（二）犯罪共同说、行为共同说等对研究共犯认识错误的影响

若依犯罪共同说，所有共犯人所实施的犯罪行为必须在同一犯罪构成内重合共犯才能成立。这样，若实行犯由于认识错误而实施了超越共同犯罪构成之外的过限行为，则应当由其独自承担相应的刑事责任，其他共犯人对于过限行为不承担任何责任。但是，因为

① 参见马克昌：《共同犯罪理论中若干争议问题》，载《华中科技大学学报》（社会科学版）2004 年第 1 期。

过限行为与共同犯罪行为可能存在重合和非重合两种关系，对非重合关系下的过限行为按照上述原则处理没有问题，对重合关系的过限行为，其他共犯人对该过限行为所造成的结果是否应当承担责任则存在疑问。例如，甲教唆乙伤害 A，乙错把 B 当做 A 而伤害，并在伤害 B 的过程中遭到 B 的强烈反抗，乙恼羞成怒将 B 杀死。对于这种情况通常认为，对于乙，由于其所实施的较重的过限行为（杀人行为）吸收较轻的基本行为（伤害行为），所以只成立故意杀人罪；而对于甲，因为从属于乙，那么既然乙的错误并不影响其刑事责任的承担，同样也不影响甲的刑事责任，并且对于乙实施的过限行为所造成的结果，即 B 的死亡，甲应当承担故意伤害罪致死的刑事责任，这样甲和乙在故意伤害罪的范围内成立共同犯罪。

若依行为共同说，只要各共犯人的行为能够在构成要件的范围内相一致，即使各共犯人的犯意不同也能成立共同犯罪。① 这样，各共犯人的认识错误所产生的结果只要属于共同行为之构成要件范围内就不影响共同犯罪的成立，所有共犯人均应对该结果负担刑事责任。

再者，虽然共谋共同实行犯的相关理论在我国刑法学界目前并没有为通说明确认可，但笔者认为在通说将组织犯限定在集团犯罪范围内的情况下，在一般共同犯罪中共谋共同实行犯罪的现象是客观存在的，应当承认其理论的合理性。这样，共谋共同实行犯的相关理论对共犯认识错误的研究也会产生一定的影响，对该问题将在共同实行犯认识错误中研究。此外，过失共同犯罪、片面共同犯罪以及共同犯罪下的结果加重犯等其他共犯相关理论对共犯认识错误的研究也存在一定程度的影响，如共犯人发生认识错误而阻却其对实际侵害的对象的故意成立的场合，所产生的就该结果追究各共犯人的过失责任的问题就与是否承认过失共同犯罪密切相关，由于这

---

① 参见陈子平著：《刑法总论》（2008 年增修版），中国人民大学出版社 2009 年版，第 332 页。

部分理论对共犯认识错误的研究不会产生根本性的影响，所以笔者将在涉及这部分问题时再作分析。

二、共犯认识错误的处理原则

纵览世界各国，对共犯认识错误的处理由立法作出明确规定的情况极其罕见，学者们通常列举的例子是意大利刑法典第116条的规定，即“如果已实施的犯罪是某一共同犯罪人不希望实施的犯罪，当结果是因其作为或者不作为造成的时，该人也对该犯罪负责。如果已实施的犯罪重于所希望实施的犯罪，对于希望实施较轻犯罪的人减轻处罚”，[①] 对于法条中所规定的犯罪现象有的学者称之为共同犯罪的偏离，[②] 尽管该学者所述的主要内容仍是关于共犯认识错误的问题，但从用语的科学性角度考虑却值得称赞，因为该法条所规定的情况不仅包括共犯认识错误，还包括共犯过限。但是，该条规定的科学性却不得不让人质疑，正如有学者所指出的那样，依据该条规定只要是共同犯罪中部分共犯人起意实施的行为，即使其他共犯人主观上没有认识也应当根据纯粹的客观联系而承担刑事责任，[③] 这无疑相当于客观归罪的做法。实际上，共犯认识错误的处理是相当复杂的问题，笔者认为不便由刑法作出具体规定，而更适宜由理论学说来解决。

总的来说，共犯认识错误的处理也应当遵循错误论的基本原则，即“事实错误阻却故意、法律错误不阻却故意但应允许例外”，但具体的处理结果又必须能够符合共犯基本理论的要求。不同共犯理论对共犯认识错误的影响前文已简要分析，尽管部分犯罪共同说、教唆犯二重性说是我国刑法学界的通说观点，但是在处理共犯认识错误的过程中都表现出一些不足，加之近年来基于客观主

---

① 参见黄风译：《意大利刑法典》，中国政法大学出版社1998年版，第39页。

② 参见陈忠林著：《意大利刑法学原理》，法律出版社1998年版，第332页。

③ 参见陈忠林著：《意大利刑法学原理》，法律出版社1998年版，第332页。

义立场的行为共同说、教唆犯从属性说得到一些学者的大力支持，也为共犯认识错误的处理提供了另外一种思路。并且，尽管主客观相统一原则是我国刑法理论中认定犯罪人刑事责任的基本原则，但是前文所分析的学者们在对如何理解该原则上所表现出来的差异，即具体相一致与犯罪构成形式要件相一致的差异，也将影响到共犯认识错误的处理。因此，如何能够使共犯认识错误的处理与共犯基础理论有机结合将是本书重点研究的对象。鉴于此，本书对于共犯认识错误的处理采取了下列方式：首先是对共犯事实认识错误的处理。第一步，分别采取具体相一致和犯罪构成形式要件相一致的观点处理具体的共犯事实认识错误；第二步，分别将两种不同的处理结果放入共犯基础理论中检验，以寻求更为合理的处理方式。其次是对共犯法律认识错误的处理。前文已述，在我国刑法学界关于处理法律认识错误的学说可以归纳为三派，即法律错误不阻却故意说、法律错误阻却故意说以及各种折中说，其中前者是通说，而后两者的影响力也与日俱增，因此应当分别适用于共犯法律认识错误的处理，并通过与共犯基础理论的碰撞选择出最佳的解决方法。①

---

① 如果采取法律认识错误阻却故意说，那么“共犯法律认识错误”的用语就不够精确，因为对于发生该错误的部分行为人来说未必能够成立共同犯罪的故意；更为精确的说法应该是“数人共同故意实施特定行为中的法律认识错误”，因为即使犯罪的故意能阻却单纯的行为故意也仍然存在。不过，为了用语上的连贯性本书仍以共犯法律认识错误名之。

第二章

共犯整体性认识错误

简单地说，共犯整体性认识错误就是在共同犯罪过程中全体共犯人共同发生相同认识错误的情况，一般认为发生该错误的场合对全体共犯人能够产生相同的影响，对该错误的处理也与单独犯认识错误非常类似。

第一节　共犯整体性认识错误的概述

一、共犯整体性认识错误的概念

共犯整体性认识错误，是指在共同犯罪过程中全体共犯人对于共同犯罪行为之事实情况和法律意义共同发生相同的认识，但这种认识与客观实际不符的情况。在共犯整体性认识错误的概念中，有两个要素的判断标准尚不明确，即相同认识错误和共同发生认识错误的判断标准，这也是由于我国学者对共犯整体性认识错误的研究比较匮乏所造成的。

（一）相同认识错误的判断标准

结合我国刑法理论，判断各共犯人的认识错误为相同认识错误的标准可以分为两种：第一种标准是认为当各共犯人的认识错误具体相符合时为相同的认识错误，如甲和乙共谋杀害A，二人共同误认B为A而将B杀死（例1）或者是甲和乙共谋杀害A，二人共同向A开枪却都误中A身旁的B而将B杀死（例2），这里甲和乙的认识错误完全一致，因而能够认为是相同的认识错误，这种标准可以称为具体相同说；[①] 第二种标准是认为只要各共犯人的认识错误能够在同一犯罪构成内相符合就属于相同的认识错误，如甲和乙共谋杀害A，甲误认B为A而将B杀死，乙误认C为A而将C杀死（例3），这种情况中甲和乙的认识错误虽然具体不一致，但都是故意杀人罪中的对象错误，都不影响犯罪故意成立，因此同样属于相同的认识错误，这种标准可以称为犯罪构成形式要件相同说。

对于这两种标准，笔者认为第二种标准扩大了共犯整体性认识错误的范围，有失妥当；而第一种标准将各共犯人的主观认识作为唯一的判断根据，排除了犯罪构成要件规范化作用的影响，使共犯整体性认识错误的判断能够符合其本质特征。我们先来看第二种标准的优点，该标准将各共犯人的主观认识与犯罪构成要件共同作为判断根据，首先，从方法上来看是有合理之处的，因为刑法中的错误与故意相同，它同样不仅是犯罪人的主观意识问题，同时也会受到犯罪构成要件的规范化作用的制约，这一点在对错误的分类上已经充分展现出来，如按照构成要件要素将错误分为对象错误、客体错误、方法错误以及因果关系错误等。其次，从处理结果上来看也不失妥当，因为各共犯人的认识错误只要能够在同一犯罪构成内相符合就应当对全体共犯人产生相同的影响，所以也能够认为是相同的认识错误。但是，第二种标准的缺点也是显而易见的，即该标准实际上是将同类认识错误也作为相同认识错误处理的，而这样的做法并不妥当。因为，首先相同认识错误与同类认识错误的含义不同，相同是指完全一致、毫无差异[②]的单个或若干事物，同类则是指符合特定条件的若干不同事物，前者是具体一致、后者是抽象一

---

① 在研究具体的共犯认识错误中需要运用大量的例子，为了便于叙述，本书将以例1、例2、例3……的方式表示，并于每章重新排列。

② 参见新华汉语词典编委会编撰：《新华汉语词典》，商务印书馆2004年版，第1040页。

致。其次从共犯整体性认识错误的本质来看也不宜包含同类认识错误，整体性是与个体性相对的概念，共犯整体性认识错误是由全体共犯人共同的主观认识所产生的错误，共犯个体性认识错误是各共犯人自身的主观认识所产生的错误，二者不可混为一谈。尽管整体是由个体组成的，但整体也是独立于个体而存在的，所以当各共犯人的认识错误具体一致时可以认为是整体性认识错误，而各共犯人独自所犯的同类认识错误则应当排除在外。

（二）共同发生认识错误的判断标准

假设各共犯人的认识错误不是在同一时间发生的，那么是否还能认为是整体性认识错误呢？对这个问题的回答与如何理解各共犯人“共同发生”认识错误有关，否定者认为，各共犯人的认识错误必须在同一时间发生才属于共同发生认识错误，如前述例1，这种标准可以称为同一时间标准说；肯定者则认为，只要各共犯人的认识错误是在共同实施犯罪实行行为的整个过程中发生的，即同一犯罪构成的过程中，即使不在同一时间发生也能认为是共同发生认识错误。例如，甲和乙共谋到A家中伤害A，甲先至A家，恰逢A不在家，甲错把A的弟弟B当做A而实施伤害B的行为，在甲伤害B的过程中，乙赶到并以为甲伤害的是A便与甲共同实施伤害B的行为（例4），这种标准可以称为同一犯罪构成时间标准说。

这两种标准的优劣并不容易判断，因为不同分工类型的共犯人在构成上的区别使上述两种标准均有其对应的适用范围，具体来说，首先，未实行的共犯人与实行犯共同发生认识错误的判断应当适用第一种标准，未实行的共犯人包括组织犯、教唆犯、帮助犯以及未付诸实行的共谋共同实行犯，这些类型的共犯人是不可能在实行犯罪的过程中发生认识错误的，因此他们与实行犯的共同的认识错误只能是同一时间发生在通谋阶段。其次，实行的共同实行犯间共同发生认识错误的判断应当适用第二种标准，这种类型的共犯人都参与了犯罪实行的整个过程，他们的认识错误可以发生于共谋和实行的全过程，因此只要他们的认识错误是基于共同的认识发生的，无论是否在同一时间发生都能够认为是共同发生的认识错误，如在例4中乙的认识错误是由甲基于其认识错误而实施的行为所引起的，且与甲的认识错误完全相同，故而能够认为甲和乙共同发生了相同的认识错误。应当指出的是，以上两种标准在适用范围上的区分仅仅为全体共犯人共同发生认识错误的判断奠定了基础，而实践中的共同犯罪是非常复杂的，仍需要具体分析。一般来说，当一个共同犯罪中同时存在多个未实行的共犯人和实行的共同实行犯的时候，全体共犯人共同发生认识错误的判断也应当适用第一种标准。但连锁的共犯、关联的共犯[①]又比较特殊，因为在这种场合未必只存在一个共同犯罪（在关联的共犯中全体共犯人并不构成一个整体的共同犯罪自不待言，在连锁的共犯中全体共犯人也并不都构成共同犯罪。例如，甲教唆乙实施杀A的行为，乙自己并不实行犯罪转而教唆丙实施杀A的行为，这里甲、乙和丙构成了连锁的共犯，但甲对于丙的加入并不知情，二人不成立共犯关系），对于这种情况笔者认为应当分三步处理：第一步，清楚地界定共同犯罪的成立范围；第二步，在每一个独立的共同犯罪中确定全体共犯人发生共同认识的时间及其内容，如甲教唆乙让乙教唆丙实施杀害A的行为（例5），这里甲教唆乙和乙教唆丙虽然是两个不同的过程，但却可以视为一个整体的共同故意的形成过程，该故意在丙接受乙的教唆的场合得以成立，其内容是实施杀A的行为；第三步，考察全体共犯人共同的认识与客观实现的犯罪事实是否相符以判断是否发生了整体性认识错误。

这样，笔者所采用的标准就已经非常清楚了，它在内容上要求

---

①　所谓关联的共犯，是指为了完成特定的犯罪结合而成的若干相互独立、相互关联的共犯，各共犯间并不构成一个整体的共同犯罪关系。例如，甲教唆乙杀A，乙唯恐独自难以完成任务便邀请丙共同实施杀A的行为，而甲对丙的加入并不知情，这里就存在两个共犯关系，即甲和乙构成故意杀人罪的教唆犯与实行犯、乙和丙构成故意杀人罪的共同实行犯，三人构成了关联的共犯，而甲、乙和丙并不成立故意杀人罪的共同犯罪。

全体共犯人必须基于共同的认识而发生完全相同的错误；在时间上要求根据共同犯罪的不同结方式具体分析，并且这样的标准能够与共犯整体性认识错误的本质相符，应当说这种标准是比较妥当的。

二、共犯整体性认识错误的分类

作为共犯认识错误的一种，应当说共犯整体性认识错误能够适用与共犯认识错误的分类大致相同的分类方法，常见的分类方法有：第一种是以共犯的结合方式为标准，分为一般共犯整体性认识错误和特殊共犯整体性认识错误（集团犯罪的整体性认识错误）、简单共犯整体性认识错误和复杂共犯整体性认识错误；第二种是以共犯人的分工为标准，分为组织犯整体性认识错误①、共同实行犯整体性认识错误、教唆犯整体性认识错误和帮助犯整体性认识错误；第三种是以错误的性质为标准，分为共犯整体性事实认识错误与共犯整体性法律认识错误；第四种是以错误是否发生在同一犯罪构成内为标准，分为同一犯罪构成内的共犯整体性认识错误和不同犯罪构成间的共犯整体性认识错误；第五种是以错误的内容为标准，分为共犯整体性对象认识错误、共犯整体性方法认识错误和共犯整体性因果关系认识错误。

上述五种分类方法从不同角度、不同层次对共犯整体性认识错误进行了细致的分类，彼此之间并不冲突，都可以用来作为研究共犯整体性认识错误的方法。本书采纳了后四种分类方法，理由在于，根据我国刑法理论一般共犯仍可以按照共犯的分工继续分为共同实行犯、教唆犯与帮助犯，而特殊共犯表现在分工上也是以组织

① 由于我国学者对组织犯的认识仍存在较大的争议，对组织犯的研究也不够深入，而组织犯的性质又极为特殊且与集团犯罪密切相关，所以本书并没有区分组织犯的整体性认识错误与个体性认识错误，而是将所有的组织犯认识错误放在一起讨论。但从理论上来说，组织犯的认识错误也能够分为整体性认识错误和个体性认识错误，前者是组织犯与实行犯基于共同的认识而发生的错误，后者是组织犯与实行犯基于自己的认识而发生的错误。

犯、实行犯为核心，兼顾教唆犯、帮助犯，因此可直接以共犯的分工为标准加以研究，从而放弃第一种分类方法。当然，共犯整体性认识错误的分类也有其自身的特点，如不可能出现部分共犯人整体性认识错误，也不可能出现发生在实行阶段的未实行的共犯人与实行犯的整体性认识错误（实际上这也就意味着不可能发生未实行的共犯人与实行犯的整体性方法认识错误）等，在具体的研究中应当给予足够的重视。

第二节　共同实行犯整体性认识错误

共同实行犯整体性认识错误，是指在数人共同故意实行犯罪的过程中各实行犯对共同犯罪行为的事实情况或法律意义产生了相同的认识，但这种认识与客观实际不符的情况。因为是数人共同实行犯罪，所以该错误主要存在于共同实施犯罪实行行为的过程中自不待言，从理论上来说其还可能存在于各实行犯共同谋议的阶段，当然事实错误中的方法错误按其性质只能发生在实行阶段，这样实际上只有事实错误中的对象错误和法律错误可能发生在共同谋议阶段。①

一、共同实行犯整体性事实认识错误

共同实行犯整体性事实认识错误，是指全体实行犯共同对共同犯罪行为的事实情况发生了相同的认识，但这种认识与客观实际不符的情况。这种不相符合的情况既可能发生在同一犯罪构成内，也可能发生在不同犯罪构成间，以此为据这种错误又被分为同一犯罪构成内的共同实行犯整体性认识错误和不同犯罪构成间的共同实行

① 如果承认共谋共同实行犯的存在，那么未实行的共谋者就不可能在实行阶段发生认识错误，这样共谋共同实行犯也只可能在事实错误中的对象错误以及法律错误上成立整体性认识错误。

犯整体性认识错误。

（一）同一犯罪构成内的共同实行犯整体性认识错误

同一犯罪构成内的共同实行犯整体性认识错误，是指在数人共同故意实行犯罪的过程中全体实行犯共同对共同犯罪行为的事实情况发生了相同的认识，但这种认识与客观实现的犯罪不符且没有超出同一犯罪构成的范围。例如，前述例1的情况就属于同一犯罪构成内的共同实行犯整体性对象认识错误，例2的情况属于同一犯罪构成内的共同实行犯整体性方法认识错误。

1. 同一犯罪构成内的共同实行犯整体性对象认识错误。同一犯罪构成内的对象错误不阻却犯罪故意成立，无论是具体相一致说还是犯罪构成形式要件相一致说都是这样的观点，因此在例1中对于B的死亡能够认定甲和乙构成故意杀人罪的共同实行犯，而二人对A的故意杀人未遂的行为则不再评价。

2. 同一犯罪构成内的共同实行犯整体性方法认识错误。对于这种错误的处理具体相一致说和犯罪构成形式要件相一致说是有争议的，以例2中的情况为例：具体相一致说认为甲和乙构成对A的故意杀人罪未遂的共同实行犯，而对于B的死亡则需要单独判断甲和乙是否应当承担过失致人死亡罪的责任，在肯定甲或者是乙应当承担过失责任的场合与其所犯前罪成立想象竞合犯的关系。犯罪构成形式要件相一致说中有一故意说和数故意说两种见解：一故意说认为甲和乙构成对B的故意杀人罪既遂的共同实行犯，而二人对于A的故意杀人未遂的行为不再评价；数故意说则认为甲和乙分别构成对A的故意杀人罪未遂和对B的故意杀人罪既遂的共同实行犯，两罪成立想象竞合犯的关系。另外，在方法错误中还可能出现并发案的情况，如甲和乙共谋杀A，二人共同向A开枪，结果发生方法错误，二人共同击中A和A身旁的B，造成A受重伤和B死亡的情况（例6）。对于这种情况，具体相一致说的处理并没有什么不同之处，同样认为甲和乙构成对A的故意杀人罪未遂的共同实行犯，对于B的死亡分别判断甲和乙是否应当承担过失犯罪的责任，在肯定甲或者是乙承担过失责任的场合与其所犯前罪成立想象竞合犯的关系；犯罪构成形式要件相一致说的处理则有了较大的不同。在一故意说内部又分成两派观点，其中第一派观点的主张和具体相一致说完全相同，第二派观点则认为甲和乙应当构成对B的故意杀人罪既遂的共同实行犯，而对于A的受伤分别判断甲和乙是否应当承担过失致人重伤罪的责任，并在肯定甲或者是乙应当承担过失责任的场合与其所犯前罪成立想象竞合犯的关系；数故意说在处理上同样没有任何变化，认为甲和乙分别构成对A的故意杀人罪未遂和对B的故意杀人罪既遂的共同实行犯，两罪成立想象竞合犯的关系。

可以看出，各派观点争论的焦点仍旧集中在方法错误（特别是并发案）的处理上，这与单独犯认识错误的场合没有两样。目前在我国无论是理论上还是实践中，犯罪构成形式要件相一致说中的一故意说都占据了通说的地位（处理并发案的场合通说采纳一故意说中的第一派观点），当然这种观点依旧受到了具体相一致说强有力的批判。这种批判在共同实行犯整体性认识错误的场合表现为：对于例5、例6同样属于方法错误的情况，在仅仅击中B而未伤及A的场合，能够认定甲和乙构成故意杀人罪既遂的共同实行犯，而在同时击中A和B并造成A伤B死的场合，一故意说中的第一派观点却认定甲和乙构成故意杀人罪未遂的共同实行犯，这样的做法不仅相互矛盾，而且还会造成处罚上的不均，而第二派观点不过是把甲和乙杀A的故意转移于B，这在甲和乙已经着手实施杀A的行为并造成A重伤的情况下是难以解释清楚的。不仅如此，两说对共同实行犯整体性方法认识错误的处理还会产生在单独犯认识错误的场合不会发生的问题，即在认定阻却犯罪故意的场合对实际实现的犯罪判断各实行犯过失责任的问题，如在例6中对于B的死亡分别认定甲和乙的过失责任是困难的，因为一个死亡无法同时成立两个以上的过失致人死亡罪，更不用说甲和乙是基于完全相同的认识而共同发生了相同的方法错误并造成了B死亡的结果。

单独地判断甲和乙的过失责任在这种场合是不可能的，又由于我国刑法理论中的通说并不承认过失共犯，这实际上就造成了无法就B的死亡追究甲或乙的过失责任的情况，而除了数故意说之外的其他诸说都会面临这样的窘境，其中又以具体相一致说表现得最为明显。不仅是并发案的场合，还包括一般方法错误的场合，适用具体相一致说都需要对实际实现的犯罪判断各实行犯的过失责任。

那么是否就意味着能够适用数故意说处理同一犯罪构成内的共同实行犯整体性方法认识错误呢？回答这个问题首先需要对数故意说有更深层次的认识。在日本刑法理论中，数故意说不仅是法定符合说的代表性学说之一，同时也是抽象符合说当然的结论，支持该说的学者一般认为行为人既然对受同种评价的构成要件之事实有认识，那么就能够按发生的事实对行为人的行为进行规范的评价，由此不难看出该行为人直接的反规范的人格态度，所以不能对发生的事实阻却行为人故意成立。[①] 再者，观念的竞合是一个行为成立数个犯罪的情况，即便是一个故意，但该故意在构成要件的评价上被数个犯罪共用的情况应当说在刑法上也是存在的。[②] 对数故意说的批判主要是：首先，该说没有充分重视行为人的具体认识，把没有故意的情况推定为有故意；其次，该说以现场存在的被害客体的个数作为判断故意成立的个数的根据无疑是客观归罪的做法，违反了责任主义的要求；再次，该说把观念的竞合作为肯定数故意犯成立的根据不妥当，观念的竞合不过是在确定数个独立的罪名成立之后，由于只存在一个行为，从而在科刑上作为一罪对待，与故意的成立与否并无关系；最后，作为规范论的问题，规范的评价也是以

---

① 参见刘明祥著：《错误论》，法律出版社、日本成文堂1996年联合出版，第74页。

② 参见［日］大谷实著：《刑法总论》，黎宏译，法律出版社2003年版，第140页。

事实故意存在为前提的。[①] 目前，我国刑法学者中支持数故意说者并不多见，其中以张明楷教授的观点最具代表性，他认为在我国采取数故意说并不意味着成立数个故意犯罪，而是按想象竞合犯以一个故意犯罪论处，就此来说并不违反责任主义。[②] 应当说，张教授的观点与日本学者提出的将观念的竞合作为数故意说的理论依据之一的主张并没有不同之处，当然也会受到同样的批判。张教授之所以主张法定符合说，并主张法定符合说中的数故意说，从更深层次上讲是与他主张将犯罪构成要件分为客观构成要件（违法要件）与主观构成要件（责任要件）的观点分不开的。[③] 张教授认为，首先，客观构成要件具有规制故意的机能，因此故意的成立只需要认识到符合客观构成要件的事实即可，并不需要对刑法上没有重要意义的事实有所认识，这就是说，只要行为人所认识的事实与现实发生的事实是符合同一犯罪构成的事实就必须对现实发生的事实承担故意责任。其次，对故意责任的判断并非只能在事后进行，行为人于行为时已经认识或可能认识到法益侵害的事实时就具有形成反对动机的可能，所以能够以事前的视点从行为人的角度来考察责任。易言之，从责任非难的层面来讲，行为人的主观认识与现实发生的结果之间的差异并不影响对行为人的责任非难，因为这种差异不重要。[④] 通过对数故意说的分析可以看出，该说的本质是从一个具体的犯罪故意中分离出若干相同的犯罪故意，而这恐怕不能说是客观构成要件规制机能作用于故意的结果吧。在并发案的场合，行为人对其所欲实施的犯罪已然受到一次规范的评价，没有必要将过剩的事实再次作为他所认识的事实来评价，否则将会造成责任过剩的情

---

① 参见刘明祥著：《错误论》，法律出版社、日本成文堂 1996 年联合出版，第 75 ~77 页。

② 参见张明楷：《论具体方法错误》，载《中外法学》2008 年第 2 期。

③ 具体可见张明楷教授所著《刑法学》（第三版）（法律出版社 2007 年版）中第六章、第七章的论述。

④ 参见张明楷：《论具体方法错误》，载《中外法学》2008 年第 2 期。

况。例如，甲和乙共谋杀A，二人共同向A开枪，击中A并穿透A又击中B，将A打死并将B打成重伤（例7），若按数故意说则甲和乙成立对A的故意杀人罪既遂的共同实行犯和对B的故意杀人罪未遂的共同实行犯。尽管该说认为两罪构成想象竞合犯的关系，但他们的罪责无疑是被加重了，因为原本甲和乙应当构成对A的故意杀人罪既遂的共同实行犯，而对于B的重伤应当单独地判断甲和乙的过失责任，即使在承认过失共犯的场合二人也不过构成过失致人重伤罪的共同实行犯，这样在责任上明显轻于数故意说下甲和乙所应承担的罪责，因此数故意说的做法不能说是符合责任主义的。对数故意说的否定，使承认过失共犯论成为唯一的解决方法，而且从理论上来说，对于方法错误中实际发生的侵害结果在阻却全体实行犯故意成立的情况下是能够认定他们的过失责任的，全体实行犯基于故意而共同行为，在存在复数侵害对象的现场全体实行犯都应当预见也能够预见到发生过剩结果的可能，全体实行犯都有义务避免过剩结果的发生。并且值得强调的是，这不是某个实行犯的义务，而应当是参与共同犯罪行为的全体实行犯的义务，在他们的共同行为导致过剩结果发生的情况下自然能够对全体实行犯按过失共犯处罚。

于是，剩下的问题就是在具体相一致说与犯罪构成形式要件相一致说间应当如何选择。首先是犯罪构成形式要件相一致说。如果采纳该说的观点，那么在处理并发案的场合只能得出一故意说中第二派观点的结论，而第一派观点实际上是具体相一致说的主张，与犯罪构成形式要件相一致说的本质不符，如在例6中甲和乙意图杀A并造成A受重伤和B死亡的结果，由于B的死亡与甲和乙的主观认识能够在同一犯罪构成内符合，依据犯罪构成形式要件相一致说的观点就能够认为甲和乙构成对B的故意杀人罪既遂的共同实行犯，而A受重伤的情况在这种场合被认为是过剩的结果，应当追究甲和乙的过失责任。但正如前文所述，第二派观点的做法不过是将甲和乙杀A的故意转用于B，这在甲和乙所实施的故意杀人行为没有作用于A的情况下是可行的，但在二人的行为已然作用于A，并造成A受重伤的结果后如何能够转用于B呢？站在犯罪构成形式要件相一致说的立场，行为人基于故意而行为，并造成了数个结果，而其中有一个结果能够使该行为人的故意处于被实现了的状态，如果该结果又是行为人能够认识到的，那么即使他认为自己能够避免该结果的发生，也应当就该结果追究行为人的故意责任。其次是具体相一致说。该说的问题是，第一，虽然该说能够在对例5和例6的处理上保持一致，但在例5的场合，甲和乙以杀人的故意（杀A）而共同实施杀人行为，并且客观上也造成了他人死亡的结果（杀死了B），仅由于方法错误而认定为未遂有悖于一般的法理念。第二，该说要求必须区分对象错误与方法错误，而在有些情况下二者之间的区分是困难的，如隔时犯、隔地犯等在实行着手的认定上存在争议的犯罪类型。第三，该说对方法错误作特殊处理的理由并不充分，即使存在复数侵害对象的场合与其说刑法关心行为人的具体指向，不如说刑法更为关心是否存在使行为人对其所欲实施的法益侵害行为产生反对动机的可能。由于具体相一致说和犯罪构成形式要件相一致说各自都存在一些弊端，两说之间确实难以取舍，但至少适用后者能够减少对实行犯过失责任认定的困难。然而，一故意说中的第二派观点在理论上能够解释清楚吗？笔者认为，关键在于如何看待刑法所规定之构成要件对故意及其既遂状态的规制作用，故意首先作为行为人具体的主观意识而存在，构成要件所设定之故意不过是将现实中某一类具体的故意归纳起来，并为该故意的既遂设定了若干条件，而现实中发生的结果能否被认为是某个故意犯罪的既遂就在于它是否符合构成要件所设定的条件。以故意杀人罪为例，该罪的既遂状态就是基于杀人的故意实施了杀人行为并导致被杀对象死亡的结果，那么方法错误的场合实际被害对象能够认为是被杀对象吗？笔者认为，在行为人对被害对象有认识的场合就能够认为是被杀对象，诚然，具体地讲，行为人对于因方法错误而实际侵害的对象主观上是过失心理，但行为人对于死亡结果是有追求的，并且他清楚地认识到实际被侵害的对象在他所实施的故意杀人行为的范围内，因此就应当对他实际杀害的对象承担故意杀人罪的责任，即使他已经对他欲杀害的对象造成重伤的结果。当然，在方法错误中如果行为人没有认识到实际被害对象的存在，那么就不能让他对实际发生的侵害结果承担故意犯罪的责任，因为即使站在犯罪构成形式要件相一致说的立场也要求行为人对实际发生的结果有预见可能性。例如，甲和乙共谋杀 A 并向 A 射击，B 为救 A 猛然从黑暗中跳出将 A 推倒，而自己却中弹身亡（例 8），这里无论是甲还是乙都没有认识到 B 的出现，即使他们应当认识并应当承担疏忽大意之过失责任，但在发起攻击的当场他们仍只认识到 A 的存在，在这种情况下 B 死亡的结果不在他们主观认识的范围内，因此只能就 B 的死亡追究甲和乙的过失责任。这样，对同一犯罪构成内的共同实行犯整体性认识错误笔者所采用的处理方法更接近于犯罪构成形式要件相一致说的主张，只不过对方法错误中并发案的处理采纳的是一故意说中的第二派观点，只在行为人无法预见或没有预见到实际侵害对象存在的场合阻却其故意成立。

（二）不同犯罪构成间的共同实行犯整体性认识错误

不同犯罪构成间的共同实行犯整体性认识错误，是指在共同故意实行犯罪的过程中全体实行犯共同对共同犯罪行为的事实情况发生了相同的认识，但这种认识与客观实现的犯罪不符，且超出了同一犯罪构成范围的情况。因为是共犯整体性认识错误，所以共犯个体性认识错误中各共犯人合意不一致的情况在这里并不会出现，也不需要分别判断各共犯人所实现的犯罪与全体共犯人意图实现的犯罪在犯罪构成上的重合范围，所以该错误在处理上相对来说是比较简单的。

这种错误包括不同犯罪构成间的共同实行犯整体性对象认识错误与不同犯罪构成间的共同实行犯整体性方法认识错误，前者如甲和乙共谋杀 A，二人来到 A 的家中，共同误把躺在 A 床上的狗当做 A 而射杀（例 9），后者如甲和乙共谋杀 A，二人共同向 A 开枪却共同误杀A身旁的狗（例10）。一般来说，这种错误能够阻却全体共犯人对实际实现的侵害结果的故意罪责，全体共犯人对于意欲实施的犯罪构成故意罪的未遂，而对实际实现的侵害结果则需要单独地判断各共犯人是否应当承担过失责任以及刑法有无相应处罚规定，当然这里同样可能产生过失责任认定的困难。例如，甲和乙共谋毁坏A的财物，二人向A的财物抛掷石块却共同误中A，将A砸死（例11），在无法分辨究竟是谁的行为导致A的死亡时就无法同时认定甲和乙的过失责任，这种困难除了适用过失共犯论之外同样别无他法。再者，如果实现的犯罪与意欲实施的犯罪在构成上有重合关系，那么对全体共犯人能够在重合的范围内按轻罪的故意既遂处罚。例如，甲和乙共谋盗窃A的财产，二人潜入A家发现一个保险箱，以为里面一定有钱便盗走，但里面却存放了枪支（例12），这里对甲和乙就能按盗窃罪的既遂处罚。对犯罪构成的重合范围的判断，通说采纳了犯罪构成形式要件相一致说的主张，并采纳形式的、实质的符合说的标准，依据这种标准能够成立重合关系的主要有以下四种情况：第一，两个犯罪构成间存在基本构成与加重或减轻构成的关系；第二，两个构成间存在轻罪与重罪的关系，且侵害法益与行为样态具有同一性；第三，一方构成要件能够被另一方所包容；第四，属于同一犯罪构成要件内择一关系的情况。

二、共同实行犯整体性法律认识错误

共同实行犯整体性法律认识错误，是指在数人共同实行犯罪的过程中全体实行犯对共同犯罪行为在法律上的意义的认识与实际不符的情况。[①] 通常，这种错误包括全体实行犯误认为共同犯罪行为

---

① 全体实行犯可能发生对部分实行犯在共同犯罪中所分担的行为的法律意义的认识错误，尽管这种错误也属于共同发生的相同的认识错误，但却不能认为是共同实行犯整体性法律认识错误，因为在这种场合会出现部分实行犯对其他实行犯的行为发生法律认识错误的情况，而对他人行为的评价无论如何都与自己的故意无关，因此不会产生刑法上的效果。

不构成犯罪而实际构成犯罪的，全体实行犯误认为共同实施的行为构成犯罪，而实际不构成犯罪的，全体实行犯误认为共同犯罪行为构成此罪实际上构成彼罪的三种情况，由于后两种情况对共犯人的故意并没有什么影响，因此第一种法律错误类型是重点研究的对象。

按照法律错误不阻却故意说的见解，共同实行犯发生整体性法律认识错误的场合，通常不能阻却全体实行犯的故意责任，但若该错误是由各实行犯对共同犯罪行为的社会危害性的认识错误所造成的就能够阻却该实行犯的故意责任，又因为即使是全体共犯人共同发生相同的法律认识错误，但引起错误的原因也未必相同，所以就可能存在部分实行犯故意不成立、部分实行犯故意成立的情况，这一点与单独犯发生法律认识错误的处理有所不同。若采违法性意识必要说的主张，共同实行犯发生整体性法律认识错误的场合就会产生阻却故意成立的效果，只在各实行犯对该错误的发生有过失，且刑法有相应的处罚规定的情况下才能对该实行犯按过失犯罪处罚，因为可能发生有的实行犯有过失，而有的实行犯没有过失的情况，所以对全体实行犯的处理也未必相同。若采折中说，其中“自然犯、法定犯区别说”认为，若共同实行犯实施的是自然犯之罪就无须违法性认识，其整体性法律认识错误不阻却故意成立，若共同实行犯实施的是法定犯之罪则需要具备违法性认识，其整体性法律认识错误阻却故意成立，因为这种观点是根据共同犯罪行为的属性来判断是否阻却故意成立，所以对发生法律错误的全体实行犯的处理是相同的。违法性意识可能性必要说认为，共同实行犯发生整体性法律认识错误的场合，应当单独判断各实行犯有无违法性意识的可能，有这种可能的场合成立故意，没有这种可能的场合阻却故意，这样对各实行犯的处理仍有可能是不同的。

前文已述，法律错误不阻却故意说在本质上与违法性意识必要说相似，在处理方式上又与违法性意识可能性说相似（对此前文在“刑法中认识错误的处理原则”中已作出分析），但与后两说不同的是，法律错误不阻却故意说认为犯罪构成事实认识有推定社会危害性认识的功能，认识到犯罪构成事实而不知其社会危害性不过是少数的例外情况，这样行为人就应当对他合理地确信他所实施的行为没有社会危害性负举证责任。法律错误不阻却故意说的问题是既然社会危害性认识与违法性认识没有本质的差别（立于实质违法性说的立场），而且社会危害性的内涵和外延都不易确定，反不如采纳更易于界定的违法性认识。违法性意识必要说认为，刑法中的故意是事实要素与评价要素的统一，前者说明行为的故意，后者说明违法的故意，二者共同构成了犯罪的故意，缺一不可。例如，在正当防卫的场合尽管也存在实施攻击行为的故意，但由于没有违法的故意故而并不成立犯罪。[①] 违法性意识必要说的问题在于判断故意的成立需要证明有违法性意识存在，而这种证明在有些时候是困难的，这样就会缩小故意成立的范围，从而削弱刑法的保护功能。折中说是出于对违法性意识必要说的修正而提出的。为了解决违法性意识必要说的问题，“自然犯、法定犯区别说”提出在自然犯的场合认识到犯罪构成事实就能够认为存在违法性意识。例如，实施杀人、强奸等暴力犯罪行为却认为不违法的可能性是不存在的，但在法定犯的场合却有所不同，今日之法律多如牛毛，虽然认识了犯罪构成事实，但却不知它是被法律禁止的行为的情况并不罕见，因此在法定犯的场合法律认识错误应当阻却故意成立。对“自然犯、法定犯区别说”的批判通常有两点：一是自然犯、法定犯本来就不好区分，加之“法定犯的自然犯化”现象的存在，使

---

① 有学者提出在我国违法性意识必要说是难以立足的，依据我国犯罪构成体系在行为人对犯罪构成事实有认识的场合否定其故意成立是难以想象的。参见王莹：《论法律错误——德国禁止错误理论的变迁及其对我国犯罪构成理论改造的启示》，载《刑事法评论》2009 年第 1 期。笔者认为，这种观点并不妥当，故意冠以“犯罪”二字就不能仅仅认为是行为故意，它必须包含违法的意思，若只考虑行为之故意，那么正当行为中也可能存在杀人或伤害的意思，是否也需要经过犯罪构成来检讨呢，如执行死刑的行刑者，这种做法显然不符合我国的犯罪构成体系。

二者更加难以区分，如关于税务的犯罪曾经被认为是法定犯，但今日纳税被认为是国民的一项基本义务在全世界的范围内逐渐被接受，实施偷税行为却声称不知该行为违法是无法成立的；二是在法定犯的场合，实施此类犯罪行为的人大多是本行业的从业人员，他们通晓相关法律、法规的规定，如开设公司的人都会了解法律对注册资本的规定，他在实施抽逃出资行为之际不知道该行为违法的可能性也是不存在的，因此如果一味要求违法性意识同样会缩小故意的成立范围，减弱行政取缔的效果。而作为另外一种折中说的代表，违法性意识可能性必要说将违法性意识的可能性作为故意的要素，认为凡存在违法性意识的可能性的场合故意就能够成立，反之则不能成立，这样既不会减弱刑法的防卫效果又能符合责任主义的要求，因为尽管行为人没有认识到自己行为的违法性，但处于能够认识的状态，与不处于这种状态的人相比，应该受到更重的责任上的非难。违法性意识可能性必要说的问题是尽管存在违法性意识的可能，但若行为人实际上没有意识到就不可能对该意识形成想停止犯罪的反对动机，这样就无法看出行为人积极违反刑法规范的人格态度。再者，违法性意识可能性本为过失的要素，如果把它作为故意的要素，那实际上就等于把过失的概念引入故意的概念中，不仅有违刑法严格区分故意与过失的宗旨，还会造成故意概念与过失概念的混淆。

从上述诸说的争论中至少可以得出这样一个结论，即如果法律错误的发生对于行为人来说是不可避免的，那么他的故意就不能成立，只不过该结论在上述诸说中的具体表现不同。例如，法律错误不阻却故意说认为，由社会危害性认识错误所引起的法律错误阻却故意，违法性意识可能性必要说认为，缺乏违法性意识的可能时故意不成立，“自然犯、法定犯区别说”认为，法定犯的场合认识到犯罪构成事实而不知其违法的场合阻却故意成立，违法性意识必要说认为，行为人对法律错误的发生没有过失的场合不仅阻却故意，也不需要承担过失责任，实际上这些观点与责任说有某种程度的类似——最终的结论都是不可避免的法律错误不处罚。再者，法律错误不阻却故意说中采取的认为犯罪构成事实对社会危害性有推定作用的见解，同样可以适用于违法性，即认识到犯罪构成事实却不知违法也属于少数的情况，除非行为人有相当的理由确信其行为不违法，当然这样就会产生举证责任倒置的效果，从而与违法性意识必要说的本质不符，因为该说将违法性意识作为故意的要素，是犯罪成立的必要要件，自然应当由公诉机关负举证责任。这样，一方面认为故意的成立应当包含评价要素；另一方面又采取了由事实要素推定评价要素的方式，这样难道不自相矛盾吗？笔者认为并不矛盾，理由在于，我国刑法中规定的犯罪故意中包含的事实要素和评价要素是不可分割的统一体，一方面事实要素为评价要素奠定基础；另一方面事实要素又是评价要素的表象（特别是在采取实质违法性说的立场更加如此），因此并不需要分别证明二者存在。当然，事实要素与评价要素也会发生不一致的情况，在这种场合只不过是犯罪故意自始就不存在。

另外，在各实行犯对于法律错误的发生有责任的场合，究竟是按过失犯罪处罚还是按故意犯罪处罚，上述各说的见解也不一致，上述诸说中，违法性意识必要说明确指出应当按过失犯处罚；“自然犯、法定犯区别说”并没有说明在法定犯的场合应当如何处理，但若考虑该说采取法定犯违法性意识必要说的见解，则能够推断出在法定犯对发生错误有责任的场合也应当按过失犯罪处理，而自然犯对法律错误无论有无责任都不影响其故意成立；违法性意识可能性必要说则认为，无论行为人对法律错误的发生有无责任，只要存在违法性意识的可能性就不影响故意成立；法律错误不阻却故意说则认为，行为人对法律错误的发生有无责任并不重要，重要的是有无社会危害性认识，因此即使行为人对法律错误的发生是有责任的，但如果他确实没有社会危害性认识也应当阻却故意成立。在诸说的见解中，应当说法律错误不阻却故意说的见解不够彻底，该说没有说明行为人对他没有认识到社会危害性有责任的情况应当如何处理，而实践中这种情况也是常有的，但令人遗憾的是法律错误不阻却故意说在此问题上制造了理论上的盲点；其余诸说的主张倒都十分明确，都是在过失犯和故意犯中选择，没有一说认为不构成犯罪，那么究竟哪种见解更为妥当呢？回答这个问题首先需要分析我国刑法中的过失犯的构造，因为行为人对发生法律认识错误有责任的情况应当属于法律过失的范畴，而我国刑法所规定的犯罪过失能否包含这种法律过失将直接决定该问题的答案。我国刑法所规定的犯罪过失是“应当预见自己的行为可能发生危害社会的结果，因为疏忽大意而没有预见，或者已经预见而轻信能够避免，以致发生这种结果的，是过失犯罪”，从过失的定义中可以看出法律过失与有认识过失互不相干，关键在于法律过失与无认识过失的关系，在法律过失中行为人对于结果的发生是有认识的，并且也是有希望或是放任的，只不过不知道该结果是违法的或者是危害社会的（这里指对欠缺社会危害性认识有责任的情况），那么这种不知能否认为是欠缺对危害社会的结果的认识呢？对这个问题，采肯定说者认为法律过失应当构成过失犯罪，采否定说者则认为法律过失应当构成故意犯罪。两说相较，笔者认为后者的观点更为妥当，因为故意犯罪与过失犯罪的差异应该体现在犯罪构成上而并非违法性意识上，过失犯罪是欠缺对犯罪构成事实的认识而并非违法性意识，在同样对犯罪构成事实有认识且犯罪构成完全相同的情况下不能仅以有无违法性意识来区分故意犯罪与过失犯罪。例如，已经认识到故意杀人罪的犯罪构成事实时，不能因为欠缺违法性意识就转化为过失致人死亡罪。由于犯罪构成事实有推定违法性（社会危害性）的作用，只在行为人对欠缺违法性意识（社会危害性认识）有相当的理由时才阻却故意，而行为人对欠缺违法性意识（社会危害性认识）有责任的场合不能认为是有相当的理由，因而不阻却故意成立。

这样，对共同实行犯整体性法律认识错误的处理的关键就在于判断各实行犯对法律错误的发生是否具有相当的理由，对于这样的判断笔者认为应当采取以下步骤：首先，站在一般人的立场，以一般人的认识为标准判断该错误是否能够避免，不能避免的场合全体实行犯的故意不成立，能够避免的场合还需要进行下一步判断；其次，分别判断各实行犯对错误的发生是否有责任，在认定无责任的场合同样阻却该实行犯的故意成立，反之则不阻却。在这一步判断中可能适用的标准包括主观说与折中说，其中主观说认为应当站在行为人的立场以行为人的认识为标准判断法律错误是否能够避免，折中说认为应当站在一般人的立场以行为人的认识为标准判断法律错误是否能够避免，因为责任的判断应当是个别的判断，即使一般人认为行为人应当对发生法律错误承担责任也不能就断然认定行为人的责任，因此如果贯彻责任主义的立场，显然主观说的见解是妥当的。这样，通过对共同实行犯整体性法律认识错误的处理，理论上可能得到以下结果：全体实行犯都不构成故意犯罪，部分实行犯构成故意犯罪、部分实行犯不构成犯罪，全体实行犯都构成故意犯罪。

第三节　教唆犯整体性认识错误

教唆犯整体性认识错误，是指在教唆者教唆被教唆者实行犯罪的过程中，教唆者与被教唆者对教唆者教唆之罪的事实情况或法律意义共同产生了相同的认识，但这种认识与客观实际不符的情况。因为教唆犯与实行犯的共同认识只能产生在教唆阶段，所以实行犯在实行阶段发生的方法错误和其基于自己的认识发生的对象错误都不属于教唆犯与实行犯的整体性认识错误。这样，教唆犯整体性认识错误就主要表现为事实错误中的对象错误和法律错误。

一、教唆犯整体性事实认识错误

教唆犯整体性事实认识错误，是指在教唆者教唆被教唆者实行犯罪的过程中教唆者与被教唆者对教唆者教唆之罪的事实情况共同产生了相同的认识，但这种认识与客观实际不符的情况，这种错误主要表现为对象错误。

（一）同一犯罪构成内的教唆犯整体性对象认识错误

这种错误通常是由于教唆犯和实行犯对意欲侵害的对象共同产生了误认而造成了实行犯实际侵害对象与他和教唆犯所欲侵害的对象不一致，但这种不一致没有超出同一犯罪构成的范围。例如，甲教唆乙杀A，却误将B的家当做是A的家指给了乙，结果乙潜入B的家中将B杀死（例13），这里甲和乙共同的故意是杀A，共同的认识错误是把B的家当做了A的家，实际侵害的结果是杀死了B，与他们意欲侵害的对象不符。作为原则，无论采哪种学说都主张这种错误不阻却教唆犯和实行犯的故意成立。

（二）不同犯罪构成间的教唆犯整体性对象认识错误

这种错误也是由于教唆犯和实行犯对意欲侵害的对象共同产生了误认，使教唆犯和实行犯所欲侵害的对象与实际侵害的对象不一致，且这种不一致超出了同一犯罪构成的范围。一般来说，这种错误能够阻却教唆犯和实行犯对实际实现的犯罪的故意成立，二者对意欲实施的犯罪构成故意罪的未遂，而对实际实现的犯罪则需要判断实行犯有无过失以及刑法有无相关处罚规定，在能够认定实行犯的过失责任的场合与他所构成的故意罪的未遂成立想象竞合犯的关系；而对于教唆犯而言，在现行的共犯体系中是无法认定他对实行犯实现之罪的过失责任的，但教唆犯对于实际侵害对象的误认有过失的情况并不罕见，如果承认过失共犯论对教唆犯过失责任的认定就不再是问题了，这种情况对教唆犯来说可以认为是实施一个故意教唆行为却同时实现了一个故意罪未遂的教唆犯和一个过失罪既遂的过失教唆犯，二者成立教唆犯的竞合。另外，如果教唆犯和实行犯意欲实施的犯罪与实行犯实际实现的犯罪在构成上有重合之处，那么就能够在重合的范围内按轻罪的故意既遂处罚，即如果实现之罪是重罪，意欲之罪是轻罪，就应当按照意欲之罪的既遂处罚，反之亦然。例如，甲教唆乙盗窃A的财产，并告知乙A的家中有一个保险箱里面装有大量现金，乙潜入A家窃得保险箱结果里面仅有一把手枪（例14），这里甲和乙所欲实现的是盗窃A的财产，他们共同误认为A家的保险箱里有现金，最终却实现了盗窃A的枪支的结果，这与他们所欲实施的犯罪不符且超出了同一犯罪构成的范围，但因为盗窃罪与盗窃枪支罪在犯罪构成上有重合之处，因此能够对甲和乙按盗窃罪的既遂处罚。另外，由于我国现行刑法第29条第2款关于教唆未遂的规定，使得对教唆犯和实行犯意欲实施的犯罪与实行犯实际实现的犯罪在构成上有重合之处，且意欲之罪重于实现之罪的情况的处理能够采取另外一种方式，即对教唆犯按重罪的未遂处罚，这样就否定了教唆犯与实行犯的共犯关系。

二、教唆犯整体性法律认识错误

教唆犯整体性法律认识错误，是指在教唆者教唆被教唆者实行犯罪的过程中教唆者与被教唆者对教唆者教唆之罪的法律意义共同产生了相同的认识，但这种认识与客观实际不符的情况。这种错误包括：教唆者和被教唆者误认为教唆者教唆之行为不构成犯罪而实际构成犯罪的，教唆者和被教唆者误认为教唆者教唆之行为构成犯罪而实际不构成犯罪的，以及教唆者和被教唆者误认为教唆者教唆之行为构成此罪而实际构成彼罪的，其中只有第一种错误可能对教唆犯和实行犯的故意产生影响。

教唆犯整体性法律认识错误能够适用与共同实行犯整体性法律认识错误基本相同的处理方法，只是处理的结果更加复杂，包括：第一，教唆犯和实行犯都不构成犯罪的情况，即对法律错误的发生教唆犯和实行犯都存在无法避免的情况或者是他们都不应当承担责任，这种场合自然能够阻却他们的故意罪责。第二，教唆犯构成故意犯罪、实行犯不构成犯罪的情况，即教唆犯对法律错误的发生应当承担责任，而实行犯不应承担，这种场合虽然对教唆犯能够依据现行刑法第29条第2款的规定处罚，但也能够认为这种情况使教唆犯的教唆行为起到了间接实行犯的利用行为的效果，这种情况属于教唆犯与间接实行犯间的认识错误，这种错误在教唆犯个体性认识错误中表现得更为突出，其处理也比较复杂，本书将在教唆犯个体性认识错误中研究这种错误。第三，教唆犯不构成犯罪、实行犯构成故意犯罪的情况，即教唆犯对法律错误的发生不应当承担责任，而实行犯应当承担。第四，教唆犯和实行犯都构成故意犯罪的情况，即二者对发生法律错误都有责任。

第四节　帮助犯整体性认识错误

帮助犯整体性认识错误，是指在帮助犯帮助实行犯实行犯罪的过程中，帮助犯与实行犯对于实行犯实行之罪的事实情况和法律意义共同产生相同的认识，但这种认识与客观实际不符的情况。帮助犯，按照其性质，一方面他与实行犯的共同认识的核心是实行犯实行之罪；另一方面他与实行犯的共同认识既可能发生在实行前的通谋阶段，也可能发生在实行中的通谋阶段（承继的帮助犯），但由于方法错误不可能脱离实行行为而存在，所以即使实行中的帮助犯也不可能与实行犯发生整体性方法认识错误。再者，如果实行犯的实行行为已然作用于他所认识的对象，那么他也不可能与实行中通谋的帮助犯共同发生相同的对象认识错误。这样，实际上帮助犯整体性认识错误的表现形式与教唆犯整体性认识错误基本上没有两样。

一、帮助犯整体性事实认识错误

帮助犯整体性事实认识错误，是指在帮助犯帮助实行犯实行犯罪的过程中，帮助犯与实行犯对于实行犯实行之罪的事实情况共同产生相同的认识，但这种认识与客观实际不符的情况，这种错误同样以对象错误为主。

（一）同一犯罪构成内的帮助犯整体性对象认识错误

这种错误是由于帮助犯和实行犯对意欲侵害的对象共同发生了

误认，从而造成了实行犯实际侵害的对象与他和帮助犯所欲侵害的对象不一致，但这种不一致没有超出同一犯罪构成的范围。例如，甲欲杀A，便要乙帮助自己打听A的住处以及A平日何时在家，乙却误将B的家当做是A的家指给了甲，结果甲潜入B的家中将B杀死（例15），这种错误并不阻却实行犯和帮助犯的故意罪责。

（二）不同犯罪构成间的帮助犯整体性对象认识错误

这种错误则是由于帮助犯和实行犯对意欲侵害的对象发生了共同的误认，使实行犯实际侵害的对象与他们所欲侵害的对象不一致，且这种不一致超出了同一犯罪构成的范围。当然，这种错误能够阻却帮助犯和实行犯对实际实现的犯罪的故意，二者对意欲实施的罪行构成故意罪的未遂，而对实际实现的侵害结果判断实行犯的过失责任并不困难，但对于帮助犯则另当别论。与教唆犯相似，在现行的共犯体系中，同样无法就实际实现的侵害结果认定帮助犯的过失责任，而在承认过失共犯论的场合则能够认定之，这里也可以认为帮助犯实施一个帮助行为，同时构成一个故意罪未遂的帮助犯和一个过失罪既遂的过失帮助犯，二者成立帮助犯的竞合。再者，当帮助犯和实行犯意欲实施的犯罪与实行犯实际实现的犯罪在构成上有重合之处时，同样能够在重合的范围内按轻罪的故意既遂处罚帮助犯和实行犯，关于犯罪构成重合范围的判断，犯罪构成形式要件相一致说中的“实质的、形式的符合说”是妥当的。

二、帮助犯整体性法律认识错误

帮助犯整体性法律认识错误，是指在帮助犯帮助实行犯实行犯罪的过程中，帮助犯与实行犯对于实行犯实行之罪的法律意义共同产生相同的认识，但这种认识与客观实际不符的情况。这种错误也包括帮助者和被帮助者误认为被帮助者实施的行为不构成犯罪而实际构成犯罪的，帮助者和被帮助者误认为被帮助者实施的行为构成犯罪而实际不构成犯罪的，以及帮助者和被帮助者误认为被帮助者实施的行为构成此罪而实际构成彼罪的三种情况。

对帮助犯整体性法律认识错误的处理同样应当分别判断帮助犯和实行犯对于法律错误的发生是否应当承担责任，并据此认定帮助犯和实行犯的罪责，详言之：第一，帮助犯与实行犯对法律错误的发生都不应当承担责任，这种场合他们的故意都不成立。第二，帮助犯与实行犯对法律错误的发生都应当承担责任，这种场合不能阻却他们的故意罪责。第三，帮助犯对法律错误的发生应当承担责任，而实行犯不应当承担，这种场合实行犯并不构成犯罪，而帮助犯也失去了可以从属的对象，但对帮助犯来说却能够认为他是以帮助行为实现了间接实行犯的利用行为的效果，因此就能够对他按照间接实行犯处罚。这种情况属于帮助犯与间接实行犯间的认识错误，因为造成这种错误的原因更多地出现在帮助犯个体性认识错误中，且对这种错误的处理学者之间还存在较大的争议，故而本书将其放在帮助犯个体性认识错误中研究。第四，帮助犯对法律错误的发生不承担责任，而实行犯应当承担，这种场合帮助犯不构成犯罪，实行犯构成故意犯罪。

第三章

共同实行犯个体性认识错误[①]

共同实行犯个体性认识错误，是指在数人共同故意实行犯罪的过程中，各实行犯对自己或其他实行犯行为的事实情况或法律意义的认识与客观实际不符的情况。根据错误的性质，共同实行犯个体性认识错误首先可以分为共同实行犯个体性事实认识错误和共同实行犯个体性法律认识错误。

第一节　共同实行犯个体性事实认识错误

共同实行犯个体性事实认识错误，是指在数人共同故意实行犯罪过程中，各实行犯对自己或其他实行犯行为的事实情况的认识与客观实际不符的情况。根据不同的标准可以对共同实行犯个体性事实认识错误进行多种分类。例如，根据错误是否发生在同一犯罪构成内，可分为同一犯罪构成内的共同实行犯个体性事实认识错误和不同犯罪构成间的共同实行犯个体性事实认识错误；根据错误的内容，可分为共同实行犯个体性对象认识错误、共同实行犯个体性方法认识错误和共同实行犯个体性因果关系认识错误；根据实行的方

① 与第二章共犯整体性认识错误相对，共犯个体性认识错误是指各共犯人基于自己的认识而发生的错误，这种错误包括共同实行犯个体性认识错误、教唆犯个体性认识错误以及帮助犯个体性认识错误等，自本章始至第五章所讨论的共犯认识错误均为个体性认识错误。

式，可分为分担的共同实行犯个体性事实认识错误和并进的共同实行犯个体性事实认识错误；根据错误的主体，还可以分为全体实行犯个体性事实认识错误和部分实行犯个体性事实认识错误；等等。当然，以错误是否发生在同一犯罪构成内作为分类标准仍然是最基础的分类方法，也更有利于错误论学说的应用。

一、同一犯罪构成内的共同实行犯个体性事实认识错误

同一犯罪构成内的共同实行犯个体性事实认识错误，简言之，就是指各实行犯所意图实现的犯罪与实际发生的犯罪事实不符，但并没有超出同一犯罪构成的范围。这种错误又可以分为共同实行犯个体性对象认识错误与共同实行犯个体性方法认识错误。

（一）共同实行犯个体性对象认识错误

同一犯罪构成内的共同实行犯个体性对象认识错误，是指各实行犯所意图侵害的对象与实际侵害的对象不一致，但是意欲对象与侵害对象所反映的社会关系是相同的。该错误可以分为两种情况，即部分实行犯对象认识错误与全体实行犯对象认识错误。前者的例子是，甲和乙共谋杀害A，二人于深夜潜入A的家中，甲将A杀死，而乙误把A的朋友B当做A杀死（例1）。后者的例子是，甲和乙共谋杀害A，二人于深夜潜入A的家中，甲误把A的朋友B当做A杀死，乙误把A的朋友C当做A杀死（例2）。再者，在各实行犯之间存在误解的场合，如甲以杀害A的意思与乙约定共同实施杀人行为，乙误认为甲要杀的是B便依约同去，甲和乙共同将A杀死，那么对于乙来说杀死A的行为同样属于对象错误（例3）。当然，还可能存在双重对象错误的情况，即不仅各实行犯之间发生误解，并且在具体实行中又发生对象错误，如在例3的情况下，乙又错把A的朋友C当做A而杀死（例4）。

无论采取哪种学说都认为，同一犯罪构成内的对象错误并不阻却行为人故意成立，这在共同实行犯认识错误的场合也不例外。因为，各实行犯在共同实行犯罪的过程中，他们的行为所指向的对象

与实际侵害的对象间并没有发生错误，即实际侵害的对象与他们所认识的对象是一致的，并且与他们意欲侵害的对象所反映的社会关系是相同的，而只不过与他们意欲侵害的对象具体不一致，这样他们的意欲具体为何已不为刑法上的故意所关心。并且，因为奉行“部分行为全部责任”的原则，对于部分实行犯发生对象错误以及由此所产生的结果，即使其他实行犯并不希望发生但也应当承担相应的责任，因为共同实行犯中各实行犯基于共同故意支配下的行为是整个共同实行行为的有机组成部分，不能将各实行犯的行为与整体的共同实行行为分割开来。

但是，各实行犯在合意上发生误解的场合是否还能这样解释则存在疑问。这取决于如何理解“合意内容一致”，即是具体的判断还是在犯罪构成要件范围内抽象的判断？笔者认为后者的方法是妥当的。共同犯罪的故意是以各共犯人的故意为基础而产生的，在单独犯的场合行为人的真实意欲一般情况下并不为刑法所关心，只要行为人实际侵害的对象与他于行为之际所认识的对象是一致的，且与他意欲侵害的对象所反映的社会关系是相同的，那么故意就能够成立。既然如此，以各共犯人的故意为基础的合意同样没有必要关注行为人具体的意欲。因此，即使各实行犯之间发生误解，但只要这样的误解对于各实行犯的故意在同一犯罪构成范围内重合没有实质性影响，各实行犯之间的合意的一致性就能够成立。

另外，在日本刑法理论中共同实行犯发生对象错误的场合会引起关于犯罪成立个数的问题，特别是在杀人罪的场合由于人是具有一身专属性的法益，这样就有学者认为由共同实行犯对象错误而致使数人被杀的场合应该成立数个杀人罪。但这种争论对于我国刑法理论并无意义，因为我们是以犯罪构成要件为标准判断罪的单、复，在共同实行犯发生对象错误的场合各实行犯基于共同的犯罪故意共同实施实行行为，尽管导致数个犯罪结果发生，但每个犯罪结果都能够被共同故意所包含，故而只能成立一个犯罪。

（二）共同实行犯个体性方法认识错误

同一犯罪构成内的共同实行犯个体性方法认识错误，是指各实行犯在对预定对象实施侵害行为的过程中，由于失误而导致对另外的对象造成意料之外的侵害，但侵害对象与行为人行为所指向的对象所反映的社会关系是相同的。该错误也可以分为部分实行犯个体性方法认识错误与全体实行犯个体性方法认识错误。前者的例子是，甲和乙共谋杀害A，共同向A开枪，结果甲击中了A将A杀死，乙却击中了A身旁的B将B杀死（例5）。后者的例子是，甲和乙共谋杀害A，共同向A开枪，结果甲击中了A身旁的B，将B杀死，乙击中了A身旁的C，将C杀死（例6）。当然，还可能出现无法辨别是谁发生方法认识错误的情况，例如在例5中甲和乙共同向A开枪，结果一枪打空，一枪击中A身旁的B，将B杀死，但无法辨认谁打空，谁击中B（例7）。

对于这种错误，具体相一致说与犯罪构成形式要件相一致说在处理上就有实质性的差别了。

1. 具体相一致说的观点。该说认为，实际发生的侵害结果与行为人于行为之际所认识的结果具体的不一致就能够阻却故意成立。这样，例5中对于A，甲和乙构成故意杀人罪既遂的共同实行犯，对于B，如果承认过失共同实行犯则甲和乙构成过失致人死亡罪的共同实行犯，并且因为只有一个共同杀人的实行行为，所以甲和乙都构成故意杀人罪与过失致人死亡罪的想象竞合犯。如果否定过失共同实行犯，则只能由实际造成B死亡的乙承担过失致人死亡罪的责任，这种场合甲只构成故意杀人罪，乙则构成故意杀人罪与过失致人死亡罪的想象竞合犯。例6中，甲和乙分别发生方法错误，如果承认过失共同实行犯，则甲和乙构成对A的故意杀人罪未遂的共同实行犯、对B和C构成过失致人死亡罪的共同实行犯，两罪成立想象竞合犯的关系。如果否定过失共同实行犯，则甲和乙构成对A的故意杀人罪未遂的共同实行犯，同时甲对B构成过失致人死亡罪，乙对C构成过失致人死亡罪，甲和乙分别构成故意杀人罪未遂和过失致人死亡罪的想象竞合犯。例 7 中，由于无法判断 B 的死亡究竟是谁造成的，所以如果承认过失共同实行犯，则甲和乙构成对 A 的故意杀人罪未遂的共同实行犯以及对 B 的过失致人死亡罪的共同实行犯，两罪构成想象竞合的关系。如果否定过失共同实行犯，则甲和乙只能构成对 A 的故意杀人罪未遂的共同实行犯。①

2. 犯罪构成形式要件相一致说的观点。该说认为，即使实际发生的侵害结果与行为人于行为之际所认识的结果具体不一致，但只要在同一犯罪构成形式要件范围内能够判断是一致的、符合的，故意就能够成立。在该说内部还存在分歧，即一故意说与数故意说的对立。②

（1）一故意说。该说认为，基于一个故意实施的一个实行行为只能在一个犯罪构成内成立一个罪名。这样，例 5 中甲和乙对 A 和 B 构成故意杀人罪的共同实行犯，而乙对 A 的故意杀人未遂的行为属于整个共同杀人行为的组成部分不再单独评价。例 6 中，甲和乙分别发生方法错误，二人对 B、C 构成故意杀人罪的共同实行犯，甲和乙对 A 的故意杀人未遂的行为不再评价。例 7 中，甲和乙对 B 构成故意杀人罪的共同实行犯，而究竟是甲还是乙杀死 B 已不重要，同样对于 A 的故意杀人未遂的行为也不再评价。

（2）数故意说。该说认为，尽管基于一个故意实施一个实行行为，但由于存在复数侵害对象，故而对每个对象都能按照故意犯罪处罚。这样，例 5 中甲和乙对 A、B 构成故意杀人罪的共同实行

---

① 只有一个死亡事实的情况下无法成立数个独立的杀人罪既遂，因为如果要成立数个杀人罪既遂就必须能够得出数人同时致被害人死亡的结论，但显然这样的结论是难以证实的，这种困难在数人同时实施伤害行为的场合表现得更为明显。因此才会有国家例外地将数人同时实施故意伤害行为作为共同犯罪处罚，如日本现行刑法第 207 条的规定。参见张明楷译：《日本刑法典》，法律出版社 1998 年版，第 160 页。

② 参见［日］大塚仁著：《刑法概说（总论）》，冯军译，中国人民大学出版社 2003 年版，第 190 页。

犯，乙对A的故意杀人未遂的行为同样基于共同实行的理由而不再单独评价。例6中，甲和乙分别发生方法错误，二人对B、C构成故意杀人罪既遂的共同实行犯，并对A构成故意杀人罪未遂的共同实行犯，两罪属于想象竞合的关系。例7中，甲和乙对B构成故意杀人罪既遂的共同实行犯，并对A构成故意杀人罪未遂的共同实行犯，两罪是想象竞合的关系。

另外，上述三说对共同实行犯方法认识错误下的并发案的解决又有所不同。例如，甲和乙共谋杀A，共同向A开枪，发生方法错误，一人击中A，致A重伤，一人击中A身旁的B，致B死亡（例8）。[①]

（1）具体相一致说认为，甲和乙对A构成故意杀人罪未遂的共同实行犯，在承认过失共同实行犯的场合，甲和乙对B构成过失致人死亡罪的共同实行犯，两罪是想象竞合的关系；在否认过失共同实行犯的场合，只能由导致B死亡的人负过失致人死亡罪的刑事责任，并与对A的故意杀人罪未遂构成想象竞合犯的关系，但如果无法辨认是由谁的行为导致B死亡的结果，则甲和乙都不负责任。

（2）一故意说中分为两派观点：其中第一派观点与具体相一致说的主张完全相同；另一派观点则认为，甲和乙对B构成故意杀人罪的共同实行犯，在承认过失共同实行犯的场合甲和乙对A构成过失致人重伤罪的共同实行犯，在否认过失共同实行犯的场合，只能由导致A重伤的人负过失致人重伤罪的刑事责任，并与对B的故意杀人罪构成想象竞合犯的关系，但如果无法辨认是由谁的行为导致A受重伤的结果，则甲和乙都不负责任。

（3）数故意说认为，甲和乙对A构成故意杀人罪未遂的共同实行犯，对B构成故意杀人罪既遂的共同实行犯，两罪是想象竞

① 共同实行犯发生方法错误而造成的并发案的具体情况是非常复杂的，例8中的情况是由于部分实行犯发生方法错误而造成的并发案的情况。

合的关系。

（三）分别发生对象错误与方法错误的处理

各实行犯在共同实行犯罪的过程中可能出现同时发生对象错误与方法错误的情况，如甲乙共谋杀害A，甲向A开枪却发生方法错误打死了A身旁的B，乙则发生对象错误把A身旁的C当做A杀死（例9）。

1. 具体相一致说认为，甲和乙对C构成故意杀人罪的共同实行犯。对于A，虽然甲的方法错误本应使甲和乙构成故意杀人罪未遂的共同实行犯，但由于乙的对象错误使甲和乙共同杀A的故意被对C所成立的故意杀人罪所吸收，所以甲和乙对A的故意杀人未遂的共同实行行为不再单独评价。对于B，如果承认过失共同实行犯则甲和乙构成过失致人死亡罪的共同实行犯，并与对C的故意杀人罪的共同实行犯构成想象竞合犯的关系；如果否定过失共同实行犯则只能由造成B死亡的甲负过失致人死亡罪的刑事责任并与对C的故意杀人罪构成想象竞合犯的关系，乙则只构成故意杀人罪。

2. 一故意说认为，甲和乙对B、C构成故意杀人罪的共同实行犯，而对A的故意杀人未遂的行为不再单独评价。

3. 数故意说认为，甲和乙对B、C构成故意杀人罪既遂的共同实行犯，并对A构成故意杀人罪未遂的共同实行犯，两罪是想象竞合的关系。

对于上述观点的争论，笔者认为：

1. 具体相一致说。从上文的分析中可以看出，该说的问题仍主要在于对各实行犯过失责任的认定上，由于目前我国刑法理论中的通说并不承认过失共同实行犯，所以只能单独判断各实行犯的过失责任，如例6中如果无法分辨B的死亡究竟是由谁的行为造成或者是甲和乙单独都不能导致B的死亡，那么甲和乙就都不需要对B的死亡负责。这样的结论实在难以让人接受，这也是目前具体相一致说最大的弊端。再者，当对象错误与方法错误存在区分上的困难时，具体相一致说的处理就表现出极大的不确定性。例如，甲和乙共谋杀A，在A的汽车上装置炸弹，但碰巧A的妻子B驾驶该车出行，汽车发生爆炸将B炸死（例10）。在本案中，甲和乙意欲杀害的是A，其行为也指向了A驾驶的汽车，B驾驶A的汽车属甲和乙的意料之外，因此应当属于方法错误。但是，甲和乙在A的汽车上装置炸弹之际如果不能确信只有A会驾驶该汽车，就应当考虑到A的妻子B可能会驾驶A的汽车，在这种场合二人仍然继续在A的车上装置炸弹，就能够认为对B的死亡二人是出于容忍的心理，这样就与认识错误无关了。类似的案件在隔时犯、隔地犯的场合很容易出现，具体相一致说在判断行为人预定对象和侵害对象是否一致的问题上表现出随意性较大的弊端，缺乏客观的判断标准。另外，如果各实行犯分别发生对象错误和方法错误时，具体相一致说的处理会造成自相矛盾的现象，如例9中甲和乙既然已经对A成立共同故意，为什么同时又能够成立对C的共同故意，而这种处理结果本应是数故意说的主张，如果对例9稍加改变，这样的矛盾将会表现得更为明显，如甲和乙共谋杀A，甲误把B当做是A而向B开枪，乙向A开枪却误中B，二人共同将B打死（例11），按照该说的主张，由于甲发生的是对象错误，故构成对B的故意杀人罪，乙发生的是方法错误，故构成对B的过失致人死亡罪，而甲和乙的杀人行为都属于共同实行行为的组成部分，所以乙也应当对甲基于共同的故意而实施的杀死B的行为负故意杀人罪的责任。这样对于B死亡的结果乙一方面因为自己的行为而构成过失致人死亡罪；另一方面因为甲的行为而构成故意杀人罪，这样的结论实在矛盾至极，这种场合甲和乙如何能够成立共同犯罪也着实难以理解。另外，如果坚持具体相一致说的观点，那么依据我国犯罪构成理论方法错误是不可能在同一犯罪构成内出现的，即使实际侵害的对象与行为人行为所指向的对象所反映的社会关系是相同的，但是故意罪的构成与过失罪的构成是完全不同的，这样的分类就不存在任何意义了。

2. 犯罪构成形式要件相一致说。其中，数故意说明显不当扩大了故意的成立范围，如果行为人对认识对象和实际侵害对象都能够成立故意的话，那么对行为人来说就没有错误可言，因为实际侵害结果也是他意图造成的，这样的结论实际上与抽象符合说的观点相同，甚至可以认为是用犯罪构成对抽象符合说加以限制而产生的结论。再者，该说不仅置行为人内心真实状态于不顾，并且如果彻底贯彻该说，那么势必将导致由现场存在被害对象的个数决定故意的个数，这样的做法无异于客观归罪，是有违责任主义的要求的。相对而言，一故意说的结论在多数情况下是比较妥当的，但在并发案的处理中可以看到一故意说中第一派观点的结论与具体相一致说并没有实质性的差别，这就意味着具体相一致说所面临的困境对一故意说同样存在。详言之，因为在并发案的场合只能成立一个故意，所以无论采取一故意说中哪一派观点对于两个侵害结果都只能分别成立故意和过失两种心态，但是目前过失共同实行犯并没有得到我国刑法学界的认可，因此在无法判断究竟由谁的行为造成过失结果的场合各实行犯都无须对该结果承担责任，这样的结论同样是不合理的。

因此，如果承认过失共同实行犯，具体相一致说与一故意说中关于过失责任的认定的困境都将不复存在。两说相比较，具体相一致说的优点在于更接近行为人真实的心理态度，并且适用具体相一致说处理共同实行犯认识错误所得出的结论也已经显示出一定程度的抽象化，这与近年来日本刑法理论中具体符合说的发展趋势相同。详言之，因为共同犯罪之故意只能存在于各共犯人的犯意中，从实质上来说它并不能够独立存在，但是作为共同犯罪构成要件的主观要件它又必须能够在形式上存在，即共同犯罪中成为刑法评价对象的是共同犯罪的故意而不是各共犯人的具体犯意，所以对各共犯人故意中的重合部分进行抽象概括就形成了共同犯罪的故意，这样只要各共犯人于行为之际的认识对象属于合意范围并与实际侵害的对象相一致，那么共同犯罪的故意就能成立，这也是对象错误不阻却故意的道理所在。而具体相一致说的弊端主要表现为，在对象错误与方法错误难以区分的场合该说的处理带有极大的不确定性，并且在各实行犯分别犯对象错误和方法错误的场合，该说的处理结果也是非常矛盾的，这主要是因为该说对对象错误与方法错误采取了不同的处理方法而造成的，但是采取这种处理方式的理由并不充分，因为即使存在复数侵害对象的场合，刑法所关心的也未必是行为人的具体指向。反观一故意说，同样是问题重重，其中最突出的是关于并发案的处理一故意说中两派观点的争议。笔者认为，两派观点聚讼的焦点在于判断故意成立的基础，以例 8 中的情况为例，第一派观点充分考虑了各实行犯于行为之际所实施行为的具体指向，认为应当对其行为指向的对象成立故意，因此对 A 成立故意而对 B 成立过失。第二派观点则以犯罪构成要件为基础，认为应该对促使各实行犯意图实施的犯罪能够实现的对象成立故意，因此应该对 B 成立故意，这样行为人所实施的犯罪就能达到既遂的程度，而对于其行为具体指向的 A 反而应该成立过失。如果彻底贯彻犯罪构成形式要件相一致说的主张，无疑应当采取第二派的观点，因为第一派观点不过是具体相一致说的结论，与犯罪构成形式要件相一致说的本质不符，因为具体相一致说与犯罪构成形式要件相一致说的根本区别就在于判断故意成立的基础，在行为人出于故意而实施实行行为所造成的数个结果中就能够满足行为人故意实现的结果，认定行为人的故意罪责才是符合犯罪构成形式要件相一致说的本质要求的做法。并且，在目前我国刑法学界通说否定过失共同实行犯的情况下，相较于具体相一致说，一故意说的结论更为妥当。因为，采取一故意说只有在处理并发案时才会产生认定各实行犯的过失责任的问题，也才会产生无法辨认是哪个实行犯的行为导致预定之外的结果发生，或者各实行犯单独都无法导致预定之外的结果发生的情况下无法认定各实行犯的过失责任的问题，而如果采取具体相一致说发生该问题的范围则要大得多。再者，采取一故意说的主张也不会产生区分对象错误与方法错误所带来的困境。因此，权衡利弊，不得不采取犯罪构成形式要件相一致说的主张，而在由共同实行犯方法错误所导致的并发案的处理中对各实行犯过失责任的认定，目前看来除了能够肯定过失共同实行犯之外并没有更为妥当的方法。

二、不同犯罪构成间的共同实行犯个体性事实认识错误

不同犯罪构成间的共同实行犯个体性事实认识错误，是指各实行犯意图实现的犯罪与实际实现的犯罪不一致，且这种不一致超出了同一犯罪构成的范围。这种错误首先可以分为各实行犯之间意思联络不一致场合下，不同犯罪构成间的共同实行犯认识错误和各实行犯之间意思联络一致场合下，不同犯罪构成间的共同实行犯认识错误。前者又可称为关于共同实行犯成立范围的认识错误，后者又可称为纯粹的共同实行中的错误。

（一）各实行犯之间意思联络不一致下的错误

各实行犯之间意思联络不一致，主要是指各实行犯之间发生误解而使合意超出了同一犯罪构成的范围。例如，甲以杀A的意思与乙联络，乙误认为甲要伤害A便与甲同去，最终甲实施杀害A的行为而乙实施伤害A的行为（例12）。另外，有的学者认为还应当包括在共同实行犯罪过程中，部分实行犯改变犯意实施了合意范围外的罪行的情况。①

1. 各实行犯之间存在误解。对于各实行犯之间存在误解而使意思联络不一致的情况是否属于共犯认识错误的研究范围，学者们的认识有所不同。在日本刑法学界，多数学者主张运用错误论的学说来判断在这种场合共犯人之间合意成立的范围。最近，也有学者提出不必适用错误论的观点，而是根据关于共犯的本质的学说

① 参见陈家林著：《共同正犯研究》，武汉大学出版社2004年版，第314页。

（犯罪共同说与行为共同说）直接处理。[①] 但实际上，具体符合说的主张与完全的犯罪共同说基本相同，构成要件符合说则与部分的犯罪共同说大致相当，而罪质符合说又与客观主义的行为共同说极为类似，那么这样一来，是否还有必要以共犯本质论取代错误论来研究共犯人之间意思联络不一致的问题呢？笔者认为并不存在这样的必要。

在我国刑法理论中，可以尝试分别采取具体相一致说和犯罪构成形式要件相一致说，来处理各实行犯之间发生误解的场合全体实行犯的合意是否成立问题。若依具体相一致说，各实行犯所欲实施的犯罪必须能够在同一犯罪构成内具体的相一致合意才能够成立，否则就将阻却共同犯罪的故意。这样，在例 12 中甲和乙就不能成立共同犯罪的故意。[②] 若依犯罪构成形式要件相一致说，各实行犯所欲实施的犯罪在犯罪构成形式要件上有部分重合，就能够在重合的范围内认定共同犯罪的故意成立。这样，在例 12 中甲和乙就能够在故意伤害罪的范围内成立共同实行犯。两说相较，采取具体相一致说将使共同犯罪的故意成立的范围过于狭窄，不利于处理实践中复杂的共同犯罪现象，以例 12 为例甲单独一人未必能够成功杀 A，因此完全可以利用意欲伤害 A 的乙的行为来实现其杀 A 的意图；相反，采取犯罪构成形式要件相一致说的结论与我国刑法理论中关于共犯本质的通说（部分犯罪共同说）相符合，因此该说较为妥当。

2. 在共同实行犯罪过程中部分实行犯改变犯意。在共同实行犯罪过程中，可能出现部分实行犯改变犯意（包括另起犯意）实施共同犯罪故意范围之外的犯罪行为的情况，这种行为又可称为过限行为，并可以根据与共同犯罪行为是否触犯同一罪名，分为同一

① 参见［日］日高义博著：《刑法中错误论的新展开》，日本成文堂 1991 年版，第 81 ~ 85 页。

② 参见刘明祥著：《刑法中错误论》，中国检察出版社 2004 年版，第 274 页。

罪名下的过限行为和不同罪名间的过限行为。

（1）同一罪名下的过限行为，是指在共同实行犯罪过程中，部分实行犯对于合意范围之外的对象故意实施与共同犯罪行为性质相同的罪行，并且所造成的结果与合意范围内的侵害结果所反映的社会关系是相同的。例如，甲乙二人共谋杀 A，不仅杀死了 A，而且在共同杀 A 的过程中甲明知 B 不是 A 而故意将 B 杀死（例 13）。在此案例中，具体相一致说认为，对于甲杀害 B 的行为乙是无法预见的，不能认为乙对甲杀死 B 的行为有故意，因此对 B 的死亡甲和乙并不成立故意杀人罪的共同实行犯。犯罪构成形式要件相一致说认为，甲杀害 B 的故意是在合意成立之后产生的，甲明知 B 不是合意范围的对象而故意杀之，那么尽管甲杀死 B 的行为对于乙来说也属于认识错误的范围（没有认识），并且也能够认为是与甲乙所欲实施的罪行在同一犯罪构成内符合，但是甲故意杀害 B 的行为毕竟不能评价为共同实行行为，因此甲和乙的合意与 B 死亡之间的联系被甲独立的故意杀人行为所切断，即使甲以与乙共同杀害 B 的意思而行为并认为乙对自己杀死 B 的行为有认识，但这属于片面共同实行的意思，甲的这种认识对乙的刑事责任并无任何影响。

例外的情况是，在例 13 中如果 B 奋力阻止甲杀 A，甲为了排除妨碍而将 B 杀死，而后又与乙共同将 A 杀死（例 14）。对于这种情况，有日本学者主张应当根据合意的严密程度来判断，如果事先约定不得侵害第三者，那么乙对甲杀死 B 的行为就无须承担责任。如果事先没有约定，那么对于 B 的死亡甲和乙构成故意杀人罪的共同实行犯。[①] 笔者认为该学者的观点并不妥当，若依该学者的观点，就例 14 来说甲和乙必须充分考虑到在杀害 A 的现场是否可能出现其他人予以阻拦，除非能够确信只有 A 出现在现场，否

① 参见［日］大塚仁等编：《刑法解释大全》（第 3 卷），日本青林书院 1992 年版，第 554 页。

则就必须考虑到如果有人阻拦应当如何处理，因此乙只有在确信B不会出现在现场，且没有认识到B由于妨碍甲杀害A而被甲杀害时才不需要对B的死亡负责。但是，这就意味着在合意不严密的场合即使甲把B打成重伤，乙也要承担故意伤害罪的共同实行犯的责任，这样的结论让人觉得是荒谬的，即使合意再怎么不严密也不能认为乙与甲共同杀害A的意思能够包含共同伤害B的意思。因此，笔者认为即使部分实行犯实施的合意范围之外的行为是为了完成预定之罪所必须实施的，其他实行犯也只有在有认识的场合才能对合意之外的罪行承担共同实行犯的责任。因为，当全体实行犯认识到，如果不实施预定外的罪行则预定之罪就无法完成的场合，全体有认识的实行犯都只能选择放弃预定之罪或者实施预定外的罪行以排除障碍，这样当部分有认识的实行犯实施了预定外的罪行以排除妨碍，其他有认识的实行犯即使默认也能够作为共同实行犯处罚，实际上这种情况可以认为是各实行犯对排除障碍之罪行达成了合意。另外，我国有学者主张只要其他实行犯对部分实行犯的过限行为有认识就能够成立共同实行犯，因为如果其他实行犯对部分实行犯的过限行为是知情的，就表明其在主观上对该过限行为是容忍的，尽管没有亲手实行，但也能够作为共同实行犯处罚。[①] 笔者认为，这种观点是不妥当的，如果部分实行犯的过限行为与合意范围内的罪行没有任何关联，那么就只能够归责于实施该行为的实行犯，其他实行犯即使对过限行为有认识也并不表示其有共同实行的意思，故而不能就过限行为追究仅有认识的实行犯的故意罪责。

（2）不同罪名间的过限行为在共同犯罪中更为常见，多数学者认为这种情况既包括实行过限又包括实行减少，前者是指在共同实行犯罪过程中，部分实行犯实施了重于共同故意范围内的犯罪行为，后者是指在共同实行犯罪过程中，部分实行犯实施了轻于共同

---

① 参见陈兴良著：《共同犯罪论》，中国人民大学出版社2006年版，第347页。

故意范围内的犯罪行为。实行过限的例子是甲和乙共谋入室盗窃，甲于外面放风，乙入室盗窃，碰巧遇到主人在家，乙实施了抢劫行为（例15）。① 实行减少的例子是甲和乙共谋入室抢劫，甲于外面放风，乙入室抢劫，碰巧遇到家中无人，乙实施了盗窃行为（例16）。

一般来说，在发生不同罪名间的过限行为的场合，一方面需要判断过限行为与各实行犯的合意所预定的罪行能否在同一犯罪构成内重合；另一方面需要判断各实行犯的合意所预定的罪行是否实现。详言之，首先，如果过限行为与合意所预定的罪行能够在同一犯罪构成内重合，则在两罪重合的范围内对全体实行犯按轻罪的共同实行犯处罚，但若过限之罪重于预定之罪则应当对实施该行为的实行犯按他所实现的罪处罚，对其他实行犯按预定之罪处罚，当然全体实行犯仍就预定之罪成立共同实行犯，若过限之罪轻于预定之罪则需要根据合意预定之罪是否已经完成进一步判断，在部分实行犯实行减少，其他实行犯完成预定之罪的场合，全体实行犯仍就预定之罪成立共同实行犯，而在没有任何实行犯完成预定之罪的场合，全体实行犯对实际完成的犯罪成立共同实行犯，这里并不会产生数罪并罚的问题，因为在这种场合合意范围内的行为被过限行为所吸收。其次，如果过限行为与合意所预定的罪行间没有重合关系，则先要判断合意预定之罪是否已经实现，如果该罪已经实现则全体实行犯构成对预定之罪既遂的共同实行犯，如果该罪没有实现则全体实行犯构成对预定之罪未遂的共同实行犯，而对于过限行为则应当认定实施该行为的实行犯的故意罪责，在这种场合就会导致数罪并罚的结果，因为当合意预定的罪行与过限行为处于两不相容的关系时就应当分别定罪处罚；但如果过限行为与合意所预定的罪行构成了牵连犯的关系，那么实行该过限行为的实行犯自身依据牵

---

① 关于共同犯罪中“放风行为”的定性，学者间是有争议的，本书是按共同实行行为处理的。

连犯的理论处理自不待言，其他实行犯是否也能够作同样处理就存在疑问。例如，甲和乙共谋诈骗，为了使诈骗能够顺利实施乙又单独实施了伪造国家公文的行为，而后甲和乙共同实施了诈骗行为，但甲事先并不知乙伪造国家公文，只是在与乙共同实施诈骗行为时才知晓（例17），对于这种情况笔者认为，即使乙伪造公文的意思是在与甲达成诈骗的合意后产生的也不属于合意范围内的行为，故而甲无须对乙单独实施的伪造行为承担责任，尽管甲在与乙共同实施诈骗行为之际对乙所实施的伪造行为已经有所认识，但乙的伪造行为实际上属于对他与甲共同实施的诈骗行为的帮助行为，即乙既是帮助犯又是实行犯，原本应该属于共犯的竞合而由乙的实行行为吸收他的帮助行为。但是乙的帮助行为已经单独成罪，所以对乙应当适用牵连犯的处理原则。如果合意预定之罪没有实现，那么全体实行犯就合意预定之罪的未遂构成共同实行犯，而对于过限行为则应当由实施该过限行为的实行犯独自承担相应的责任，且与他所构成的预定之罪的未遂构成数罪的关系。

3. 关于双重错误的处理。所谓双重错误，是指各实行犯之间不仅意思联络不一致，并且在共同实行的过程中，由于实行犯的认识错误而导致实际发生的事实与他所预定的犯罪事实也不一致，并且这种不一致超出了同一犯罪构成的范围。例如，甲和乙共谋伤害A，在共同实行伤害行为的过程中，甲产生了杀A的意图，并用匕首刺向A，但由于失误意外地将A的贵重瓷器打碎（例18）。在这种场合，首先，由于各实行犯之间的意思联络不一致，所以应当由甲独自对其实施的杀害A的行为承担责任，甲和乙只能在故意伤害A的范围内构成共同实行犯。① 其次，在实施过限行为过程中甲对自己的失误所造成的危害结果应当承担过失责任，故而甲应当构成故意罪的未遂与过失罪的想象竞合犯，但由于过失毁坏财物不具

① 当然也有学者基于具体相一致说的立场认为，不能成立共同实行犯。可参见刘明祥著：《刑法中错误论》，中国检察出版社2004年版，第276页。

备可罚性，所以甲只能构成故意杀人罪的未遂。

（二）各实行犯之间意思联络一致下的错误

这种错误是指实行犯之间的意思联络一致，但在共同实行的过程中各实行犯实际实施的犯罪事实与合意范围内预定的犯罪事实不一致，并且这种不一致超出了同一犯罪构成的范围。作为原则，不同犯罪构成间的共同实行犯认识错误阻却共同故意成立，但在实际实现之罪与合意预定之罪在犯罪构成上有重合关系的场合，仍能够在重合范围内成立轻罪的共同实行犯，而关于不同犯罪构成间重合范围的认定，共犯能够适用与单独犯相同的方法，在我国刑法理论中同样能够适用犯罪构成形式要件相一致说来判断。但是，需要注意的是，在数人共同实行犯罪的场合由于要受“部分行为全体责任”原则以及部分犯罪共同说的影响，所以会出现一些在单独犯的场合阻却故意而在共同实行犯的场合却能够认定故意成立的现象。例如，在单独犯的场合，甲以盗窃A的财产的故意潜入A的家中盗出一个皮包，结果发现里面是枪支（例19）。这种情况就不能让甲对盗窃枪支的行为负故意的责任，甲只能构成盗窃罪未遂。而在共同实行犯的场合，如甲欲盗窃A的财产、乙欲盗窃A的枪支，两人共谋去A家中实施盗窃行为，结果甲错拿了A的枪支、乙错拿了A的财产（例20）。这种情况就能够认为甲和乙构成盗窃罪的共同实行犯，甲负盗窃罪的责任、乙负盗窃枪支罪的责任。一般来说，处理不同犯罪构成间认识错误的基本原则是“以轻罪的意思实现了重罪的场合不得以重罪处罚”。

不同犯罪构成间的共同实行犯认识错误，首先可以分为不同犯罪构成间的共同实行犯对象认识错误和不同犯罪构成间的共同实行犯方法认识错误。

1. 不同犯罪构成间的共同实行犯对象认识错误，是指在共同实行犯罪过程中各实行犯实际侵害的对象与其意欲侵害的对象不一致，且二者所反映的社会关系不同。该错误可以采取两种分类方法分为四种情况：第一种是部分实行犯不同犯罪构成间的对象认识错误和全体实行犯不同犯罪构成间的对象认识错误。前者的例子是，甲和乙共谋杀A，甲误把躺在A床上的狗当做A杀死，而乙杀死A（例21）；后者的例子是，甲和乙共谋杀A，甲误把躺在A床上的狗当做A杀死，乙则误把A床上的枕头当做是A而向枕头射击（例22）。第二种是重合的不同犯罪构成间的共同实行犯对象认识错误和非重合的不同犯罪构成间的共同实行犯对象认识错误。前者的例子是，甲和乙共谋盗窃A钱财，甲在A家中发现一个保险箱，乙找到一个公文包，二人以为里面肯定有钱财便盗走，但保险箱里面存放枪支，公文包里面存放毒品（例23）；后者即例21、例22的情况。

（1）对部分实行犯不同犯罪构成间的对象认识错误，仍可以根据意欲侵害对象的单、复，继续分为意图侵害单一对象和意图侵害复数对象两种情况，并且这两种错误类型在处理上略有不同。在意图侵害单一对象的场合，首先，即使部分实行犯发生不同犯罪构成间的对象认识错误，但合意范围内预定之的罪行仍可能实现，这是因为未发生错误的实行犯有可能完成合意所预定的犯罪，这样就与单独犯发生不同犯罪构成间的对象错误的处理存在本质的差别。其次，对于由部分实行犯的错误而造成的合意范围外的侵害结果，在承认过失共同实行犯的场合，全体实行犯构成对该结果的过失共同实行犯；在否定过失共同实行犯的场合由发生错误的实行犯承担过失责任。但在后者的场合，如果无法分辨是哪些实行犯发生错误，则对于合意范围之外的侵害结果全体实行犯都无须承担责任，但这样的结论同样让人无法接受。在意图侵害对象为复数的场合，则可能会产生预定犯罪不能完全实现的现象，如甲和乙共同杀A和其妻B，甲杀死A而乙误把躺在B床上的狗当做B杀死（例24），这种场合只按实际实现的犯罪处罚全体实行犯即可，在其他方面与意图侵害单一对象的场合并没有两样。

不同犯罪构成间是否具有重合关系，在部分实行犯对象认识错误的场合，对各实行犯的罪责的影响不大，因为合意范围内预定的犯罪仍存在被未发生认识错误的实行犯完成的可能，而由部分实行犯的错误行为所导致的合意范围之外的侵害结果，无论是轻于预定之罪，还是重于预定之罪都不影响全体实行犯对预定之罪构成故意罪既遂的共同实行犯，且对于合意范围之外的侵害结果都只存在过失责任的认定问题。

（2）在全体实行犯发生不同犯罪构成间对象认识错误的场合，不同犯罪构成间是否具有重合关系就显得比较重要了。

首先，在非重合关系的场合。对于合意范围内预定之罪全体实行犯均构成故意罪未遂的共同实行犯，对于实际发生的侵害结果阻却共同故意成立，对合意范围外的侵害结果则应当分别认定各实行犯的过失责任，但如果无法判断是谁的错误行为造成该结果或者是各实行犯单独都不能造成该结果的场合，所有实行犯均无须承担责任。

其次，在重合关系的场合。对全体实行犯在重合范围内认定故意罪既遂的共同实行犯，但应当注意以轻罪的意思实现了重罪的场合只能按轻罪处罚，以重罪的意思实现了轻罪的场合则应当按实际实现的犯罪处罚。但如果有的实行犯实现的犯罪轻于预定之罪，有的重于预定之罪，那么处理起来就比较麻烦。笔者认为，应当一律按照预定之罪既遂的共同实行犯处罚，因为既然有部分实行犯错误地实现了重于预定之罪的犯罪，那么就应当对全体实行犯按预定之罪处罚，即使与此同时另一部分实行犯错误地实现了轻于预定之罪的犯罪，但也由于其他实行犯错误地实施了重于预定之罪的犯罪而使预定之罪被视为已经实现，所以轻于预定之罪的犯罪被已经实现的预定之罪吸收而不再评价。

2. 不同犯罪构成间的共同实行犯方法认识错误，是指在共同实行犯罪的过程中各实行犯在对预定的对象实施侵害行为的过程中，由于失误而导致对另外的对象造成意料之外的侵害，且二者所反映的社会关系不同。该错误同样可以采取两种分类方法分为四种情况：第一种是部分实行犯不同犯罪构成间的方法认识错误和全体实行犯不同犯罪构成间的方法认识错误。前者的例子是，甲和乙共谋杀A，共同向A开枪，甲击中A身旁的狗，将狗杀死，而乙击中A，将A杀死（例25）。后者的例子是，甲和乙共谋杀A，共同向A开枪，结果甲击中了A身旁的狗，将狗杀死，乙击中了A身旁的名贵瓷器，将瓷器打碎（例26）。第二种是重合的不同犯罪构成间的共同实行犯方法认识错误和非重合的不同犯罪构成间的共同实行犯方法认识错误。前者的例子是，甲和乙共谋在禁猎区实施非法狩猎行为，甲向普通的野生动物开枪却意外地击中了旁边的国家保护动物（例27）；后者则是例25、例26的情况。

事实上，不同犯罪构成间的共同实行犯方法认识错误与对象认识错误在处理上基本没有差别，如部分实行犯发生不同犯罪构成间的方法认识错误在预定对象为单一的场合，同样可能由未发生错误的实行犯完成预定之罪，而对于由发生错误的实行犯所导致的侵害结果同样存在过失责任的认定问题；在预定对象为复数的场合，也将面临预定犯罪不能完全实现的问题等。因此，对于不同犯罪构成间的共同实行犯方法认识错误的处理本书不再详细分析。并且，即使在共同实行犯罪的过程中，对同时发生不同犯罪构成间的对象错误和方法错误的处理也与单独发生对象错误或方法错误基本相同；不仅如此，相同的处理方式还能适用于由不同犯罪构成间的共同实行犯方法认识错误所产生的并发案的情况。

通过上述分析，可以看出在共同实行犯发生事实错误的场合，需要注意的是：第一，是否有实行犯完成了预定犯罪。如果部分实行犯实现了预定犯罪，那么无论其他实行犯的认识错误是否在同一犯罪构成内，全体实行犯都能构成预定之罪既遂的共同实行犯；反之，如果全体实行犯均发生错误，就没有任何实行犯能够完成预定之罪，那么错误是否在同一犯罪构成内以及是对象错误还是方法错误就将对全体实行犯在什么样的范围内构成故意罪既遂的共同实行犯产生重大影响。第二，在阻却故意的场合过失责任的认定问题。数人共同故意实行犯罪的场合，对于合意范围之外的错误行为所产生的侵害结果在否定过失共同实行犯的场合就会存在归责上的困难，因为在这种场合无法分辨是谁的错误行为导致合意范围之外的侵害结果发生，或者发生错误的数个实行犯单独都无法导致该结果发生的情况是可能存在的，除了承认过失共同实行犯外是无法就该结果追究各实行犯的过失责任的。

第二节 共同实行犯个体性法律认识错误

一、共同实行犯个体性法律认识错误的表现形式

共同实行犯个体性法律认识错误，是指在共同实行犯罪的过程中各实行犯对自己或其他实行犯的行为在法律上的意义的认识与实际不符的情况。这种错误包括各实行犯误认为他们的行为不构成犯罪而实际构成犯罪的，各实行犯误认为他们的行为构成犯罪而实际不构成犯罪的，以及各实行犯对他们的行为相当罪名和刑罚的认识错误，由于后两者对于各实行犯的故意没有任何影响，所以本书不再讨论。

根据不同的标准可以对共同实行犯个体性法律认识错误进行多种分类，如以认识的对象为标准，可以分为各实行犯对自己的行为在法律上的意义的认识错误和各实行犯对其他实行犯的行为在法律上的意义的认识错误；以错误的主体为标准，可以分为部分实行犯个体性法律认识错误和全体实行犯个体性法律认识错误；以错误是否可以归责为标准，可以分为可归责于各实行犯的个体性法律认识错误和不可归责于各实行犯的个体性法律认识错误。并且，这三种不同的分类方法之间还可以相互交叉适用，从而获得更多的种类，如部分实行犯对其他实行犯的行为在法律上的意义的认识错误、全体实行犯对自己的行为在法律上的意义的认识错误，以及可归责于部分实行犯的对自己的行为在法律上的意义的认识错误等，这样算下来共同实行犯个体性法律认识错误就有 9 种不同的表现形式。

二、共同实行犯个体性法律认识错误的处理

即便是通说，也肯定了由对社会危害性的认识错误所引起的法律错误能够阻却故意成立，更不用说违法性意识必要说以及各种折中说的主张了，这样共同实行犯个体性法律认识错误就会影响到各实行犯的共同犯罪的成立范围。

（一）部分实行犯个体性法律认识错误

部分实行犯个体性法律认识错误，是指在共同实行犯罪过程中，部分实行犯对自己或其他实行犯的行为在法律上不被许可的认识与实际不符的情况。

1. 部分实行犯对自己的行为是否违反法律发生误认。例如，甲意欲去偏远山区捕杀某种国家保护动物，并在山区附近的村庄雇了猎户乙做向导共同实施捕杀行为，乙在不知甲意图捕杀的对象是国家保护动物的情况下与甲共同实施了捕杀行为（例28）。[①] 在这种场合，乙对甲要捕杀的对象有着清楚的认识，只不过不知道该对象是国家保护动物，所以认为甲雇用自己共同实施的是合法的狩猎行为。对于这种情况，法律错误不阻却故意说认为，在本案中乙的认识错误是由于他对自己行为的社会危害性的认识错误所造成的，故而乙不构成非法猎捕珍贵野生动物罪，甲独自构成该罪。法律错误阻却故意说认为，乙于行为之际确实没有认识到他与甲共同捕杀的对象为国家保护动物，因此乙不能成立共同犯罪的故意，并且在本案中即使乙对发生该错误有过失，也因为过失捕杀国家保护动物的行为不可罚而无须承担责任。折中说中的“自然犯、法定犯区别说”认为非法猎捕珍贵野生动物罪是法定犯，故而乙对捕杀对

---

① 对于不知是国家保护动物而杀之的情况是属于法律错误还是事实错误，学者间是存在争议的，其中最著名的案例莫过于发生在日本司法实务界的关于“狸”、“貉”认识错误的定性的争论。本书在此无意就该问题展开评论，仅设定乙发生法律错误以说明部分实行犯发生法律错误时对其他实行犯刑事责任的影响。

象是否为国家保护动物的认识错误能够阻却他的共同故意；该说内部另外一派观点认为，只要乙于行为之际存在认识被捕杀的动物是国家保护动物的可能性，乙的共同故意就能成立，而在本案中是否存在这种可能性还应当根据乙和他所在村庄里一般人的认识来判断。

本书所采纳的主张是以法律错误阻却故意说为基础，并认为事实要素对评价要素有推定作用，故而在行为人对发生评价要素的认识错误有相当的理由的场合阻却故意成立，反之则不阻却。基于这种主张，针对例28中的案情，笔者认为，首先，应当判断乙对发生该错误是否应当承担责任。如果能够认定乙对发生该错误应该承担责任，那么甲和乙构成非法猎捕珍贵野生动物罪的共同实行犯；反之，则乙的共同犯罪故意就不能成立，那么对甲还需要单独处理。在这个判断过程中，目前从理论上来说主要有两种见解：[①] 第一种是主观说。依据该说，应当以乙于行为之际的具体认识为依据，从乙的立场判断其是否能够认识到甲所欲捕杀的对象为国家保护动物，如果能够肯定乙有认识，那么就能够认定乙和甲构成非法捕猎珍贵野生动物罪的共同实行犯；反之，乙不构成共同犯罪。第二种是折中说。依据该说，应当以乙于行为之际的具体认识为依据，从一般人的立场判断乙是否能够认识到甲所欲捕杀的对象为国家保护动物，在有认识的场合能够认定乙和甲构成非法捕猎珍贵野生动物罪的共同实行犯，在无认识的场合认定乙不构成共同犯罪。可以看出，主观说与折中说所采纳的判断依据是相同的，即行为人于行为之际的具体认识，两说的差别在于判断的立场，即是从行为人的立场来判断还是从一般人的立场来判断，如果贯彻责任主义的主张则应当采取主观说的见解。其次，应当判断在乙不构成共同犯罪的场合对甲的处理。因为，甲认为乙对于共同实施捕杀国家保护

① 客观说是以一般人的认识为根据，从一般人的立场来判断行为人对发生错误是否有责任，由于该说严重违反了责任主义的要求，目前已经没有支持者。

动物的行为是明知的，也就是说甲有共同实行的意思，并且也能够与乙的行为形成相互利用关系，但是如果最终是乙杀死了国家保护动物或者无法分辨是谁杀死了国家保护动物，那么对甲应当如何处理在理论上就会产生争议。持片面实行犯肯定说的学者认为，甲应当作为片面实行犯处罚；持片面实行犯否定说的学者中有的认为，甲应当作为间接实行犯处罚；还有的则认为甲应当作为单独实行犯处罚。笔者认为，将甲作为单独实行犯处理更为妥当。因为，一方面，甲并不是被利用者，而是与乙共同实施了实行行为，并且乙对与甲共同实施猎捕行为以及两人行为间存在相互利用关系是有认识的，因此甲的行为不符合间接实行犯的构成；另一方面，片面实行犯的理论是少数说的主张，多数学者认为在片面实行的场合各实行犯间无法形成相互利用的关系，不能按照“部分行为全体责任”的原则处理，这样在无法判断侵害结果是由谁造成的情况下就不能让甲承担责任。那么，为什么能够将甲作为单独犯处罚呢？这是因为，在本案中只有甲有非法猎捕国家保护动物的故意，并且甲也实际实施了非法猎捕行为，而乙没有犯意的参与猎捕行为可以认为是甲的实行行为的组成部分，因此无论最终的结果是谁造成的均不影响甲承担单独实行犯的责任。这就像甲欲杀A，唯恐自己一人不是A的对手便欺骗无责任能力的乙，要乙与自己一起实施杀A的行为，结果二人共同实施了杀A的行为致A死亡，那么无论最终的结果是谁造成的，甲都应该作为故意杀人罪的单独实行犯处罚。

2. 部分实行犯对其他实行犯的行为是否违反法律发生误认。例如，甲意欲奸淫幼女A，并认为未满16周岁不需要对奸淫幼女承担刑事责任，便让已满14周岁未满16周岁并与A要好的乙和自己一起采用哄骗的方式与A发生性关系（例29）。本案中，甲认为乙不构成强奸罪，为了能够实现以哄骗的方式奸淫A的目的而让与A要好的乙和自己一起实施奸淫行为，因此甲是以单独实施奸淫幼女行为为目的而把乙的哄骗奸淫行为作为其实行行为的组成部分。但是，甲的认识错误并不能阻却乙奸淫幼女的故意成立，乙主观上有与甲一起实施奸淫幼女的故意，客观上与甲一起实施了奸淫幼女的行为，甲和乙应当构成强奸罪的共同实行犯。因此，部分实行犯对其他实行犯行为在法律上的意义的认识错误无论是否能够避免都不会对其他实行犯的刑事责任产生任何影响。

（二）全体实行犯个体性法律认识错误

全体实行犯个体性法律认识错误，是指在共同实行犯罪过程中全体实行犯对自己或其他实行犯的行为在法律上不被许可的认识与实际不符的情况。

1. 全体实行犯对自己的行为是否违反法律发生误认。例如，甲和乙共同去山林中狩猎，两人各自都误认为某种野生动物不是国家保护动物而捕杀之（例30）。这种场合，首先要判断甲和乙对该认识错误是否应当承担责任。以甲和乙于行为之际的具体认识为依据，分别从甲和乙的立场判断二人是否能够认识到他们所捕杀的是国家保护动物。如果能够认识到，则甲和乙构成非法猎捕珍贵野生动物罪的共同实行犯；如果无法认识到，则对甲和乙应作无罪处理（本案不存在过失责任的认定问题）。当然，还可能发生一种特殊的情况，即甲乙之间有一人能够认识而另外一人无法认识，在这种场合无论是谁猎杀了国家保护动物，有认识者构成非法猎捕珍贵野生动物罪的单独实行犯，无认识者不构成犯罪。

2. 全体实行犯对其他实行犯的行为是否违反法律发生误认。这种场合与部分实行犯对其他实行犯的行为发生法律认识错误的处理相同，不过是各实行犯相互之间认为对方的行为不构成犯罪而意图将对方的行为作为自己所实施的犯罪行为的组成部分。也就是说，各实行犯对于自己的行为构成犯罪有着充分的认识，并且也能够认识到自己的行为与其他实行犯的行为构成相互利用的共同实行关系。那么同样，无论错误是否能够避免都不会影响到其他实行犯的刑事责任。

第三节　特殊形态共同实行犯个体性认识错误

一、共谋共同实行犯个体性认识错误

（一）共谋共同实行犯的概述

共谋共同实行犯，是指二人以上为共同实行特定犯罪进行谋议，最终只有部分共谋者直接实行犯罪，而其他共谋者即使没有参与犯罪的实行也应当作为共同实行犯处罚。众所周知，共谋共同实行犯是由日本司法判例确定的一种特殊的共犯形态，并经过学者们多年的研究已经成为了极具影响力的学说，以至于后人在研究共同实行犯的过程中都不得不论及共谋共同实行犯。对于这样一种特殊的共犯形态，世界各国所采取的处理方式并不相同，如德国学者根据行为支配理论提出了“无形的共同正犯”；而我国刑法学界的通说则认为，对于仅参加谋议而未直接实行犯罪者应当根据他在共同犯罪中的作用处罚，① 但令人遗憾的是，通说并没有说明未参加实行的谋议者是作为何种共犯形式而处罚的。笔者认为，尽管共谋共同实行犯与犯罪共同说和行为共同说均存在难以调和的矛盾，但仅参与谋议而未付诸实行的参与者在共同犯罪中是可能存在的，在其行为不能评价为教唆行为或帮助行为的场合就需要借助共谋共同实行犯理论来处理。② 但是，正像有的学者指出的那样，并非所有参与谋议者都能够作为实行犯处罚，而应当通过判断未实行的共谋者的谋议行为能否评价为“与亲自实施实行行为相当”来确定共谋

① 参见马克昌主编：《犯罪通论》，武汉大学出版社 1999 年版，第 529 页。

② 由于我国刑法学界的通说不承认在一般共同犯罪中存在组织犯，因此在一般共同犯罪的场合不能够按照组织犯的相关理论对未实行的共谋者进行处罚。另外，实际上未实行的共谋者的行为至少能够评价为帮助行为，但如果不承认共谋共同实行犯理论，仅将共谋行为评价为帮助行为就无法将在共同犯罪中起主要作用的未实行的共谋者作为主犯处罚。

共同实行犯的成立范围。①

目前，在日本刑法学界能够成为共谋共同实行犯的理论基础的主要有：共同意思主体说、间接正犯类似说、行为支配说以及实质正犯论。②

1. 共同意思主体说。该说认为，二人以上共同实施犯罪，必先经过意思联络达成合意，以合意的内容为目的并在此目的下各实行犯结成同心一体，各实行犯成立共同意思主体，只要其中一人着手实行犯罪，所有实行犯均成立共同实行犯。应该说，为共同意思主体说奠定基础的是主观主义刑法理论，并且因为奉行“团体责任”而受到很多学者的批判。

2. 间接正犯类似说。该说认为，在共谋共同实行的场合，未实行的共谋者具有与间接正犯类似的性质，即像间接正犯利用他人行为为工具实现已所欲之罪那样利用其他实行犯的实行行为。批评者认为，一方面未实行的共谋者与实行犯之间未必存在间接正犯中利用者将被利用者作为工具利用的关系；另一方面该说无法解释分担型的共谋共同实行犯，因为这种场合未实行的共谋者与实行犯之间不存在支配关系。

3. 行为支配说。该说包括目的行为支配说、优越支配共同说等，认为在共谋共同实行犯中，未实行的共谋者对实行犯的行为具有支配力，因为实行犯是按照谋议的内容实施犯罪的，所以即使谋议者未付诸实行也能按照实行犯处罚。该说是为了修正间接正犯类似说的不足而发展起来的，但令人遗憾的是该说不仅继承了间接正犯类似说的弊端，更为甚者，该说对于达到什么样的支配程度才能作为实行犯看待缺乏明确的判断标准。

4. 实质正犯论。该说又可称为价值的行为论、实质的行为论，

---

① 参见林亚刚：《共谋共同正犯问题研究》，载《法学评论》2001 年第 4 期。

② 参见李邦友：《日本刑法共谋共同正犯的理论及其发展》，载《法学评论》2001 年第 1 期。

认为判断未实行的共谋者能否作为实行犯看待，关键在于判断其共谋行为是否能够在价值上与符合构成要件的实行行为等同，在肯定共谋行为具有实行行为的价值的场合未实行的共谋者就能够作为共同实行犯处罚。虽然，该说在如何确定共谋行为与实行行为在价值上等同的问题上仍存在不确定性，但笔者认为该说至少提供了一个可操作的判断标准，接下来的问题是如何使判断标准精确化。

对于日本刑法学界关于共谋共同实行犯的争论，我国有学者指出，作为共谋共同实行犯的理论基础，共同意思主体说的解释最为妥当，但若仅限于该说的解释就会造成共谋共同实行犯与其他共犯形态区分的困难。例如，无形的帮助犯虽然仅共谋分担帮助，但他也同样具有“共同意思主体”的特征，而上述其他诸说则从不同方面反映了共谋共同实行犯的特征，若与共同意思主体说相结合就能够完整地把握共谋共同实行犯的法律性质。再者，共谋共同实行犯本就为了适应现代社会犯罪日趋集团化、组织化、法人化的现象，为了能够严惩立于实行犯背后的实际操纵犯罪者，有必要将其作为实行犯处罚。[①] 这样，依据该学者的观点我国刑法中的组织犯就能够认为是共谋共同实行犯的表现形式，而这种主张比较接近日本刑法学者对共谋共同实行犯的认识。

（二）共谋共同实行犯个体性认识错误的处理

共谋共同实行犯个体性认识错误，是指未实行的共谋者与实行犯之间对实行行为的事实情况及法律意义的认识与客观实际不符的情况。由于未实行的共谋者与实行犯之间的法律认识错误只能发生在共同谋议的过程中，[②] 这样就与实行的共同实行犯法律认识错误没有两样，故而不再继续讨论。但事实错误则不然，实行犯进入实

① 参见林亚刚：《共谋共同正犯问题研究》，载《法学评论》2001 年第 4 期。

② 此处指的是消极的法律错误，该错误只能存在于行为人决意行为之际，因此这种错误只能存在于共同谋议过程中；而关于罪名或刑罚的认识错误即使在完成行为之后也可能存在，但这种错误对于共谋者的罪责没有影响，所以不在讨论范围内。

行后发生事实错误的场合对未实行的共谋者的刑事责任所产生的影响与实行的共同实行犯毕竟不同，因此需要分别研究。

共谋共同实行犯个体性事实认识错误同样可以分为意思联络不一致下的事实错误与意思联络一致下的事实错误。

1. 意思联络不一致下的事实错误，即未实行的共谋者与实行犯在共谋的过程中发生误解或者实行犯在实行过程中改变犯意而使意思联络不一致的情况。一般来说，发生这种错误的场合，未实行的共谋者只需对合意范围内的罪行负实行犯的责任，而对于合意范围外的罪行只能由实际实施该行为的实行犯负责。但是，如果合意范围外的罪行是为了完成预定罪行所必须实施的，那么就需要判断未实行的共谋者对于该罪行是否具有支配力，在肯定有支配力的场合仍能够认定未实行的共谋者对该罪行构成共同实行犯。至于具体的判断标准，首先仍需要考虑合意的严密性问题，即是否仅限于实施预定罪行，以及对于可能发生阻碍预定罪行实现的情况应当如何处理等。在合意严密的场合未实行的共谋者只对合意预定之罪承担实行犯的责任；然而，在合意不够明确的场合，如未就阻碍预定之罪实现的情况的处理加以明确，这种情况的处理就比较复杂了。因为，即使是主张承认共谋共同实行犯的学者也都一致认为应当限制其成立范围，只有能够将共谋行为在价值上认为是等同于实行行为的共谋者才能作为实行犯处罚，更何况对于合意范围之外的罪行认定共谋行为的实行行为性不能不说是困难的。笔者认为，可以考虑根据支配型共谋共同实行犯与分担型共谋共同实行犯的区别分别适用不同的判断标准：在支配型共谋共同实行犯的场合，只要没有明确在遇到阻碍时放弃实行，那么处于支配地位的共谋者只要能够预见到实行犯为实行预定之罪而实施的排除阻碍的罪行，就应当对该罪行承担实行犯的责任；而在分担型共谋共同实行犯的场合，只要没有明确在遇到阻碍时排除阻碍继续实行，那么处于分担地位的共谋者就不宜对实行犯为实行预定之罪而实施的排除阻碍的罪行承担责任。之所以如此，是因为处于支配地位的共谋者通常是犯罪的组织者、策划者、指挥者、命令者，该共谋者的共谋行为能够统领整个犯罪过程，支配实行犯的实行行为来完成犯罪，共谋之合意是以该共谋者的意思为中心建立起来的，所以即使发生了预定之罪以外的罪行，只要是为了完成预定之罪而实施的就能够认为是符合共谋者的意愿的。而对于分担型的共谋者就不能这样认为，在这种场合各参与谋议者为了实现特定的罪行结合在一起，各谋议者之间相互利用、相互依靠，他们彼此之间并不存在支配与被支配的关系，因此如果不能明确在遇到阻碍时排除阻碍继续实行，那就不能认为预定之罪以外的罪行也是未实行的共谋者所欲实施的。

2. 意思联络一致下的事实错误，即未实行的共谋者与实行犯在共同谋议过程中的意思联络一致，但实行犯具体实施的犯罪事实与合意范围内预定的罪行不一致的情况。虽然，在未实行的共谋者的共谋行为能够认为是与实行犯的实行行为相当的情况下，共谋共同实行犯就能成立，这样实行犯的认识错误能够对共谋者产生同样的影响。但是，如前所述共谋的共同实行犯毕竟不同于实行的共同实行犯，如即使在承认过失共同实行犯的场合也很难想象未实行的共谋者与实行犯能够构成过失共同实行犯，这是因为实行犯在由于认识错误而需要承担过失责任的场合是其在实行过程中对于其认识范围外的侵害对象确实存在过失心理，而这种过失心理并不能在共谋者未参与实行的场合直接转嫁于共谋者，易言之，行为之际的结果避免义务仅限于实际实施该行为的人，这也正是为什么有些学者认为过失的共犯论仅应在共同实行犯的范围内讨论的原因所在。因此笔者认为，原则上在实行犯的认识错误不阻却故意的场合，共谋者与实行犯构成对预定之罪既遂的共同实行犯，在实行犯的认识错误阻却故意成立的场合，共谋者与实行犯构成对预定之罪未遂的共同实行犯，而对于合意之外的侵害结果实行犯独自承担过失责任，并且无论是支配型的共谋者还是分担型的共谋者，在这一问题上都不应该有所区别，因为在这种场合错误的发生与共谋者无关。详言之，未实行的共谋者与实行犯之间意思联络所达成的合意是一致的，只不过是由于实行犯在具体实行过程中发生认识错误而导致发生了合意之外的结果，因此共谋者对于错误的发生并没有原因力。

二、承继共同实行犯个体性认识错误

（一）承继共同实行犯的概述

承继共同实行犯，是指在某一特定的犯罪中，在先行者着手实行后并于实行行为完成之前，后行者在明了先行者之行为情况后以共同实行的意思与先行者共同完成犯罪或者自己单独完成犯罪的犯罪类型。关于承继共同实行犯争议最大的问题主要是：第一，是否承认承继共同实行犯；第二，承继共同实行犯的责任范围。事实上，这两个问题是不可分割的，第二个问题可以认为是第一个问题的延伸。

1. 关于承继共同实行犯的学说主要有：肯定说、否定说和限制肯定说。[①] 肯定说的理由主要有：（1）认为特定的一罪具有整体性、不可分割性，因而即使仅参与实施部分实行行为，后行者也应当对于包括他介入前先行者的行为所造成的结果在内的全部罪行承担共同实行犯的责任。（2）认为后行者对先行者的行为及所造成的结果有利用的意思，因为后行者对先行者的意思、行为及所造成的结果有所认识，并以利用的意思实施后续的实行行为，故而能够认为后行者与先行者就整个行为形成共同的故意。（3）认为应当采取成立上的一体性与处罚上的个别性的立场，一方面，考虑到罪的整体性、不可分割性以及后行者的利用意思，在成立上应当持肯定说的观点；另一方面，承继共同实行犯的责任范围及处罚又与成立是不同的问题，特别是在结果加重犯的场合后行者与先行者的责任应该分别考量。否定说的理由主要有：（1）从行为共同说的立场加以批判。因为，即使后行者对先行者的行为有认识，甚至存在

① 参见陈家林著：《共同正犯研究》，武汉大学出版社2004年版，第230～238页。

利用的意思，但后行者毕竟没有参与实施先行者的行为，而后行者是无法与其参与之前的行为成立共同实行犯的。（2）从行为支配理论的立场否定。因为，无论从哪个角度考虑，后行者对于其参与前的行为都不可能存在行为支配的可能，因此不能承担共同实行犯的责任。（3）从因果共犯论的立场考虑。后行者的行为对于其参与前的行为及所造成的结果并没有原因力，因此不能对其参与前的行为承担共同实行犯的责任。（4）从犯罪共同说（包括部分犯罪共同说）的立场批判。因为，后行者缺乏对包括先行者行为在内的整体犯罪的共同实行的事实，并且后行者与先行者的意思联络也不是关于整体犯罪的共同实行的意思联络，因而没有必要设立承继共同实行犯的概念。限制肯定说的主张是，原则上后行者只对参与后的行为与先行者成立共同实行犯，但是在若干例外的情况下仍能够认定后行者对于全部犯罪事实成立共同实行犯。通常能够作为例外的情况有：（1）根据犯罪共同说的见解肯定结合犯作为例外的情况。因为，结合犯是独立成罪的犯罪类型，即使只参与了部分实行行为也能认为对结合犯的整体承担共同实行犯的责任。（2）根据行为共同说、因果共犯论的见解认为，如果参与前的行为在后行者参与后仍能够继续提供原因力，则后行者对全体行为承担共同实行犯的责任。（3）根据后行者与先行者的行为之间是否存在相互利用、相互补充的关系来判断，在肯定有这种关系的场合后行者能够对全体行为承担共同实行犯的责任，反之则不能。

2. 承继共同实行犯的责任范围。实际上，上述诸说已就该问题作了回答，只不过对后行者责任的认定还会受不同犯罪类型的影响，因此有必要进一步研究。（1）单一行为之罪的场合。这种场合后行者只要有积极利用的意思并能够与先行者的行为构成相互利用、相互补充的关系，则无论最后的结果是由谁的行为造成的，后行者都应对全部行为承担共同实行犯的责任。（2）复合行为之罪的场合。这种场合原则上只要先行者与后行者之间能够成立相互利用、相互补充的关系，后行者就能够对全体罪行承担共同实行犯的责任；但是，如果复合行为之间的联系并不密切，如杀人取财型的抢劫罪，就不能让后行者对先行者的杀人行为承担共同实行犯的责任。(3) 持续行为之罪的场合。这种场合，后行者只要对先行者的行为有所认识并以共同实行的意思加入就能对全体行为成立共同实行犯。(4) 结果加重犯的场合。这种场合，即使后行者与先行者之间能够形成相互利用、相互补充的关系，但如果重结果不是由后行者造成的，则后行者无须对该结果承担共同实行犯的责任；但是，如果无法分辨重结果是在后行者介入前还是介入后造成的，那么处理起来就相当困难了，但至少如果不能证明后行者对重结果有原因力，那么后行者就无须对该重结果承担共同实行犯的责任。

（二）承继共同实行犯个体性认识错误的处理

承继共同实行犯个体性认识错误，是指先行者与后行者之间关于共同实行行为的事实情况和法律意义的认识与实际不符的情况。因为，在承继共同实行犯的场合，意思联络发生在先行者着手实行后而尚未完成实行的过程中，这样就与原始的共同实行犯有所不同，因此需要特别研究。又因为消极的法律错误只能发生在意思联络的过程中，尽管先行者与后行者的意思联络发生在先行者着手实行之后且实行完成之前，但这对于二人对自己或对方的行为是否被法律许可的判断并无影响，因此本书只讨论承继共同实行犯事实认识错误的情况。

承继共同实行犯事实认识错误的特殊性主要表现在先行者与后行者之间的意思联络上，即后行者需要对先行者行为的相关情况有所认识，在此基础上二者对全体罪行形成合意。这样，如果后行者对于先行者行为的相关情况的认识发生错误，原则上合意不能成立，二者各自对自己的行为负责；当然如果先行者实施的罪行与后行者认识的罪行能够在同一犯罪构成内重合，合意就有可能在重合的范围内成立，当然至于是否实际成立还需要判断二者对于将要实施的罪行的认识是否一致。因为，后行者与先行者的意思联络是在犯罪未完成之前发生的，如果二者对于将要实施的罪行发生认识错误，那么即使后行者对于先行者的行为没有误认也不能成立共同故意。例如，甲欲强奸 A 而将 A 打昏，此时与甲熟识的乙经过，认为甲要实施抢劫，便以共同实行的意思在 A 的身上摸索财物，而甲并没有表示反对（例31），该案例中虽然甲对乙从 A 身上取财的行为有所认识，但并不能就此认为甲有共同实行的故意，甲与乙之间并没有形成相互利用、相互补充的关系，因此乙只构成盗窃罪，而甲若继续实施奸淫行为则构成强奸罪。再者，先行者与后行者意思联络不一致的另一个表现是后行者加入先行者的错误行为，即先行者的实行行为已经发生错误而后行者以共同实行的意思加入，这种场合二者也应分别对各自的行为负责。例如，甲欲杀 A，A 逃跑至山林中，甲追至山林中举枪向 A 射击却误中国家保护动物，乙途经至此以为甲要捕杀国家保护动物随即以共同实行的意思加入（例32）。

在意思联络一致的场合，对于先行者与后行者在继续共同实行的过程中发生认识错误的情况，原则上适用前述原始的共同实行犯认识错误的处理方法即可。但应当注意，即使在后行者单独完成后继实行行为的场合同样也可认为先行者与后行者都是实行的实行犯，不过这种场合是部分实行犯发生认识错误而效果及于全体。

第四章

教唆犯个体性认识错误[①]

教唆犯者，并不直接实施实行行为，而是通过实行犯的实行行为来实现其犯罪意图，这样教唆犯认识错误就主要表现为教唆犯与实行犯之间的认识错误。因此，有些学者将教唆犯认识错误定义为教唆者和被教唆者对教唆者的教唆行为和被教唆者的实行行为的事实情况或者在法律上的意义的认识与实际不符的情况。[②] 然而，教唆犯的具体形态是非常复杂的，依据我国刑法的规定，不只是教唆实行犯的场合教唆犯与实行犯之间可能发生认识错误，教唆教唆犯、教唆帮助犯、教唆组织犯的场合都有可能发生教唆者和被教唆者之间的认识错误，只不过这些错误只有在与实行犯发生联系的场合才有实际意义。

---

① 在我国刑法理论中研究教唆犯认识错误不是为了解决教唆者的可罚性问题，因为即使在否定教唆者与被教唆者之间共犯关系成立的场合，对教唆者也能够依据现行刑法第 29 条第 2 款的规定处罚。但也必须指出，第 29 条第 1 款与第 2 款规定在处罚上的不同，在被教唆者未犯教唆者教唆之罪的场合对教唆者的处罚绝对不能等同于被教唆者已经实施教唆者教唆之罪的情况，尽管在这两种情况下教唆者的主观恶性并没有不同，但在客观危害上却有较大区别，而忽视这种区别对二者处以相同之刑是不合理的。因此，笔者认为，在被教唆者未犯教唆者教唆之罪的场合必须考虑对教唆者从轻或减轻处罚，即使是“可以”情节也已经表明了立法者的倾向性，即在出现该情节的场合，法官应当首先考虑适用，如果不适用则必须充分说明理由。由此，研究教唆犯认识错误的目的是解决：首先，在发生错误的场合适用不同的错误论学说认定共犯关系是否成立及其成立范围；其次，在适用第 29 条第 1 款与第 2 款规定之间的处刑均衡性问题。

② 参见魏东著：《教唆犯研究》，中国人民公安大学出版社 2002 年版，第 145 页。

尽管教唆犯认识错误和帮助犯认识错误是不同的共犯认识错误类型，但二者在性质上有很多相同之处，所以日本学者通常将二者放在一起研究。我国也有学者采取相同的做法（刘明祥《刑法中错误论》第四章第三节），但笔者认为这样的做法并不妥当。因为，首先，我国现行刑法所规定的教唆犯具有两重性，而帮助犯并不具备；其次，教唆犯与帮助犯在构成上存在一定差异，如帮助犯可以分为事前帮助犯、事中帮助犯以及事后帮助犯（事前通谋于事后提供帮助的），可以说事前的帮助犯与教唆犯非常相似，但后两种帮助犯与教唆犯就有很大差别了，同样的情况还有通说对片面帮助犯的肯定、对片面教唆犯的否定等。因此，本书采取了将二者分开研究的做法。

关于教唆犯认识错误的分类，日本学者通常采取的分类方法主要有两种：第一种是根据错误是否发生在同一构成要件内，将教唆犯认识错误分为同一构成要件内的教唆犯认识错误和不同构成要件间的教唆犯认识错误；第二种是根据错误的内容，将教唆犯认识错误分为教唆犯客体认识错误、教唆犯对象认识错误以及教唆犯因果关系认识错误。[①] 我国学者采取的分类方法主要有以下几种：第一种是根据错误的主体，将教唆犯认识错误分为教唆者对自己的教唆行为的认识错误、教唆者对被教唆者的实行行为的认识错误、被教唆者对教唆者的教唆行为的认识错误以及被教唆者对自己的实行行为的认识错误；[②] 第二种是根据错误的性质，将教唆犯认识错误分为教唆犯事实认识错误和教唆犯法律认识错误；[③] 第三种是根据错误是否发生在同一犯罪构成内，将教唆犯事实认识错误分为同一犯

① 参见刘明祥著：《错误论》，法律出版社、日本成文堂1996年联合出版，第272页。

② 参见吴振兴著：《论教唆犯》，吉林人民出版社1986年版，第119~131页。

③ 参见陈兴良著：《共同犯罪论》，中国人民大学出版社2006年版，第334~340页。

罪构成内的教唆犯认识错误和不同犯罪构成间的教唆犯认识错误；[①] 第四种是根据错误发生的阶段，将教唆犯认识错误分为教唆阶段的教唆犯认识错误和实行阶段的教唆犯认识错误。[②] 上述不同的分类方法之间并不矛盾，都能够适用到教唆犯个体性认识错误的分类中。

第一节　教唆犯个体性事实认识错误

教唆犯个体性事实认识错误，是指教唆者或被教唆者对教唆者的教唆行为或被教唆者的实行行为的事实情况的认识与实际不符的情况。这种错误首先可以分为同一犯罪构成内的教唆犯个体性事实认识错误和不同犯罪构成间的教唆犯个体性事实认识错误。

一、同一犯罪构成内的教唆犯个体性事实认识错误

同一犯罪构成内的教唆犯个体性事实认识错误，是指教唆者或被教唆者对教唆者的教唆行为或被教唆者的实行行为的事实情况的认识与实际不一致，但这种不一致并没有超出同一犯罪构成的范围。该错误又可进一步分为教唆犯或实行犯的对象认识错误和实行犯的方法认识错误。

（一）教唆犯或实行犯的对象认识错误

简单地说，这种错误就是教唆者或者被教唆者意欲侵害的对象与实际侵害的对象不一致，但二者所反映的社会关系是相同的。通常，无论是教唆者的认识错误还是被教唆者的认识错误都能够导致对象认识错误发生。例如，甲重金雇用乙杀 A，把 A 的照片交给乙，并把 A 日常的活动场所告知乙，结果乙误把 B 当做 A 而杀死

---

① 参见刘明祥著：《刑法中错误论》，中国检察出版社 2004 年版，第 282 页。

② 参见沈琪、冯景旭：《教唆犯事实错误的认定与处理——以主客观相统一原则为立场》，载《法律适用》2007 年第 9 期。

(例1)。另外，教唆者和被教唆者都发生对象错误的可能也是存在的，如甲教唆乙杀A，误把B当做A指给乙，而乙又误把C当做B杀死（例2)。原则上无论是哪种原因导致发生同一犯罪构成内的对象认识错误都不能阻却故意成立，在我国刑法理论中无论是采取具体相一致说的主张还是采取犯罪构成形式要件相一致说的主张在这一问题上都没有争议。

但是，在德日刑法学界持具体符合说的学者却在处理例1的问题上产生了分歧。第一种主张认为，乙把B当做A而杀死对乙来说是对象错误不阻却故意，而对于甲来说则属于方法错误，并且因为乙并没有着手实施杀害A的行为，所以甲不成立故意杀人罪的教唆犯，如果甲对B的死亡有过失则应当构成过失致人死亡罪。第二种主张认为，甲成立故意杀人罪未遂的教唆犯，因为乙以杀A的意思实施了杀B的行为，这样乙就构成杀A的未遂，而乙杀A的行为又是甲教唆的。第三种主张认为，乙的错误属于对象错误不阻却故意，而甲将杀A的计划委托于乙，并且甲的教唆行为没有发生任何错误，因此乙的对象错误对甲来说同样也是对象错误，甲应当成立故意杀人罪既遂的教唆犯。第四种主张认为，应当根据乙是否遵从了甲的指示来判断甲究竟成立对象错误还是方法错误，如果乙遵从了甲的指示，那么甲就成立对象错误不阻却故意；如果乙没有遵从甲的指示，则甲属于方法错误阻却故意，就例1中的案情而言，应当说乙遵从了甲的指示，故而甲属于对象错误。第五种主张认为，如果乙的错误对于甲来说是可以预见的，那么甲负教唆既遂的责任；如果乙的错误对甲来说是不可预知的，则甲成立教唆未遂。[①]

对于上述复杂的甚至是令人费解的主张，笔者认为它充分反映了具体相一致说在判断标准上的不确定性。根据具体相一致说的主张，在对象错误的场合，行为人于行为之际所认识的对象与其行为

① 参见张明楷:《论具体方法错误》，载《中外法学》2008年第2期。

实际侵害的对象是一致的。例如，甲意欲杀害A并于行为之际把B当做A杀死，这样甲实施杀人行为时所认识的对象是B，并且也杀死了B，因此能够认定甲构成故意杀人罪既遂；而在方法错误的场合，行为人于行为之际所认识的对象与其行为实际侵害的对象是不一致的。例如，甲以杀A的意思向A开枪，却击中A身旁的B，致B死亡，这样甲行为时所认识的对象是，A但却将B杀死，因此应当认定甲构成对A的故意杀人罪未遂和对B的过失致人死亡罪，并且两罪是想象竞合的关系。可以看出，在行为人的认识对象与侵害对象之间搭建桥梁的是实行行为。但是，在持具体符合说的学者们关于例1的争论中，第一种主张采取了用教唆行为替换实行行为的做法，即认为甲的教唆行为指向的是A，而B的死亡是甲意料之外的结果，因此甲属于方法错误。但问题是，这样的替换是否有理论上的依据？教唆行为本非实行行为，并不会直面被害客体，教唆行为只有预定的对象而不可能直接侵害任何对象，教唆者只能借助于被教唆者的实行行为侵害其所预定的对象，这样被教唆者的错误所产生的效果理应由教唆者继受；而如果以教唆者教唆行为所预定的对象取代被教唆者实行行为所指向的对象，那么被教唆者只要没有侵害教唆者教唆行为所预定的对象，对教唆者而言就都属于方法错误，但这样一来在被教唆者发生对象错误的场合认定教唆者属于方法错误恐怕与共犯从属性说的见解不符，因为即使按照限制从属性说的主张，教唆者也应当在犯罪构成上从属于被教唆者。事实上，如果是间接实行犯的场合就不会产生上述争议，利用者完全能够继受被利用者的错误。但是，教唆犯并不具备间接实行犯那样的控制力，教唆者与被教唆者的实行行为之间介入了被教唆者的意思，虽然被教唆者的犯罪意图受制于教唆者，但他能够独立地掌控整个实行过程，因此才会有学者提出如果被教唆者遵从了教唆者的指示教唆者就能够继受被教唆者的认识错误所造成的后果，反之则不能，但这样的判断标准仍让人感到不够明确。

（二）实行犯的方法认识错误

这种错误是指在教唆犯教唆实行犯实施特定罪行的过程中，实行犯在对预定对象实施侵害行为之际，由于失误而导致对另外的对象造成意料之外的侵害，但侵害对象与该实行犯的行为所指向的对象所反映的社会关系是相同的。例如，甲教唆乙杀A并将A指给乙，而后乙向A开枪，却击中了A身旁的B，致B死亡（例3）。因为教唆者的教唆行为并不直接指向其意欲侵害的对象，所以对于被教唆者在实施教唆者教唆之罪的过程中发生的方法错误教唆者只能继受，或者是前述德日刑法学界中持具体符合说的学者所主张的在被教唆者发生对象错误的场合认定教唆者构成方法错误，但无论如何，没有被教唆者的认识错误教唆者都不可能发生方法错误。

对于例3的处理：

1. 具体相一致说的观点。该说认为，乙构成对A的故意杀人罪未遂、对B的过失致人死亡罪，两罪是想象竞合的关系；甲构成对A的故意杀人罪未遂的教唆犯。①

2. 犯罪构成形式要件相一致说的观点。该说认为，乙构成对B的故意杀人罪既遂，而对A的故意杀人罪未遂行为不再评价；甲构成对A的故意杀人罪既遂的教唆犯。

再者，教唆犯方法认识错误下并发案的解决。例如，甲教唆乙杀A并将A指给乙，而后乙向A开枪，将A打成重伤并将A身旁的B打死（例4）。

对于例4，具体相一致说的处理并没有不同之处；犯罪构成形式要件相一致说内部同样分为两种观点，即一故意说与数故意说。其中一故意说内部又分为两派主张：第一派主张与具体相一致说完

---

① 由于我国刑法理论中的通说不承认过失犯的教唆犯，因此甲不需要对乙过失致B死亡承担教唆犯的责任；再者，依据日本现行刑法的规定教唆未遂不可罚，为了避免这种情况，日本学者不得不对其理论进行修正，但这对于我国刑法理论并没有借鉴意义，因此不再介绍。

全一致；第二派主张则认为，乙构成对A的过失致人重伤罪、对B的故意杀人罪既遂，两罪是想象竞合的关系，甲构成对B的故意杀人罪既遂的教唆犯。数故意说认为，乙构成对A的故意杀人罪未遂、对B的故意杀人罪既遂，两罪是想象竞合的关系；甲分别构成对A的故意杀人罪未遂和对B的故意杀人罪既遂的教唆犯，两罪也是想象竞合的关系。

（三）分别发生对象错误与方法错误的处理

在教唆者教唆被教唆者实施犯罪的过程中，可能同时出现对象错误与方法错误的情况，如甲教唆乙杀A，误把B当做A指给乙，而后乙向B射击，却击中B身旁的C，致C死亡（例5）。

1. 具体相一致说认为，乙对B构成故意杀人罪未遂，对C构成过失致人死亡罪，两罪是想象竞合的关系；甲构成对B的故意杀人罪未遂的教唆犯。

2. 犯罪构成形式要件相一致说认为，乙对C构成故意杀人罪既遂；甲构成对C的故意杀人罪既遂的教唆犯。

对于上述各派观点的争论，笔者认为：

1. 具体相一致说。实际上，我国学者在适用具体相一致说处理教唆犯认识错误的过程中并未产生争议；[①] 但是与该说相对应，德日刑法学者所主张的具体符合说在适用中却反映出较大的问题，主要表现为在认定教唆者是对象错误还是方法错误的问题上缺乏明确的判断标准，支持具体符合说的学者们各从不同的角度论证分析自己的主张，但是说理都不够充分。第一种主张明显违反了共犯从属性说的见解。第二种主张是在没有实行行为的场合评价为未遂。第三种主张并没有对“为什么甲将杀A的计划委之于乙且在其教唆行为没有发生错误的情况下就能够继受乙的错误”加以论证说明，并且该说也没有充分考虑乙在行为中的意思的独立性。第四、

① 参见刘明祥著：《刑法中错误论》，中国检察出版社2004年版，第284～285页。

五种主张虽然提出了判断的标准，但第五种主张已经不属于错误论的范畴，因为如果甲能够预见到乙的错误，那么对甲来说他就没有发生认识错误；而第四种主张的判断标准也不明确，怎么样才算是遵从了教唆者的指示呢？是否被教唆者实施的行为只要在合意范围内都算是遵从了教唆者的指示，倘若如此该种主张就成了判断被教唆者的行为是否过限的问题了。笔者认为，之所以产生这些问题是具体符合说固有的弊端所造成的，而适用具体相一致说同样会产生类似的问题，虽然目前在我国刑法学界并不存在这样的争议，但这恐怕是我国学者还没有深入研究教唆犯认识错误的原因所致。

2. 犯罪构成形式要件相一致说。该说的问题依然体现在对并发案的处理上，其中一故意说中的第一派观点与具体相一致说完全一致；第二派观点所主张的“故意的转移”在教唆犯的场合恐怕更加难以在理论上解释清楚，因为教唆者并不实际实施犯罪，如果不是在实行的现场教唆者对实行犯的方法错误所造成的侵害结果根本没有预见的可能，这一点与共同实行犯有所不同，而在并发案的场合教唆者所欲侵害的对象已经受到被教唆者实施的实行行为的侵害，只不过未至既遂，在这种场合恐怕难以就教唆者无法预见之罪行追究他的故意罪责。而数故意说以被害客体的个数判断故意成立的个数同样不合理，这与共同实行犯的场合没有两样。

对同一犯罪构成内的教唆犯个体性事实认识错误的处理，本书仍然采取了犯罪构成形式要件相一致说的主张，而在处理并发案的场合采取了一故意说中的第二派观点。理由在于，首先，在并发案的场合对被教唆者应当在他所造成的两个侵害结果中选择能够使他意欲实施的犯罪达到既遂状态的那个结果，并就该结果认定被教唆者构成故意罪的既遂，这也是符合犯罪构成形式要件相一致说的本质的做法。其次，在并发案的场合被教唆者实施的罪行仍是由教唆者的教唆行为引起的，与被教唆者放弃教唆者教唆之罪转而实施与教唆者教唆之罪性质完全相同的罪行不同，被教唆者仍是在教唆者制造的犯意的控制下实施实行行为，不过是由于方法错误才造成了并发案的情况，故而仍能够认为被教唆者实际实现的罪行是教唆者教唆之罪，这样就能够对教唆者按被教唆者实际实现的罪行的教唆犯处罚。最后，考虑到对教唆犯的处罚根据一方面是教唆行为本身的危害性；另一方面是他惹起了被教唆者的罪行，故而刑法对教唆犯教唆故意中认识要素的要求不像实行犯那样严格，因此即使教唆者对被教唆者实际侵害的对象是无法预见的，但只要能够认定被教唆者实际实现的罪行是由教唆者的教唆行为引起的，那么就能够认定教唆者对该罪行负教唆犯的责任。

二、不同犯罪构成间的教唆犯个体性事实认识错误

不同犯罪构成间的教唆犯个体性事实认识错误，就是教唆者或被教唆者对教唆者的教唆行为或被教唆者的实行行为的事实情况的认识与实际不一致，并且这种不一致超出了同一犯罪构成的范围的情况。通常，发生这种错误的原因有以下几个方面：一是由于教唆者和被教唆者在意思联络上发生误解；二是被教唆者在实行过程中改变犯意转而实施其他犯罪；三是被教唆者在实行中发生认识错误。前两方面原因导致的错误属于教唆者和被教唆者意思联络不一致下的错误，第三方面原因导致的错误则是在教唆者和被教唆者意思联络一致的情况下被教唆者在实行过程中的错误。再者，不同犯罪构成间的教唆犯个体性事实认识错误的表现形式也可分为两个方面：第一，教唆者教唆之罪与被教唆者实施之罪在犯罪构成上完全相异，有的学者将这种情况称为非重合的实行过限；第二，教唆者教唆之罪与被教唆者实施之罪在犯罪构成上有重合关系，这种情况包括包容性重合和交叉性重合两种重合关系。此外，还有一种情况比较特殊，即虽然被教唆者实施之罪不是教唆者教唆之罪，但二者在犯罪构成上完全相同。例如，甲教唆乙到A家盗取A的财产而乙却到B的家中实施了盗窃行为（例6），对于这种情况是否属于教唆犯认识错误的研究范围，目前学者们的认识也并不一致。

（一）教唆者和被教唆者意思联络不一致下的错误

教唆者和被教唆者意思联络不一致下的错误，是指在教唆者教唆被教唆者的过程中教唆者和被教唆者对教唆内容的认识不一致，并且这种不一致超出了同一犯罪构成的范围。对于这种情况是否属于教唆犯认识错误的研究范围，学者间也是存在争议的，有的认为应当属于共犯成立与否以及成立范围的问题，有的认为应当属于共犯认识错误的范畴。通常，在被教唆者实施之罪与教唆者教唆之罪的犯罪构成完全相异的场合，依据日本现行刑法的规定无论采取哪种观点最终在处理结果上都没有多少差别，因为不仅教唆者与被教唆者不成立共犯关系的场合教唆者的教唆行为不可罚，而且由于错误阻却教唆者对实际发生的结果的故意的场合教唆者的教唆行为同样不可罚。① 同样，对于上述情况按照我国现行刑法的规定无论是适用共犯论还是错误论在处理结果上也没有两样，对教唆者适用共犯论否定共犯关系成立的场合是按照刑法第 29 条第 2 款的规定处罚；而适用错误论认定阻却教唆者对实际发生的结果的故意的场合同样是按照刑法第 29 条第 2 款的规定处罚，因为无论采取具体相一致说还是犯罪构成形式要件相一致说，在这种场合都不能认定被教唆者已经着手实行教唆者教唆之罪。但这样实际上就等于又回到共犯关系成立与否的问题上了，因为既然被教唆者未实施教唆者教唆之罪，那么教唆者与被教唆者之间不成立共犯关系是当然的结论。因此笔者认为，应当将被教唆者实施之罪与教唆者教唆之罪的犯罪构成完全相异的情况作为共犯成立与否的问题处理，而将两者间存在重合关系的情况作为教唆犯认识错误的问题处理。

1. 被教唆者实施过限行为的场合对教唆者责任的认定。例如，甲教唆乙实施抢夺，结果乙发生误解实施了抢劫行为（例 7）；或者恰恰相反，甲教唆乙实施抢劫，而乙发生误解实施了抢夺行为

---

① 参见刘明祥著：《错误论》，法律出版社、日本成文堂 1996 年联合出版，第 279 页。

(例8)。前者属于实行过限，后者属于实行减少。

(1)具体相一致说的观点。该说认为，教唆者教唆之罪必须与被教唆者实施之罪在与犯罪构成相关的事实上具体一致，教唆故意才能成立。这样，无论是实行过限还是实行减少，由于教唆者教唆之罪与被教唆者实施之罪在与犯罪构成相关的事实上具体不一致，因此教唆者对实际发生的结果无须承担故意责任，仅在有过失的场合存在过失责任的认定问题，而对于所教唆之罪教唆者只成立教唆未遂。对于这种情况，因为德日现行刑法既不处罚教唆未遂又不处罚过失教唆，所以这样一来教唆者的教唆行为就得不到任何处罚，为了避免这种不合理的现象，其国内持具体符合说的学者不得不采取若干变通措施。例如，将实行过限区分为质的过限与量的过限，并认为在后者的场合不阻却教唆者的故意责任。[①] 但是，首先，质的过限与量的过限之间的区分标准并不明确，若采取构成要件为标准，那么就与非重合的过限、重合的过限没有差别，若采取其他标准，则在说理上难以解释清楚。其次，即使在构成要件上有重合的场合，若贯彻具体符合说的主张也无法认定教唆者教唆之罪与被教唆者实现之罪具体一致，在重合的限度内认定教唆故意成立不过是法定符合说的结论，这样论者所采取的变通措施实际上是放弃了具体符合说的立场。但是，依据我国现行刑法的规定，即使采取具体相一致说也不会产生上述不合理的现象，因为按照该说的主张，在被教唆者实施过限行为的场合教唆者构成教唆未遂，因为即使被教唆者实施之罪与教唆者教唆之罪在犯罪构成上有重合关系，如果贯彻该说的主张也无法认定被教唆者已经着手实行教唆者教唆之罪，但是对教唆者仍能够按照刑法第29条第2款的规定处罚。

(2)犯罪构成形式要件相一致说的观点。该说认为，教唆者教唆之罪只要能够与被教唆者实施之罪在犯罪构成要件上有重合之

---

① 参见刘明祥著：《错误论》，法律出版社、日本成文堂1996年联合出版，第281页。

处，就能够在重合的范围内肯定教唆故意成立。这样，依据我国现行刑法的规定，对教唆者应当按照刑法第 29 条第 1 款的规定处罚。在日本刑法理论中，与该说相对应的法定符合说也是通说的观点，因为依据该说的主张就不会发生在被教唆者实施过限行为的场合对有重合关系的教唆者的教唆行为无法处罚的现象。然而，该说的主张在处理教唆者教唆之罪与被教唆者实施之罪在犯罪构成上属于包容性重合关系的场合是妥当的，但在两罪处于交叉重合关系的场合是否仍然合理则存在疑问。例如，甲教唆乙实施诈骗行为骗取 A 的财产，结果乙却实施了招摇撞骗的行为骗取了 A 的信任并获得一定地位（例 9）。在例 9 中，诈骗罪与招摇撞骗罪在犯罪构成上属于交叉重合关系，那么是否就能够据此认定乙已经着手实施了甲所教唆之罪、甲和乙构成共同犯罪呢？在这种场合，对乙应当按招摇撞骗罪处罚自不待言。如果否定共犯关系成立，则对甲应当按诈骗罪的教唆未遂适用刑法第 29 条第 2 款的规定处罚；如果肯定共犯关系成立，则对甲无论是按招摇撞骗罪的教唆犯处罚还是按诈骗罪未遂的教唆犯处罚恐怕都不妥当。若按招摇撞骗罪的教唆犯处罚甲，一方面与甲的主观恶性不相适应，容易轻纵罪犯；另一方面甲所欲者乃是 A 的财产，乙所实施的行为是非法获得 A 的信任而为自己骗取一定地位，两罪侵害的客体存在本质的差别，因此如何能够认定甲对乙的招摇撞骗行为承担教唆犯的责任在理论上是难以充分说明的。① 若按诈骗罪未遂的教唆犯处罚甲，那么就必须能够将乙所实施的骗取他人信任从而为自己获得一定地位的行为视为诈骗他人财产的行为，但这恐怕也是说不通的。因此，笔者认为对于教唆者教唆之罪与被教唆者实施之罪在犯罪构成上处于交叉重合关系且两罪罪质不同的情况，适用具体相一致说否定他们共犯关系成立，

---

① 如果两罪的罪质相同，还是有可能成立共犯关系的，由于即使教唆者教唆之罪与被教唆者实施之罪在非重合关系下也可能存在罪质相同的情况，因此本书将专门讨论在两罪罪质相同的情况下对教唆犯的责任认定问题。

对教唆者按教唆未遂适用刑法第29条第2款的规定处罚更为妥当。

再者，在日本刑法理论中，还有学者从抽象符合说的立场解决在被教唆者实施过限行为的场合对教唆者的责任认定问题，目前抽象符合说中较有代表性的观点是合一评价说。依据该说，在被教唆者实行过限的场合，教唆者对于教唆之罪构成教唆未遂，对被教唆者实现之罪构成过失教唆，假定二者都为既遂并按照重的实现之罪定罪而按照轻的教唆之罪处罚；在被教唆者实行减少的场合，教唆者对于教唆之罪构成教唆未遂，对被教唆者实现之罪成立教唆既遂，并且因为重罪的教唆未遂不可罚，所以教唆者只对实现之罪负教唆犯的责任。[①] 可以看出，该说的特点主要是在实行过限的场合对教唆犯按重罪定罪按轻罪处罚，即重罪的罪名与轻罪的法定刑合一评价。在我国刑法学界，并没有与合一评价说对应的理论，而且由于该说过于抽象并且极不合理，特别是该说置构成要件的限制作用于不顾而将罪名与法定刑分割开的做法最为人诟病，所以即使在日本该说也属于少数说的见解。但是，该说所试图解决的处刑不均的问题在我国司法实践中也同样有所体现。因为，通常在教唆者教唆之罪与被教唆者实施之罪有包容性重合关系的场合，无论被教唆者实行过限还是实行减少都能够认为被教唆者已经着手实施教唆者教唆之罪，如上述例7、例8中的情况，在这种场合按照犯罪构成形式要件相一致说的主张就应当在两罪重合的范围内按轻罪的既遂处罚教唆者，但问题是在被教唆者实行减少的场合仅按被教唆者实现之罪处罚教唆者恐怕不当，我国刑法理论历来强调主客观相统一原则，在教唆犯的场合该原则就表现为教唆故意与教唆行为的统一，而被教唆者实际实现的轻罪并不能反映教唆者的主观恶性。例如，甲教唆乙抢劫而乙却实施了抢夺（例10），如果仅按被教唆者实现的轻罪处罚教唆者，这无疑是置教唆者的主观恶性于不顾的做

① 参见刘明祥著：《错误论》，法律出版社、日本成文堂1996年联合出版，第282～283页。

法。因此，笔者认为在被教唆者实行过限的场合应当适用犯罪构成形式要件相一致说来认定教唆者的责任，肯定教唆者与被教唆者的共犯关系，对教唆者按其所教唆之罪适用刑法第 29 条第 1 款的规定处罚，这样不仅符合“部分犯罪共同说”的见解，同时也符合“犯重罪而不知其重者不得以重罪处罚”的原则；但在被教唆者实行减少的场合则应当适应具体相一致说来认定教唆者的责任，否定教唆者与被教唆者的共犯关系，对教唆者仍按其所教唆之罪适用刑法第 29 条第 2 款的规定处罚，这样就能够与教唆犯的主观恶性相适应了。并且，笔者认为采用这样的做法也是符合主客观相统一原则的要求的。① 另外，在被教唆者实行过限的场合如果教唆者对于被教唆者实现的重结果有过失，那么对教唆者就应当按其所教唆之罪的结果加重犯处罚，如甲教唆乙伤害 A 而乙却将 A 杀死（例 11），由于这种情况涉及结果加重犯的问题，本书将在最后一章讨论。

2. 两种特殊情况下对教唆者责任的认定。第一种情况是被教唆者实施之罪与教唆者教唆之罪的犯罪构成完全相同，但却并非教唆者教唆之罪。例如，甲与 A 有仇，重金聘请乙杀 A，将 A 的照片交给乙，并将 A 日常出没的场所告知乙，乙在侦查 A 的行踪、选择犯罪场所的过程中发现 A 的妻子 B 是曾经抛弃自己的恋人，乙出于对 B 的仇恨放弃了杀 A 的行为转而实施杀 B 的行为，最终将 B 杀死（例 12）。第二种情况是被教唆者实施之罪与教唆者教唆之罪之间虽然不构成包容性的重合关系，但两罪的罪质相同。例如，甲教唆乙实施诈骗行为骗取 A 的财产，结果乙到 A 的家中骗 A 说其儿子在某地出了车祸，A 急忙从家中赶去，乙则借机在 A 的家中实施了盗窃行为盗走 A 的财产（例 13）。

① 我国刑法理论中的主客观相统一原则不应当限定在基本的犯罪构成所预定之故意与实行行为之间的统一，还应当包括修正的犯罪构成所预定之故意与类型化的行为之间的统一，如教唆故意与教唆行为的统一、帮助故意与帮助行为的统一等。

（1）对于第一种情况，有的学者认为不属于错误论的问题，而应当是判断教唆者的教唆行为与被教唆者的实行行为之间有无因果关系的问题，在能够肯定因果关系的场合甲构成故意杀人罪的教唆犯，反之则甲构成教唆未遂；有的学者从具体相一致说的立场判断，认为甲属于方法错误，不能让甲对B的死亡负故意罪责；有的学者从犯罪构成形式要件相一致说的立场判断，认为乙的行为不能视为是由甲的教唆引起的，故而甲仍只构成教唆未遂。笔者认为，从理论上来说被教唆者在实行犯罪过程中改变犯意或者另起犯意转而实施其他罪行原则上应当阻却共犯关系，教唆者只对其教唆之罪承担教唆未遂的责任。但如果能够认定被教唆者实施之罪是教唆者教唆之罪，那么教唆者与被教唆者就能成立共犯关系，教唆者应当对被教唆者实施之罪承担教唆既遂的责任。因此，关键在于如何判断被教唆者实施之罪就是教唆者教唆之罪。如果是例6的情况，这样的认定并不困难，因为尽管甲的教唆故意是指向A的财产，但就本案而言无论是A家的财产还是B家的财产都是甲所能接受的。但如果对例6稍作改变，甲教唆乙去A家中盗取一幅绝世名画，乙认为难以实现，于是去B家盗走几千块钱（例14）。在例14中，恐怕就难以认定乙盗窃B家的几千块钱是甲所能接受的，因此就不能认为乙盗窃B家财产的行为是甲所教唆之罪，并且如果仅让甲对乙盗窃几千块钱的行为负教唆既遂的责任，则无异于忽略了甲盗窃重大财产的故意，也会造成处刑不均的现象，因此在这种场合应当认定甲构成对A的绝世名画的盗窃罪的教唆未遂。

更为复杂的情况是甲教唆乙杀A，乙误把B当做A杀死，乙发现杀错了人后随即又把A杀死（例15），又或者是在乙杀A的过程中A的妻子B突然出现阻拦，乙将A、B全部杀死（例16）。在例15、例16中，甲对A构成故意杀人罪的教唆犯并无疑问，但对B是否同样能够认定甲构成故意杀人罪的教唆犯则存在争议。对于例15中的情况，由于乙杀B的行为属于对象错误，因此甲应当对B的死亡承担故意杀人罪的教唆犯的责任，而乙杀A的行为又是甲所教唆之罪，因此甲对A也构成故意杀人罪的教唆犯，但因为甲只教唆了一个故意杀人行为，所以对甲应当按想象竞合犯处理。对于例16中的情况，有些日本学者从合意是否严密的角度判断，如果甲在教唆乙杀A的过程中意思表示不严密，即对于乙在杀A的过程中遇到其他人阻碍的情况应当如何处理没有明确，那么只要乙的行为是为了完成甲教唆之罪所必须实施的，甲就应当承担教唆犯的责任；如果甲非常明确表示只杀A一人，遇到其他人阻碍时被教唆者就应当另选时机完成犯罪，那么甲就不需要对乙杀B的行为承担责任。但笔者认为，该学者的观点并不妥当。因为，如果贯彻该学者的观点，那么在例16的情况中如果乙为了排除阻碍而只把B打成重伤，甲也要对乙故意伤害B的行为负教唆犯的责任，这样的结论显然是不合理的。因此，只有当被教唆者的过限行为是为了完成犯罪所必需的，并且在教唆者也有认识的情况下才能够认定教唆者对被教唆者的过限行为负教唆犯的责任。因为，如果教唆者认识到被教唆者在实施他所教唆之罪的过程中可能遇到阻碍，而依然唆使被教唆者完成他所教唆之罪，那么事实上就等于是以默示的方式教唆被教唆者尽一切可能排除障碍完成犯罪。至于判断“为了完成犯罪所必须实施的”标准，通常要根据行为人于行为之际所面临的客观情况具体判断是否不实施该行为预定犯罪就不能完成，如例16中的情况由于A的妻子B阻拦乙杀A，所以乙若不杀B就不能完成杀A的行为，但如果乙为了杀A而实施了盗窃枪支的行为，就不能认为乙盗枪的行为是为了完成杀A的行为所必须实施的，在这种场合并不存在必须实施的必要性。

（2）对于第二种情况，日本刑法理论中的通说采取的是罪质符合说的主张，认为在教唆者教唆之罪与被教唆者实施之罪罪质相同的场合，即使两罪的构成要件完全相异也不阻却教唆者教唆故意的成立，并且其国内判例对于通说的观点也采取了支持的态度。在我国刑法理论中并没有与罪质符合说对应的学说，对于例13中的情况，通说认为乙所实施之罪与甲所教唆之罪在犯罪构成上完全相异，故而甲和乙不能成立共犯关系，对乙应当按盗窃罪处罚，对甲应当按诈骗罪的教唆未遂依据刑法第29条第2款的规定处罚，只不过对甲可以不适用该条款“从轻或者减轻处罚”的规定。实际上，通说已经注意到了在这种情况下对甲适用“从轻或减轻处罚”的规定不妥当，但问题是如何能够说明对甲不适用从轻或者减轻处罚的理由？笔者认为，如果不从罪质符合说的立场论证就无法说明这一问题。就本案的情况而言，甲所欲者无非是A的财产，并且教唆乙实施诈骗行为作为获取A财产的手段，乙接受了甲的教唆且在与甲达成合意的问题上并没有错误，而只不过是在具体的实行中在手段上作了变更，最终以盗窃的手段获得了A的财产。虽然，乙变更实行方式对甲而言确实属于错误，但首先，甲所教唆之罪与乙所实施之罪的侵害客体和法定刑基本相同，并且诈骗行为与盗窃行为都属于非暴力性的取财行为，二者在行为本身所具有的社会危害性上比较类似。其次，甲和乙的意图也完全相同，即都是为了获取A的财产，并且乙获取A的财产的意思是由甲的教唆行为引起的，乙只不过是在实现他的意图的过程中变更了甲所教唆的行为，又因为乙所实施的行为与甲所教唆的行为在罪质上相当，所以就能够认定甲对乙实施的盗窃行为负教唆犯的责任。如果对本案稍作改变，道理就会更加明了，甲教唆乙实施诈骗行为骗取A的财产，结果乙到A家之后发现A并不在家，乙随即实施盗窃行为取得了A的财产（例17）。在这种情况下，可以认为甲的意思是以温和的、不易被他人发现的方式获得他人财产，因此即便是乙以盗窃行为取代了诈骗行为也能够认为是符合甲的意愿的。因此，如果教唆者教唆之罪与被教唆者实施之罪的罪质相同，那么即使两罪的犯罪构成完全相异也应该认定教唆者对被教唆者实施之罪的教唆故意成立。

一般来说，如果被教唆者实施之罪与教唆者教唆之罪的罪质不同，那么就不能认定二者成立共犯关系。例如，甲教唆乙实施诈骗行为骗取A的财产，而乙觉得诈骗难以得手，随即决定实施抢劫行为取得A的财产（例18）。对于这种情况，由于甲教唆之罪不仅与乙实施之罪的犯罪构成完全相异，而且两罪的罪质也不相同，所以不能认定两人成立共犯关系，乙独自负抢劫罪的责任，甲构成诈骗罪的教唆未遂并按刑法第29条第2款的规定处罚。但问题是在例18中，如果乙将抢来的财产分给甲一部分，那么对甲和乙应当如何处理？因为在例18中甲和乙并不构成共同犯罪，乙将抢来的财产分给甲是不能作为共犯内部的分赃处理的，那么甲接受乙抢得财产的行为就只能按窝赃罪处罚，尽管甲和乙于事先有通谋，但二者的合意仅限于诈骗行为，这样甲就分别构成诈骗罪的教唆未遂和窝赃罪，并且应当数罪并罚。

（二）教唆者和被教唆者意思联络一致下的错误

这种错误是指教唆者在教唆被教唆者的过程中与被教唆者达成一致，而被教唆者在实行犯罪过程中由于错误导致了合意之外的结果，并且实际侵害的结果与预定侵害的结果所反映的社会关系不同的情况。对于这种错误，因为被教唆者已经进入实行阶段，依据我国刑法理论的通说在这种场合教唆犯的责任应当从属于实行犯，所以原则上对于实际发生的结果在实行犯阻却故意的场合，教唆犯的教唆故意也不成立，在能够认定实行犯成立故意的场合，教唆犯也成立教唆故意。例如，甲教唆乙捕杀国家保护动物，乙误把山林中采药的A当做野生动物而射杀（例19）。在这种情况下，乙构成非法猎捕珍贵野生动物罪的未遂，甲构成该罪的教唆犯，而对于A的死亡乙在有过失的场合构成过失致人死亡罪，并且乙所构成的两罪是想象竞合的关系。问题是，甲对A的死亡是否也应当承担责任呢？有的学者认为，如果甲对A的死亡主观上有过失，则也应当负过失致人死亡罪的责任，只不过因为通说不承认过失的共犯，所以甲和乙应当分别对A的死亡负过失责任。[①] 笔者认为，该学者的观点并不妥当，教唆行为并非实行行为，对于A死亡的避免义

① 参见刘明祥著：《刑法中错误论》，中国检察出版社2004年版，第294页。

务只在乙开枪射杀国家保护动物之际才存在，该学者的观点实际上是以教唆行为替换实行行为的做法。再者，在非共同犯罪的情况下对于一个死亡结果是难以存在数个既遂之罪的。这样，对于合意下纯粹的实行过程中的错误，教唆犯能够完全从属于实行犯的故意罪责并按现行刑法第29条第1款的规定处罚。

第二节　教唆犯个体性法律认识错误

一、教唆犯个体性法律认识错误的表现形式

教唆犯个体性法律认识错误，是指在教唆者教唆被教唆者实行犯罪的过程中，教唆者或被教唆者对教唆者的教唆行为或被教唆者的实行行为在法律上的意义的认识与实际不符的情况。从理论上说，教唆犯个体性法律认识错误不仅包括对行为不被法律许可的认识错误，还包括对罪名或刑罚的认识错误。例如，甲教唆乙在生产奶粉的过程中添加过量的三聚氰胺，案发后甲和乙认为自己的行为构成以危险方法危害公共安全罪（例20）。但是，教唆者或被教唆者对罪名或刑罚的认识错误对其自身所应承担的刑事责任并无任何影响，在本案中对甲和乙究竟按何罪处罚并不以他们对罪名或刑罚的认识为限，而是应当考察他们主观上有无危害公共安全的故意以及对三聚氰胺的毒性的认识。而消极的法律认识错误则有所不同，因为本书采取的是不可归责于行为人的法律错误阻却故意说，所以无论教唆者还是被教唆者在对自己的行为是否为法律允许的认识上发生错误都可能会对其罪责产生影响。再者，应当指出的是，消极的法律认识错误只能发生在教唆者教唆被教唆者的阶段，因为被教唆者决意实施行为之际就已经认识到该行为是否被法律许可，且这种认识在行为没有发生变化的场合并不会随着实行行为的进行而改变。

对教唆犯个体性法律认识错误可以根据不同的标准进行划分，

主要有：以发生错误的主体为标准分，为教唆者法律认识错误和被教唆者法律认识错误；以错误是否能够归责于行为人为标准，分为可归责于教唆者或被教唆者的法律认识错误和不可归责于教唆者或被教唆者的法律认识错误；以认识的对象为标准，分为对教唆行为在法律上的意义的认识错误和对被教唆者的实行行为在法律上的意义的认识错误。当然，这三种不同的分类方法同样可以交叉适用以获得更多的种类，计算下来也有 8 种之多。

二、教唆犯个体性法律认识错误的处理

（一）教唆者法律认识错误

教唆者法律认识错误，是指教唆者对自己的教唆行为或对被教唆者的实行行为在法律上不被许可的认识与实际不符的情况。

1. 教唆者对自己的教唆行为是否违反法律发生误认。例如，甲擒获一名正在作案的小偷，乙唆使甲痛打小偷解气，结果甲将小偷打伤（例 21）。在这种场合，乙认为抓住小偷痛打一顿是人之常情，只要不把小偷打死或打成重伤就不属于犯罪行为，因此乙认为自己唆使擒获小偷的甲痛打小偷不应当构成犯罪。对于这种情况，首先，应当判断乙的认识错误是否能够归责于乙。一般来说，即使是犯了罪的人也没有人有权利对其进行殴打，普通民众对于这一点都是明白的，只不过通常认为在这种情况下实施轻度殴打行为不至于构成犯罪，但是法律错误是关于行为是否被法律允许的误认而不是对自己的行为是否构成犯罪的误认，因此乙应当对其行为承担刑事责任。其次，应当判断甲是否发生法律错误以及是否应当承担罪责。就本案来说，甲同样应当认识到其行为不被法律允许，因此甲也应当对其实施的殴打行为承担故意罪责。这样，甲就构成故意伤害罪，乙构成该罪的教唆犯。

2. 教唆者对被教唆者的实行行为是否违反法律发生误认。例如，甲欠了一大笔钱无力偿还，甲的妻子乙得知甲的父亲有一幅名贵字画，便劝甲用字画抵债，甲面露难色说：“父亲肯定不会答

应。”乙唆使甲将画盗出并对甲说：“画早晚不都是你的，你是他儿子，他不能拿你怎么样。”而后甲将画盗出偿还债务（例22）。在本案中，乙认为尽管画是甲父亲的，但早晚都会由甲继承，因此甲将画盗出偿还债务并不构成犯罪。但是，无论甲还是乙对于画的所有权的归属都有着明确的认识，也就是说两人知道自己的行为是法律不允许的，只不过认为甲的父亲不会追究甲盗画的行为，但这样的认识显然不能否定两人的违法性意识，因此对两人都应当追究盗窃罪的责任。

（二）被教唆者法律认识错误

被教唆者法律认识错误，是指被教唆者对教唆者的教唆行为或对自己的实行行为在法律上不被许可的认识与实际不符的情况。

1. 被教唆者对教唆者的教唆行为是否违反法律发生误认。例如，甲教唆未满16周岁已满14周岁的乙奸淫未满14周岁的幼女A，乙认为A是自愿与自己发生性关系的，因此自己的行为不构成强奸罪，而且自己未满16周岁，所以不需要对奸淫幼女的行为负责（例23）。在本案中，乙认为甲唆使自己实施的行为属于奸淫幼女的行为而不是强奸行为，又因为自己未满16周岁，因此不需要承担奸淫幼女罪的刑事责任。对于这种情况，由于奸淫幼女的行为是强奸罪的客观表现之一，乙明知A是幼女并与之发生性关系就已经符合了奸淫幼女的行为特征，只不过对于奸淫幼女的行为是否属于强奸行为发生了误认。但考虑到乙发生误认的原因并非不知道奸淫幼女的行为是法律不允许的，而只是误认为自己未满16周岁不需要对奸淫幼女的行为负刑事责任，但是这样的误认同样不能排除乙的违法性意识，所以甲和乙都应当承担强奸罪的刑事责任。

2. 被教唆者对自己实施的实行行为是否违反法律发生误认。例如，甲重金聘请猎户乙为其捕杀国家保护动物，乙并不知道甲要自己捕杀的是国家保护动物而欣然答应，并为甲捕杀了大量的国家保护动物（例24）。在本案中，乙对甲让自己捕杀的对象有着清楚的认识，只不过不知道该对象是国家保护动物，所以认为甲雇用自己实施的是合法的狩猎行为。对于这种情况，就需要判断乙的错误能否归责于乙，即以乙于行为之际的具体认识为依据，从乙的立场判断是否能够认识甲要乙捕杀的对象是国家保护动物。在无认识的场合乙的行为不构成犯罪，对甲应当按照间接实行犯处理；在有认识的场合乙构成非法猎捕珍贵野生动物罪，甲构成该罪的教唆犯。

通过上述分析可以看出，排除合意不一致的情况，教唆行为的内容实际上就是实行行为的内容，这样除了教唆者或被教唆者个人所具备的阻却可罚性事由（如身份、责任能力等），二者对于教唆者的教唆行为和被教唆者的实行行为在法律上的意义的认识是一致的。例如，在例 24 中乙没有认识到甲让自己捕杀的对象是国家保护动物，所以认为甲雇用自己实施的行为是合法的狩猎行为。因此，在实践中可以一并考察教唆者或被教唆者对教唆者的教唆行为和被教唆者的实行行为在法律上的意义的认识。

第三节　教唆犯个体性认识错误之其他问题

一、教唆犯与间接实行犯间的认识错误

教唆犯与间接实行犯间的认识错误，简言之，就是由于认识错误，教唆者以教唆的意思实现了相当于间接实行犯的利用行为的效果，或者是利用者以利用的意思实现了相当于教唆者的教唆行为的效果。前者主要表现为教唆者对被教唆对象的认识错误，如误把无责任能力者当做有责任能力者而教唆；后者则主要表现为利用者对被利用对象的认识错误，如误把有责任能力者当做无责任能力者而利用。另外，还有一种情况比较特殊，即不知情的被利用者中途成为知情者，对于这种情况的定性目前学者们的认识并不一致。

（一）教唆者或利用者对被教唆或被利用对象的认识错误

首先是教唆者对被教唆对象的认识错误。发生这种错误的场合，教唆者主观上有教唆他人犯罪的故意，客观上实施了教唆行

为，只是因为对被教唆对象是否具有责任能力的认识发生错误而使他实施的教唆行为在客观上起到了间接实行犯的利用行为的效果。例如，甲以为乙已成年便唆使乙杀害 A，而实际上乙并未满 14 周岁（例 25）。对该错误的处理，国内外学者的观点各有不同。

在日本刑法学界共有三种观点：第一种观点是主观说，该说认为由于日本现行刑法第 61 条第 1 项规定，对教唆犯应当作为正犯处罚，因此行为人既然有教唆故意并实施了教唆行为就应当按教唆犯处罚；第二种观点是客观说，该说认为行为人客观上实现的是间接正犯的利用行为，主观上必然有正犯的故意，因此应当作为间接正犯处罚；第三种观点是折中说，该说认为由于教唆故意轻于间接正犯之故意，根据日本现行刑法第 38 条第 2 项规定的旨趣（即犯重罪而不知其所重者不得以重罪处罚），将教唆故意与间接正犯之事实联系起来按较轻的教唆犯处罚。[①] 另外，德国学者弗兰克提出，在教唆者对被教唆对象是否具有责任能力的认识发生错误的场合，应当阻却教唆者的故意罪责，并检讨教唆者主观上是否存在过失，在有过失的场合对教唆者按过失犯处罚。[②] 在我国刑法学界，较有代表性的观点有以下三种：第一种观点认为，发生这种错误的场合行为人主观上有教唆的故意，客观上实施了教唆行为，就此来看行为人的主观与客观是相符合的，只不过由于对被教唆对象的责任能力的认识错误使教唆者的行为在客观上起到了间接实行犯的利用行为的效果，但并不能就据此对行为人按间接实行犯处罚，因为行为人的主观故意与客观事实只是具体的不符合，而从抽象的角度来看仍能够认为是符合的。[③] 第二种观点认为，在以为被教唆对象具有责任能力而实际上不具有责任能力的场合，对教唆者只能在主

① 参见［日］大塚仁著：《刑法概说（总论）》，冯军译，中国人民大学出版社 2003 年版，第 293～296 页。

② 参见王觐著：《中华刑法论》，中华印书局 1933 年版，第 720 页。

③ 参见陈兴良著：《共同犯罪论》，中国人民大学出版社 2006 年版，第 339～341 页。

客观相统一的范围内按教唆犯处罚。[①] 第三种观点认为，对于这种错误应当按行为人实际起的作用处罚，因为我国刑法是根据共犯人在共同犯罪中所起的所用进行分类的，教唆者发生错误的场合其教唆行为所起的作用乃是将被教唆对象作为工具利用，故而应该按间接实行犯处罚。[②]

其次是利用者对被利用对象的认识错误。因为间接实行犯有多种表现形式，所以利用者对被利用对象的认识错误也各有不同，如对他人责任能力的认识错误、对他人行为合法性的认识错误等，但只有在利用者对他人责任能力的认识发生错误的场合才能够与教唆犯产生联系。发生这种错误的场合，利用者主观上有利用无责任能力的人为自己实施犯罪的故意、客观上实施了利用行为，但由于对被利用对象是否具有责任能力的认识发生错误而使其实施的利用行为实际上起到了教唆行为的效果。例如，甲以为乙未满 14 周岁而唆使乙杀害 A，而实际上乙已满 16 周岁（例 26）。对于这种错误的处理，国内外学者的见解亦不相同。

在德日刑法学界，较有代表性的观点有：第一种观点是主观说，该说认为这种错误并不重要，因为尽管间接正犯之故意与教唆故意不同，但根据法律的规定无论是间接正犯还是教唆犯都能够作为正犯处罚，这样就可以认为行为人实际实现的行为与他的故意相适应，故而应当按间接正犯处罚。第二种观点是客观说，该说认为行为人究竟是构成正犯还是共犯应当由裁判官于事后判断，而不属于行为人主观故意的内容，故而在这种情况下应当根据行为人之行为实际产生的效果来处罚行为人，即按教唆犯处罚。第三种观点是折中说，该说认为上述两说都只片面地考虑了主观或客观一个方面，均不足取，并因为较重的间接正犯之故意能够包含较轻的教唆

① 参见张明楷：《刑法学》（第 2 版），法律出版社 2003 年版，第 357 ~ 358 页。

② 参见吴振兴著：《论教唆犯》，吉林人民出版社 1986 年版，第 129 ~ 130 页。

故意，所以应在主客观相统一的范围内按较轻的教唆犯处罚。[①]我国学者的主张也可以分为三种观点：第一种观点认为，发生这种错误的场合行为人主观上有利用他人实现犯罪的间接实行之故意，客观上实施了利用行为，尽管其行为实际上所起的是教唆行为的效果，但也并不影响其行为的性质，若按教唆犯处罚则由于被教唆者与教唆者之间并没有共同犯罪之故意，那么对教唆者就只能按教唆未遂处罚，故而不妥当。[②]第二种观点认为，虽然我国刑法是按作用对共犯人进行分类的，但从共犯成立与否的角度考察，仍有必要区分间接实行犯与教唆犯，在以间接实行的意思实现了教唆行为的效果的场合，应当在主客观统一的范围内对行为人按教唆犯处罚。[③]第三种观点认为，无论何种类型的间接实行犯认识错误均应当按间接实行犯定罪处罚，因为无论是教唆犯还是间接实行犯都是利用第三者来实现自己的犯罪目的，发生上述错误的场合对行为人按间接实行犯处罚也可以避免将其当做共犯人看待。[④]

对于德日学者的争议，笔者认为依据他们的理论体系，正犯是犯罪的核心，而间接正犯不外乎是正犯的一种，共犯则从属于正犯，又因为以自身直接违反规范之意识为内容的间接正犯之故意较之教唆故意应当承受更重的非难，加之考虑到间接正犯与教唆犯在主观故意和客观行为上的相似性，所以一些德日学者认为间接正犯之故意能够包含教唆故意，这样无论是利用者发生错误还是教唆者发生错误，根据错误论的基本原则都应当按照较轻的教唆犯处罚，在这种前提下应当说折中说的观点是妥当的，并且这样的处理方式

---

① 参见［日］木村龟二主编：《刑法学词典》，顾肖荣等译，上海翻译公司 1991 年版，第 393 ~ 394 页。

② 参见陈兴良著：《共同犯罪论》，中国人民大学出版社 2006 年版，第 465 ~ 466 页。

③ 参见张明楷著：《刑法学》（第 2 版），法律出版社 2003 年版，第 357 ~ 358 页。

④ 参见刘明祥著：《刑法中错误论》，中国检察出版社 2004 年，第 300 页。

也能够符合共犯从属性说的立场。[①]

对于我国学者的争议，笔者认为依据我国刑法理论，间接实行犯同样是实行犯的一种特殊形态，而对教唆犯的处罚则要看其在共同犯罪中所起的作用，他可能重于实行犯，可能等于实行犯，也可能轻于实行犯，这样间接实行犯之故意与教唆故意之间的轻重关系就不是那么容易确定了，但从立法者的倾向性来看还应当认为前者重于后者，即现行刑法第29条第1款规定，教唆不满18周岁的人犯罪的，应当从重处罚（通说认为该款规定以被教唆者构成犯罪为前提），由此可以看出作为利用未满14周岁的人犯罪的间接实行犯更应当受到较重的处罚。再者，间接实行犯与教唆犯在犯罪构成上有交叉重合关系，即利用他人实现犯罪，二者的主要区别在于被利用的对象不同，这就意味着间接实行犯之故意与教唆故意同样存在交叉重合的关系，也正是这个原因才有学者以部分的主客观相统一原则为立场，提出无论是教唆者的错误还是利用者的错误都应当按照错误论的基本原则以较轻的教唆犯处罚。[②] 这种处理方法实际上与德日学者所主张的折中说基本相同，也是较为妥当的。但是，由于我国刑法的特别规定，适用这种处理方式就会导致一个特殊的问题，即在教唆犯错误的场合由于被教唆者并不构成犯罪，那么对教唆者究竟是按第29条第1款还是第2款的规定处罚呢？对于这个问题目前学界尚未有相关论述，对此笔者认为只能按第2款规定处罚，理由在于，既然现行刑法同时规定了从属性的教唆犯和独立性的教唆犯，那么在从属性的教唆犯的场合必然要求被教唆者

---

① 今日持共犯从属性说的学者大多采取的是限制从属形式的主张，即以正犯的行为具备构成要件该当性和违法性共犯便可从属于正犯。参见陈子平著：《刑法总论》（2008年增修版），中国人民大学出版社2009年版，第342页。这样即使教唆者对被教唆者的责任能力发生误认，但只要被教唆者的行为具备构成要件该当性和违法性，那么教唆者就能够从属于被教唆者，对教唆者就应当按教唆犯处罚。

② 参见许发民：《析教唆犯与间接正犯之间认识错误的认定与处理——以部分的主客观相统一原则为立场》，载《甘肃政法学院学报》2006年第1期。

与教唆者构成共犯关系，否则独立性的教唆犯就没有存在的意义了，因此若被教唆者不能作为实行犯处罚，那么对教唆者就只能按独立性的教唆犯处罚。

（二）不知情的被利用者中途成为知情者

利用者以间接实行的意思诱使不知情的被利用者为其实施预定之罪，但被利用者中途成为知情者，如甲将毒品藏匿于包裹内谎称是衣服让乙从 A 市带往 B 市交给丙，而乙在途中发现包中藏有毒品（例 27）。对于这种情况我国学者尚未展开深入研究，日本学者一般将其分为不同的情况加以处理。第一种情况是，被利用者知情后中止了实行行为或是自动有效地防止结果发生，这种场合对利用者应当按间接正犯的未遂处理。第二种情况是，即使被利用者已经知情，但在心理上、身体上都已经无法脱离利用者的支配并最终实现了犯罪，这种场合对利用者应当按间接正犯的既遂处理。第三种情况是，被利用者知情后本可脱离利用者的支配而中止犯罪，但他却继续实行并完成犯罪。对第三种情况的处理，学者间的分歧就比较大了：有的学者认为，利用者的诱使行为并非教唆行为而仍属于实行行为，所以应当按间接正犯处罚；有的学者认为，即使被利用者知情后的行为是实行行为，但利用者的行为也属于实行行为，利用者与被利用者之间构成正犯的竞合，而与认识错误无关；也有学者认为，被利用者中途知情后以自己的意思继续完成犯罪对利用者来说不过是纯粹的因果经过的错误，这种错误并不能影响利用者的罪责；还有学者认为，被利用者中途知情后以自己的意思完成犯罪应当属于正犯，而利用者的诱使行为在被利用者知情后完全能够认为是起到了教唆行为的效果，又因为间接正犯的意思包含了教唆的意思，所以无论是从利用者与被利用者的关系还是从利用者之利用行为的主客观两方面来看，都应当将利用者作为教唆犯处罚。① 对

① 参见［日］大塚仁等编：《刑法解释大全》（第 3 卷），日本青林书院 1992 年版，第 308～309 页。

于这种情况，笔者认为对利用者按照教唆犯处罚是妥当的，实际上这种情况与利用者实施利用行为之际对被利用者的认识错误极为类似，对利用者而言相当于错误发生在被利用者实施实行行为的过程中，因此能够采取相同的处理方式。

二、教唆犯与帮助犯间的认识错误

教唆犯与帮助犯间的认识错误，是指由于发生认识错误，教唆者以教唆的意思实施教唆行为，却实现了相当于帮助犯的帮助行为的效果，或者是帮助犯以帮助的意思实施帮助行为，却实现了相当于教唆犯的教唆行为的效果。前者主要表现为教唆者误认为被教唆者没有特定的犯罪故意而实施教唆行为，但实际上被教唆者已有犯罪故意；后者则主要表现为帮助者误认为被帮助者已有特定的犯罪故意而实施帮助行为，但实际上被帮助者并没有犯罪故意。

（一）教唆者对被教唆者的认识错误

发生这种错误的场合，教唆者误认为被教唆者主观上没有特定的犯罪故意而以教唆的意思实施了教唆行为，但被教唆者实际上已经有了犯罪故意，这样教唆者所实施的教唆行为实际上起到的是帮助行为的效果。例如，甲以为乙并没有盗窃的意思便教唆乙盗窃A工厂的财产，而乙早有此意（例28）。对于这种错误的处理，尽管在德日刑法学界有所争议，但这是因为其国内通说不承认教唆犯的独立性，不处罚教唆未遂的原因所致，所以为了能够处罚教唆者就只能通过论证教唆犯与帮助犯在犯罪构成上有交叉重合关系，从而对教唆者能够按较轻的帮助犯处罚。但这样的争议对于我国刑法理论并没有借鉴的意义，我国学者一致认为发生这种错误的场合对教唆者应当按照教唆未遂处理。

（二）帮助者对被帮助者的认识错误

在这种情况下，帮助者误认为被帮助者主观上已经有了特定犯罪的故意而以帮助的意思实施了帮助行为，但被帮助者实际上并没有犯罪故意，这样帮助者所实施的帮助行为实际上起到的是教唆行为的效果。例如，甲以为乙意欲盗窃 A 工厂的财产便为乙提供帮助，乙本无此意但因甲的帮助行为而产生了盗窃的故意（例 29）。对于这种错误的处理，我国学者与德日学者所采观点基本相同，即对帮助者仍按帮助犯处罚，这是因为帮助者本无教唆故意，其行为实际上构成了故意帮助和过失教唆的竞合，但刑法并不处罚后者，所以按帮助犯处罚是妥当的。

第五章

帮助犯个体性认识错误

帮助犯个体性认识错误，通常是指帮助犯或实行犯对帮助犯的帮助行为或实行犯的实行行为的事实情况或者法律意义的认识与客观实际不符的情况。在很多一般性的问题上，帮助犯认识错误与教唆犯认识错误比较相似，也更为简单，因为帮助犯是完全从属于实行犯而成立的，他并不存在独立性的一面。但是，帮助犯自身所具备的一些特点也使帮助犯认识错误会产生一些特殊性的问题。例如，片面帮助犯认识错误、承继帮助犯认识错误以及缺效帮助等，因此帮助犯认识错误的特殊性问题是本章重点研究的对象。

对于帮助犯认识错误，我国学者研究得较少，德日学者则是将帮助犯认识错误与教唆犯认识错误放在一起研究的，所以对帮助犯认识错误的分类学者们的论述比较少见。参考教唆犯个体性认识错误的分类方法，首先，可以根据错误的主体，将帮助犯个体性认识错误分为帮助者的认识错误和被帮助者的认识错误；其次，可以根据认识的对象，分为帮助犯对自己帮助行为的认识错误和帮助犯对实行犯实行行为的认识错误、实行犯对帮助犯帮助行为的认识错误和实行犯对自己实行行为的认识错误；再次，可以根据帮助行为发生的阶段，分为事前帮助犯个体性认识错误、事中帮助犯个体性认识错误以及事后帮助犯个体性认识错误；最后，还可以根据认识错误的分类方法对帮助犯个体性认识错误进行更为细致的分类，由于种类繁多，本书不再一一列举。当然，根据错误的性质，将帮助犯个体性认识错误分为帮助犯个体性事实认识错误和帮助犯个体性法律认识错误仍然是最重要的分类方法。

第一节　帮助犯个体性事实认识错误

帮助犯个体性事实认识错误，是指帮助犯或实行犯对帮助犯的帮助行为或实行犯的实行行为的事实情况的认识与客观实际不符的情况。这种错误首先可以根据是否发生在同一犯罪构成内，分为同一犯罪构成内的帮助犯个体性事实认识错误和不同犯罪构成间的帮助犯个体性事实认识错误。

一、同一犯罪构成内的帮助犯个体性事实认识错误

同一犯罪构成内的帮助犯个体性事实认识错误，是指帮助犯或实行犯对帮助犯的帮助行为或实行犯的实行行为的事实情况的认识与实际不一致，但这种不一致并没有超出同一犯罪构成的范围。这种错误同样可以分为帮助犯或实行犯的对象认识错误和实行犯的方法认识错误。

（一）帮助犯或实行犯的对象认识错误

这种错误是指帮助犯或实行犯意图侵害的对象与实际侵害的对象不一致，但二者所反映的社会关系是相同的。无论是帮助犯还是实行犯都可能发生对象认识错误，如甲想杀A，便让与A有仇的乙帮助自己指认A的住所，而后甲潜入A家误把在A家做客的B当做A杀死（例1），这种情况就是实行犯在实行过程中发生的对象错误。另外，还有可能是帮助犯和实行犯在共谋的时候就发生了误解，如甲以杀害A的意思邀请乙帮他准备工具，而乙误以为甲想杀的是B，便欣然同意向甲提供工具，而后甲用乙提供的工具杀死了A（例2），那么对于乙来说甲杀害A的行为也应当属于对象错误。当然，双重错误的情况也是可能发生的，即不仅帮助犯与实行犯在共谋过程中发生了误解，而且实行犯在实施实行行为的过程中又发生了认识错误，如在例2中甲在实施杀害A的行为的过程中

又误把C当做A杀死（例3）。同一犯罪构成内的对象认识错误不阻却故意成立，因此上述几种情况对帮助犯和实行犯的刑事责任都没有任何影响。就例1、例2中的情况来说，帮助犯只要明知实行犯意图杀人而为其杀害他人的行为提供便利即可，至于实行犯最后究竟杀了谁并不是认定帮助故意的必要因素，因为帮助犯是借助于实行犯的实行行为来实现自己的犯罪意图的，帮助犯的从属性不仅体现在帮助行为对实行行为的从属性上，而且在共同犯罪故意中帮助故意同样从属于实行故意，在实行犯实行故意能够成立的场合帮助犯的帮助故意同样成立。

但是，如果是实行犯改变犯意，以与帮助犯约定的方法侵害了合意范围外的对象，那么是否还能认定帮助犯的故意罪责就存在疑问？例如，甲与乙约定由甲用乙提供的枪杀害他们共同的仇人A，但甲在拿到枪后改变了主意，杀害了两人共同的另外一个仇人B（例4）。对于这种情况，早期的英国判例认为，甲杀害B是一个自由的、独立的行为，应该适用因果关系中断的原理，因为它切断了共同犯罪故意与被害对象之间的联系，也就是说B的死亡与乙的主观故意是没有任何联系的，但是这样的解释又与英国判例法所确定的“犯罪对象的改变不影响刑事责任”的原则相冲突。为了能够解决这样的矛盾，有些英国学者主张根据共犯人共谋的关键内容来判定，[①] 详言之：如果帮助犯的意思非常确定，即若不是实行犯意图侵害特定对象就不可能提供帮助，那么实行犯擅自改变侵害对象就意味着他已经放弃了共谋的罪行，故而不能让帮助犯对实行犯实际侵害的对象承担责任，这也是帮助故意在共同犯罪故意的范围内对实行故意的限制；如果帮助犯的意思并不确定，即只是为了使实行犯易于完成犯罪而提供帮助，那么帮助犯对于实行犯意欲侵害的对象并不关心，因此即使实行犯临时改变了侵害对象，帮助犯也

① 转引自刘凌梅著：《帮助犯研究》，武汉大学出版社2003年版，第230～232页。

应当对实行犯的罪行承担责任。① 笔者认为，这种处理方式是妥当的，并且也与错误论的学说并不矛盾。

（二）实行犯的方法认识错误

这种错误是指在帮助犯帮助实行犯实施特定犯罪的过程中，实行犯在对意欲侵害的对象实施侵害行为之际，由于失误而导致对他行为指向以外的对象造成意料之外的侵害，但实际侵害对象与意欲侵害对象所反映的社会关系是相同的。由于方法错误只能发生在实施实行行为的过程中，所以帮助犯的帮助行为并不能直接参与到方法错误中。例如，甲想杀害A，但苦于弄不到枪，甲知道乙可以找到枪并且乙与A素有过节，于是便向乙提出借枪杀A，乙与A仇恨已久，便向甲提供了枪支，甲拿到枪后便找到A，却在向A射击的过程中发生错误打中了A旁边的B，致B死亡（例5）。当然，还有可能出现并发案的情况，如在例5中甲开枪向A射击，不仅打中了A，还打中了旁边的B，造成A伤B死的结果（例6）。对于这种错误的处理，具体相一致说与犯罪构成形式要件相一致说的争论依旧。

1. 具体相一致说的观点。按照该说的主张，在例5中，甲对A构成故意杀人罪未遂的实行犯，乙构成该罪的帮助犯；对B的死亡，甲作为实行犯应当在有过失的场合承担过失致人死亡罪的责任并与他所构成的前罪成立想象竞合犯的关系，乙则因为没有帮助他人过失犯罪的故意而无须承担责任。对于例6中的情况，该说的处理方式完全相同，认为甲构成对A的故意杀人罪未遂的实行犯，乙构成该罪的帮助犯；对B的死亡单独判断甲是否应承担过失致人死亡罪的责任，在应当承担的场合与他所构成的前罪成立想象竞

① 实践中，帮助犯与实行犯之间联系的紧密程度差别很大，在联系紧密的场合，通常会发生帮助犯与实行犯区别的困难，在联系松弛的场合，帮助犯所认识的罪行与实行犯所实施的罪行只要在同一犯罪构成内相符合即可，帮助犯并不需要了解实行犯的目的、意欲侵害的对象等具体问题。这样对帮助犯来说，在联系松弛的场合他并不会发生同一犯罪构成内的对象认识错误。

合犯的关系。

2. 犯罪构成形式要件相一致说的观点。首先是一故意说。依据该说的观点，在例5中，甲基于和乙共同的故意而实施杀害A的行为，尽管甲在杀A的过程中发生方法错误而造成了B的死亡，但甲所造成的侵害结果与他和乙的共同故意所欲实现的结果在同一犯罪构成内符合，因而不阻却共同故意成立，所以甲和乙能够成立对B的故意杀人罪既遂的共同犯罪，而甲对A的杀人未遂行为又因为对A的杀人故意被最终成立的对B的杀人故意所吸收，故而不再单独评价。而对于例6中的情况，一故意说中的第一派观点与具体相一致说完全相同，第二派观点则认为甲和乙应当构成对B的故意杀人罪既遂的共同犯罪，而对于A受重伤的结果则应当单独判断甲是否承担过失致人重伤罪的责任。在应当承担的场合与他所构成的前罪成立想象竞合犯的关系，理由在于甲和乙所追求的不过是A死亡的结果，只是因为甲的方法错误造成了A受伤、B死亡的结果，尽管甲和乙并不希望发生这种结果，但即使如此也因为二人所欲侵犯的客体与实际侵犯的客体完全相同，所以并不影响他们承担对B的故意杀人罪既遂的责任，而对于A受伤的结果则由于对A的杀人故意已经在对B的行为上成立，故而只能判断实施杀害A的行为的甲的过失责任。对于上述情况，在英国处于支配地位的学说采取的处理方式是“犯意转移”的原则，认为同样不影响帮助犯的刑事责任。① 其次是数故意说。该说认为，在例5中，由于甲的行为只造成了一个人（B）的死亡，虽然与其意图杀害的对象不是同一个人，但是由于所侵犯的客体相同，因此甲和乙应当构成对B的故意杀人罪既遂的共同犯罪，而甲所实施的杀害A的行为则不再评价。在例6中，由于甲的方法错误致使他意图杀害的A受重伤和他不愿杀害的B死亡的结果，这样对于A甲和乙构

---

① K. J. M. Smith, *A Modern Treatise on the Law of Complicity*, Oxford, 1991, p. 198. Andrew Ashworth, *Principles of Criminal Law*, *Oxford & New York*, 1995, p. 429.

成故意杀人罪未遂的共同犯罪，而对于 B 的死亡，虽然并不是甲和乙所追求的结果，但与他们所欲侵害的客体相同，故而也不影响他们成立故意杀人罪既遂的共同犯罪，并且甲和乙所构成的两罪是想象竞合犯的关系。

对于上述各派观点的争论，笔者认为：

1. 具体相一致说。从上文的分析中可以看出，该说的弊端在处理同一犯罪构成内的帮助犯个体性事实认识错误中并没有表现出特殊之处，并且较之共同实行犯、教唆犯的场合也显得更为简单。例如，并没有产生在实行犯发生对象错误的场合对帮助犯究竟应当属于对象错误还是方法错误的争议，这在我国刑法理论中可以认为是现行刑法不承认帮助犯的独立性的原因所致。这样，在帮助犯的场合该说的弊端仍旧表现为在方法错误与对象错误存在区分上的困难时适用标准不确定，对方法错误采取特别处理的理由不充分以及当共犯人意图侵害的对象与实际侵害的对象能够在同一犯罪构成内相符合时，认定阻却共同犯罪的故意有违刑法的基本理念。

2. 犯罪构成形式要件相一致说。首先，数故意说的不当之处前文已述，帮助犯认识错误的场合该说弊端依旧，因此不再赘言。其次，一故意说的内部在对并发案的处理上，第二派观点更为合理。因为，第一派观点实质上是具体相一致说的主张与犯罪构成形式要件相一致说的本质不符。而对于第二派观点的处理方式，笔者认为尽管作为帮助犯的乙对 B 的死亡可能根本无法预见，乙不过是为甲杀 A 的行为提供了帮助，但是甲和乙预谋杀害 A，甲在乙的帮助下实施了杀人行为，虽然没有杀死 A，但却造成了另外一个人（B）的死亡。甲和乙原本意图侵害的就是他人的生命，并且他们的行为也同样侵害了一个人的生命，故而二人应当承担故意杀人罪既遂的责任。

我国刑法学界的通说坚持适用主客观相统一原则解决错误问题，认为同一犯罪构成内的事实错误不阻却故意成立，因此对于帮助犯而言，不管是对象错误还是方法错误，也不管这种错误是由他自己造成的还是由被帮助的实行犯造成的，只要是在同一犯罪构成的范围内就不影响共同犯罪故意成立，从结论上来看与一故意说的主张是一致的。

二、不同犯罪构成间的帮助犯个体性事实认识错误

不同犯罪构成间的帮助犯个体性事实认识错误，是指帮助犯或实行犯意图实现的罪行与实际实现的罪行不一致，且这种不一致超出了同一犯罪构成的范围。这种错误可以分为帮助犯与实行犯意思联络不一致下的错误和帮助犯与实行犯意思联络一致下的错误，即纯粹的实行中错误。

（一）帮助犯与实行犯意思联络不一致下的错误

帮助犯与实行犯意思联络不一致，主要是指帮助犯与实行犯之间产生误解而使合意不能在同一犯罪构成内重合。例如，甲以杀A的意思与乙联络，希望得到乙的帮助，而乙误认为甲要伤害A，便向甲提供了帮助，而甲最终杀死了A（例7）。另外，有的学者认为，这种错误还应当包括实行犯改变犯意或另起犯意的情况。

1. 对于帮助犯与实行犯发生误解的情况，同样可以分别采取具体相一致说和犯罪构成形式要件相一致说来处理。若依具体相一致说，实行犯与帮助犯所欲实施的犯罪必须能够在同一犯罪构成内具体的相一致合意才能够成立，否则就应当阻却共同犯罪故意成立。这样在例7中，甲和乙就不能成立共同犯罪，乙的帮助行为就得不到处罚，但这样的结论无疑是不合理的。为了能够处罚帮助犯的帮助行为就必须对具体相一致说采取若干变通措施，但无论哪种变通措施都让人感到在说理上不够透彻。若依犯罪构成形式要件相一致说，当实行犯和帮助犯所欲实施的罪行在犯罪构成形式要件上有重合关系时，就能够在重合的范围内认定共同犯罪故意成立，这样在例7中甲和乙就能够在故意伤害罪的范围内成立共同犯罪，对乙按故意伤害罪的帮助犯处罚，对甲则按故意杀人罪的实行犯处罚。

两说相较，笔者认为后说更为妥当。与共同实行犯、教唆犯认识错误不同，否定共犯成立的场合，帮助犯的帮助行为将得不到任何处罚，而前说无疑使帮助犯的成立范围过于狭窄，不利于处理实践中各种复杂的帮助犯认识错误。另外，应当指出，帮助犯与实行犯发生误解的场合，由于受错误论的基本原则和帮助犯从属性的制约，以帮助重罪的意思实现了帮助轻罪的场合对帮助犯只在合意的范围按轻罪处罚，这一点与教唆犯有所不同。

2. 对帮助犯来说，实行犯在实行合意预定之罪行的过程中改变犯意（包括另起犯意），而实施合意范围之外的罪行的情况也属于认识错误的范围，通常这种情况又被称为共犯过限，并可根据与预定罪行是否触犯同一罪名为标准分为同一罪名下的过限行为和不同罪名间的过限行为。

（1）同一罪名下的过限行为，是指实行犯对合意范围外的对象故意实施他与帮助犯共同约定之罪行相同的侵害，所造成的结果与合意预定之侵害结果所反映的社会关系是相同的。一般来说，如果实行犯实施的过限行为与合意预定之罪无关，那么帮助犯对此无须承担责任。例如，甲和乙共谋杀A，约定由甲实施杀人行为，乙为甲提供工具，甲在意图实行犯罪之际，看到了与自己有深仇大恨的B，使用乙为其提供的工具先将B杀死，而后又将A杀死（例8）。在本案中，就不能让帮助犯乙对实行犯甲杀死B的行为承担责任。当然，因为人的生命属于一身专属性法益，不具有可替代性，但是如果是以他人财产等种类物为侵害对象的，则又另当别论。例如，甲和乙意图盗窃A的财产，约定由甲实施盗窃行为，乙为甲提供工具，结果甲在实行盗窃行为之际改变犯意，窃取了B的财产（例9）。对于例9，尽管甲没有盗窃约定对象的财产，但即使是B的财产也是乙所能接受的，因此乙同样应当负帮助犯的责任。并且，与教唆犯不同，即使约定以他人特定物为盗窃对象，如国家保护文物，在帮助犯提供帮助后实行犯选择放弃预定罪行，转而盗窃普通财产的场合，帮助犯仍应当对实行犯实际实施的盗窃行为承担责任。

再者，如果出现这种情况，即在例 8 中甲在对 A 实施杀害行为时碰到 B 的阻碍，甲为了排除妨碍而先将 B 杀死，而后又将 A 杀死（例 10）。对于这种情况，同样应当根据帮助犯与实行犯共谋的关键内容来判断，如果帮助犯和实行犯之间的合意非常确定，不涉及他人，那么帮助犯就不需要对实行犯的过限行为负责；而如果帮助犯和实行犯对可能遇到的困难已经作了充分的判断，则帮助犯对实行犯的过限行为应当在能够预见的范围内承担责任。

（2）不同罪名间的过限行为通常包括这样几种情况：一是实行犯所实施的罪行与合意预定之罪行的罪名不同，但罪质相同；二是实行犯所实施的罪行与合意预定之罪行在犯罪构成上有重合关系；三是实行犯所实施的罪行与合意预定之罪行没有任何关系。

首先，实行犯所实施的罪行与合意预定之罪行的罪名不同，但罪质相同。例如，甲和乙共谋盗窃 A 的财产，约定甲实施盗窃行为，乙事后销赃，而后甲改变犯意，以诈骗的手段骗得 A 的财产并交给乙由乙销赃（例 11）。对于这种情况，无论是采取具体相一致说还是犯罪构成形式要件相一致说，都认为应当阻却共同故意成立，甲应当独自构成诈骗罪，乙帮助销赃的行为则应当按窝赃罪处罚。但这样的处理结果并不合理，容易轻纵罪犯。因此，对于这种错误应当适用罪质符合说来解决，肯定帮助犯和实行犯的共同故意成立，按实行犯实际实现的罪行处罚帮助犯，具体理由本书在教唆犯个体性认识错误中已有论述，不再赘言。

其次，实行犯所实施的罪行与合意预定之罪行在犯罪构成上有重合关系。例如，甲和乙共谋入室盗窃，甲实施盗窃行为，乙负责销赃，甲潜入他人家中碰巧遇到主人在家便实施了抢劫行为并把抢得的财产交给乙销赃（例 12）；或者是甲和乙共谋入室抢劫，甲实施抢劫行为，乙负责销赃，甲潜入他人家中碰巧家中无人便实施了盗窃行为，并把窃得的财产交给乙销赃（例 13）。一般来说，在实行过限的场合，由实施该过限行为的实行犯独自对过限行为承担责任，帮助犯仅在重合的范围按他所欲实施的罪行承担帮助犯的责任；而在实行减少的场合，帮助犯和实行犯应当对实行犯实际实现的罪行承担共同犯罪的责任。

最后，实行犯实施的罪行与合意预定之罪行没有任何关系。这种场合，实行犯单独对其实施的罪行负责是当然的结论。

（二）帮助犯与实行犯意思联络一致下的错误

发生这种错误的场合，帮助犯与实行犯之间的意思联络一致，只不过是实行犯在实施预定罪行的过程中，由于认识错误而导致他实际实现的罪行与合意预定的罪行不一致，并且这种不一致超出了同一犯罪构成的范围。作为原则，不同犯罪构成间的认识错误阻却故意成立，仅在实行犯实际实现的罪行与合意预定之罪行在犯罪构成上有重合关系的场合，帮助犯和实行犯在重合的范围内成立共同犯罪。而在阻却故意成立的场合，帮助犯和实行犯仅对预定之罪承担共同犯罪未遂的责任，对于实行犯实际造成的侵害结果则需要单独判断他是否应当承担过失责任，帮助犯对此通常并不承担责任，因为他并没有故意帮助一个过失犯罪。但是，因为帮助犯参与实行犯的实行行为的阶段不同，即事前帮助犯、事中帮助犯和事后帮助犯，其中事前帮助犯、事后帮助犯对于实行犯完成实行行为的参与程度较弱，而事中帮助犯的参与程度较强，他们是否都不对实行犯实际实现的罪行承担过失责任呢？笔者认为，可以根据帮助犯参与阶段的不同分别进行判断。

首先，事前帮助犯和事后帮助犯。为了使实行犯易于完成犯罪，帮助犯与实行犯约定于事前或事后提供帮助行为，事前的帮助行为主要是为实行犯提供工具、创造条件等，而事后的帮助行为主要是对犯罪人或组成犯罪之物的窝藏、包庇以及销赃等，因而无论是事前的帮助行为，还是事后的帮助行为，都不直接作用于犯罪对象，那么对于实行犯在实行中由于认识错误而侵害的对象这两种类型的帮助犯是难以预见的，故而不能认定他们的过失责任。

其次，事中帮助犯。相较于事前帮助犯、事后帮助犯，事中帮助犯与实行犯的关系更为复杂，事中帮助犯是在实行犯实行过程中为便于实行行为的完成而提供帮助行为的，因而事中的帮助行为与实行行为的联系十分密切，这也使得事中帮助犯与共同实行犯存在区分上的困难（此问题将在本章第三节讨论）。由于事中帮助犯的帮助行为参与到了实行犯实行行为的过程中，所以在实行之时事中帮助犯对实行犯发生错误而实际侵害的对象是有预见可能性的，并且他对自己的帮助行为可能通过实行犯的实行行为而导致合意外的结果的发生也是有认识的，这样尽管他没有分担实行行为，但是他的帮助行为却也通过实行犯的实行行为与实行犯实际侵害的结果建立了因果关系，因此事中帮助犯和实行犯负有共同的结果避免义务，在违反了该义务而导致实际侵害结果发生的场合就能够认定事中帮助犯的过失责任。

第二节　帮助犯个体性法律认识错误

一、帮助犯个体性法律认识错误的表现形式

帮助犯个体性法律认识错误，是指帮助犯或实行犯对帮助犯的帮助行为或实行犯的实行行为在法律上的意义的认识与实际不符的情况。

帮助犯个体性法律认识错误的表现形式与教唆犯的场合基本上没有两样，因此对帮助犯个体性法律认识错误的分类也可以参照教唆犯个体性法律认识错误的分类方法，主要有：根据错误的主体分为帮助犯法律认识错误和实行犯法律认识错误；根据认识的对象分为帮助犯对自己的帮助行为在法律上的意义的认识错误，对实行犯的实行行为在法律上的意义的认识错误，实行犯对帮助犯的帮助行为在法律上的意义的认识错误，以及实行犯对自己的实行行为在法律上的意义的认识错误；根据错误是否可以归责于行为人分为可归责于帮助犯的法律认识错误和不可归责于帮助犯的法律认识错误、

可归责于实行犯的法律认识错误和不可归责于实行犯的法律认识错误等。当然对帮助犯个体性法律认识错误的分类也应当重视它自身的特点，如根据帮助行为发生的阶段分为事前帮助犯个体性法律认识错误、事中帮助犯个体性法律认识错误和事后帮助犯个体性法律认识错误等。

二、帮助犯个体性法律认识错误的处理

（一）帮助犯法律认识错误

1. 帮助犯对自己的帮助行为是否违反法律发生误认。例如，甲告诉乙自己与A有仇想找人教训A，乙告诉甲他曾在网上发现过这方面的信息可以在网上搜索一下，甲便在网上雇了一个凶手将A打成重伤（例14）。在本案中，乙认为自己不过是随便说说而没有帮助甲寻找凶手的故意，并且甲也是自己找的凶手，因而乙认为自己并不构成故意伤害罪的帮助犯。但是，乙在明知甲意图雇凶伤害他人的情况下故意告诉甲寻找凶手的方法，乙的行为完全符合故意伤害罪的帮助犯的构成要件，因此不能因为乙的认识错误阻却其犯罪故意成立。

2. 帮助犯对实行犯的实行行为是否违反法律发生误认。例如，甲意欲去偏远山区捕杀某种国家保护动物，并在山区附近的村庄雇了猎户乙做向导进行捕杀，乙在不知甲意图捕杀的对象是国家保护动物的情况下为甲带路（例15）。在本案中，帮助犯乙对甲要捕杀的对象有着清楚的认识，只不过不知道该对象就是国家保护动物，因而认为自己帮助甲实施的捕杀行为是合法的狩猎行为。对于这种情况，应当判断乙对发生该错误是否应当承担责任，具体的判断方法仍是以乙于行为时的具体认识为依据从乙的立场来判断，如果能够认定乙对发生该错误应当承担责任，那么毫无疑问甲和乙构成共同犯罪；如果否定乙的责任，则乙的共同犯罪故意就不成立，甲单独构成非法猎捕珍贵野生动物罪。

从上述分析中可以看出，即使是不可归责于帮助犯的法律认识

错误也只阻却帮助犯的帮助故意，并不会对实行犯的罪责有任何影响。

（二）实行犯法律认识错误

1. 实行犯对帮助犯的帮助行为是否违反法律发生误认。例如，甲欲盗窃A工厂的财产，独自设计了盗窃方案并求教于乙，乙表示赞同，而后甲潜入A工厂盗窃了巨额财产（例16）。在本案中，甲认为乙并没有给自己提供帮助行为，而是自己设计了盗窃方案并自己实行了盗窃行为，理应由自己单独承担责任。然而，乙对甲意欲盗窃A工厂的财产是明知的，尽管盗窃方案是甲自己设计的，但乙表示赞同的行为使甲坚定了犯罪的意志，乙的行为属于无形帮助，故而对乙应当按盗窃罪的帮助犯处罚。

2. 实行犯对自己的实行行为是否违反法律发生误认。例如，甲与A有仇，一直想找机会教训A，但唯恐造成违法犯罪的后果，于是甲便与乙商量由乙挑拨A伤害甲，这样甲就可以实施正当防卫，既可以教训A又不至于犯罪，而后乙实施了挑拨行为，A中计前来殴打甲，结果甲早有准备并将A打成重伤（例17）。在本案中，甲认为是A先动手打自己，自己的反击行为应当属于正当防卫而不构成犯罪，尽管乙帮助自己实施了挑拨行为，但A完全可以置之不理，因此自己与乙的行为都不构成犯罪。但是，甲和乙的行为是借正当防卫之名实施故意伤害之实，乙明知甲意图伤害A还帮助他实施挑拨行为，试图借此逃避法律的惩罚，乙的行为当然构成故意伤害罪的帮助犯。

综上所述，实行犯对帮助犯的帮助行为是否违反法律发生误认通常并不会影响帮助犯的帮助故意，但实行犯对自己的行为是否违反法律发生误认则会对帮助犯最终成立的犯罪类型产生较大影响，因为如果实行犯发生了不可归责于自己的法律认识错误，那么就会阻却自己的犯罪故意，这样对帮助犯来说就等于以帮助的意思实施帮助行为却实现了间接实行犯的利用行为的效果，从而造成处理上的困难（此问题将在本章第三节中研究）。

第三节　帮助犯个体性认识错误之其他问题

一、片面帮助犯认识错误

（一）片面帮助犯的概述

片面帮助犯，是指以实行犯不知道的方式暗中向其提供帮助，使其实行行为能够顺利进行的帮助犯。[①] 当然，从广义上来说，以为实行犯知晓而为其提供帮助行为，但实行犯并不知情的情况也属于片面帮助犯。片面帮助犯在现实生活中较为多见，是引发片面共犯理论的事实来源，也是片面共犯中的代表性类型，[②] 并且我国刑法学界的通说也都对片面帮助犯持肯定态度。关于片面帮助犯的例子还是比较多的，如甲得知乙意欲在晚上去与甲同住一栋楼的A家盗窃，甲与A素有结怨，并且知道当天晚上A并不在家，甲便在晚上偷偷把楼栋的防盗门打开，使得乙轻松进入楼栋潜入A家顺利完成了盗窃行为（例18）。在本案中，甲是典型的片面帮助犯，虽然实行犯乙并不知晓甲为其提供了帮助，但是对于帮助犯甲来说，当其知道乙意欲实施盗窃行为之后，为了便于乙顺利完成犯罪偷偷采取乙不知情的方式为乙提供了帮助，并且也使乙的盗窃行为得以顺利实现，因此甲主观上有帮助乙实施盗窃行为的故意，客观上实施了帮助盗窃的行为，根据主客观相统一原则对甲应当按照盗窃罪的帮助犯处罚。

（二）片面帮助犯认识错误的处理

片面帮助犯认识错误，是指片面帮助犯对本人的帮助行为以及实行犯的实行行为的事实情况和法律意义的认识与实际不符。另外，由于片面帮助犯与实行犯之间并没有意思联络，因此二者之间

---

① 参见田鹏辉著：《片面共犯研究》，中国检察院出版社2005年版，第133页。

② 参见姜伟著：《犯罪形态通论》，法律出版社1994年版，第248页。

并不会发生误解，并且片面的共同犯罪只对帮助犯成立，而实行犯并不成立共同犯罪，因此片面帮助犯的认识错误和实行犯的认识错误是各自独立的，但尽管如此，实行犯的认识错误还是能够影响到片面帮助犯的罪责，故而在此一并研究。

1. 片面帮助犯事实认识错误。首先，实行犯事实认识错误。例如，甲得知乙意欲杀害A，而甲与A素有结怨，便偷偷把枪放在乙容易拿到的地方，乙发现枪后便实施了杀A的行为，但是由于枪法不准，没有打中A而击中从A旁边走过的B，致B死亡（例19）。在例19中，作为实行犯的乙发生了同一犯罪构成内的方法错误，按照犯罪构成形式要件相一致说的观点并不阻却故意成立，因此乙应当构成对B的故意杀人罪既遂。甲所提供的帮助是在乙不知道的情况下进行的，甲首先应当成立片面帮助犯，乙的错误对甲能够起到相同的效果，即不阻却故意成立，因为甲意图帮助乙实现的是故意杀人的行为，而乙也实施了杀人行为并造成了B的死亡，尽管B不是甲的帮助故意所指向的对象，但甲同样应当对B的死亡承担责任，因此甲应当构成故意杀人罪既遂的片面帮助犯。从本案中可以看出，在只有实行犯发生错误的场合，错误对实行犯的罪责所产生的影响能够完全适用于片面帮助犯。因为，片面帮助犯对于实行犯的依赖性更强，片面帮助犯只能改善实行犯完成犯罪的客观条件，而无法对实行犯的犯罪故意产生影响。

其次，片面帮助犯事实认识错误。例如，甲得知乙意图毒死A，并正在四处寻找毒药，而甲与A素有仇怨，便偷偷将一瓶砒霜放在明显的地方，乙发现后便把此砒霜放入A的食物里，可是由于甲错把食糖当做砒霜放在那里使得乙的杀人目的没有实现（例20）。在例20中，由于甲的认识错误使得乙的杀人目的没有实现，因此根据主客观相统一原则，乙应当构成故意杀人罪未遂的实行犯。而对于甲，其在明知乙要杀害A的情况下以乙不知情的方式为乙提供了帮助行为，且由于甲自己的认识错误使得他所追求的A死亡的结果没有实现，因而综合判定甲应当构成故意杀人罪未遂的帮助犯。又如甲以为乙想盗窃与自己同住一栋楼的A的财产，而甲又与A结怨已久，便在晚上将楼道的防盗门打开，乙借机顺利潜入A家，恰逢A在家，乙进入后实施了抢劫行为（例21）。对于例21，作为帮助犯的甲对实行犯乙所欲实现的罪行发生了认识错误，但是甲的错误并不会影响到乙的罪责，因为片面帮助犯与实行犯间只有单向的意思联络，对实行犯的罪行的认识完全是片面帮助犯自己的主观判断，因此对乙的行为并不需要进行过多的讨论。而对于甲，由于他在主观上认为乙想实施入室盗窃的行为，并且基于这种认识向乙提供了帮助，尽管乙最终实施的是抢劫行为，但因为抢劫罪与盗窃罪在犯罪构成上有重合关系，所以对甲应当按较轻的盗窃罪的帮助犯处罚。但是，如果乙进入A家后对A（女）实施了强奸行为，则因为甲欲帮助之罪与乙所实施之罪在犯罪构成上没有重合关系，所以对甲不能按强奸罪的帮助犯处罚。因此，在片面帮助犯对实行犯的实行行为发生认识错误的场合，应当判断片面帮助犯意图帮助之罪与实行犯实施之罪在犯罪构成上有无重合关系或者在罪质上是否符合，无论满足哪个条件都能对片面帮助犯按较轻的犯罪的帮助犯处罚。

2. 片面帮助犯法律认识错误。首先，实行犯法律认识错误。通常，实行犯的法律认识错误可能会对片面帮助犯的罪责产生影响，详言之，如果是不可归责于实行犯的法律错误则阻却实行犯的故意成立自不待言，对于片面帮助犯来说，就是以片面帮助的意思实施帮助行为却实现了间接实行犯的利用行为的效果。如果实行犯的法律错误对其罪责没有影响，那么对片面帮助犯的罪责同样不会产生任何影响。

其次，片面帮助犯法律认识错误。在片面帮助他人实施犯罪的场合，帮助者对实行犯的罪行应当有所认识，如果他认为实行犯的行为并不违反法律，而以利用他人为自己实现犯罪的意思于暗中提供帮助的，则可能构成间接实行犯。假设实行犯的行为构成犯罪，那么片面的帮助者实际上是以间接实行的故意实施利用行为却实现了片面帮助犯的帮助行为的效果；而如果片面的帮助者认为实行犯的行为构成犯罪而于暗中提供帮助，但实际上实行犯的行为并不构成犯罪，则片面的帮助者是以片面帮助的意思实施帮助行为却实现了间接实行犯的利用行为的效果。再者，如果行为人单方面认为他人的行为不构成犯罪，自己只不过是为他人的合法行为提供帮助，但实际上被帮助人的行为构成犯罪，那么行为人的帮助行为在客观上起到了片面帮助犯的帮助行为的效果。对于这种情况，因为行为人误认为被帮助者的行为是合法的，而出于帮助合法行为的意思单方面实施帮助行为，尽管其提供的帮助行为客观上使实行犯所欲实施之罪易于实现，但这完全是出乎行为人的意料的，故而不应对其按照片面帮助犯处罚；即使行为人对于这种错误的发生有过错，但也因为一方面现行刑法并不处罚过失的帮助行为；另一方面其出于过失心理而提供的帮助行为不能评价为实行犯所实施之罪的实行行为，所以对行为人同样不能按过失犯罪处罚。实践中，片面帮助犯并不像一般的帮助犯那样通过与实行犯的意思联络而产生共同犯罪故意，在有通谋的场合帮助犯一般不会对实行犯的行为是否违反法律发生误认，但片面帮助犯的帮助故意是单方面产生的，他对实行犯的行为的认识是通过该实行犯所实施的行为的外在表现而产生的，因此这种认识很容易发生错误。另外，在片面帮助犯对自己的帮助行为是否违反法律发生误认的场合，只需要根据该法律错误是否可以归责于片面帮助犯来判断是否阻却其帮助故意成立，当然这种错误对实行犯的罪责并无任何影响。

二、帮助犯与间接实行犯间的认识错误

帮助犯与间接实行犯间的认识错误，是指由于认识错误，以帮助的故意实施帮助行为，却实现了间接实行犯的利用行为的效果，或者是以间接实行的故意实施利用行为，却实现了帮助他人犯罪的效果。相较于教唆犯，帮助犯与间接实行犯间的认识错误更为简

单，德日学者的处理方法仍然可以总结为主观说、客观说以及折中说，① 我国学者则仍采用主客观相统一原则。

（一）以帮助的意思实现了间接实行犯的利用行为的效果

行为人认为他人的行为构成犯罪，以帮助他人实施犯罪的故意提供帮助行为，而实际上他人的行为并不构成犯罪，行为人所实施的帮助行为起到了间接实行犯的利用行为的效果。例如，甲看到仇人A与朋友乙扭打在一起，便以帮助乙伤害A的故意扔给乙一根木棍，而事实上A正在抢劫乙的财产，乙实施的是正当防卫行为，最终乙用木棍将A打伤（例22）。

对于这种情况，主观说认为应当以行为人的意思为标准，以帮助犯的意思实施了相当于间接正犯的利用行为的效果应当按帮助犯处罚；客观说认为以行为人的行为所起到的实际效果为标准，以帮助犯的意思实现了间接正犯的利用行为的效果就应当按间接正犯处罚；折中说中又有三种见解，第一种见解认为，以帮助犯的意思实施了间接正犯的利用行为的效果应当按帮助犯的未遂处罚；第二种见解认为，以帮助犯的意思实施了间接正犯的利用行为的效果应当按帮助犯的过失犯处罚；第三种见解认为，以帮助犯的意思实现了间接正犯的利用行为的效果应当按较轻的帮助犯处罚。对于德日学者的争论，从方法论上来说无论是主观说还是客观说都过于片面，而折中说则相对合理，但折中说的各种见解却也都存在一些问题。例如，在没有正犯者的场合帮助犯如何能够成立呢？依据德日刑法理论体系恐怕难以解释清楚，故而其国内学者不得不提出帮助犯未遂说或者帮助犯过失说，但在说理上都不尽如人意。这样就不得不重新考量主观说与客观说，从结论上来说客观说的见解较为妥当，德日学者多以行为支配理论为依据来论证客观说的合理性。例如，

① 参见［日］大塚仁：《间接正犯和从犯的错误》，载《名古屋大学法政论集》1962年第29号。转引自刘凌梅著：《帮助犯研究》，武汉大学出版社2003年版，第216～219页。

有的学者认为，即使以帮助的意思实施帮助行为，但只要能够对他人的行为形成行为支配就应当按间接正犯处罚，当然也有学者从其他角度论证，如认为无论是为他人的意思还是为自己的意思而实施犯罪行为都不会对行为人的故意产生影响。因此，帮助犯与间接正犯之间的错误并不重要，也就不必适用错误论的学说，而应当直接根据行为人行为的客观效果来认定其行为的性质。

我国学者虽然都是以主客观相统一原则为指导，但在具体主张上有的采取的是主观说的见解，[①] 有的采取的是客观说的见解。[②] 笔者认为，发生这种错误的场合，首先，如果行为人对他人的行为是否违反法律发生认识错误，那么产生这种错误的原因既可能是对他人行为事实方面的认识错误，也可能是对他人行为不被法律许可的认识错误，但无论是哪种错误都会阻却行为人的帮助故意与其实际实现的间接实行犯的利用行为之间的联系（因为本书对法律错误采取的是不可归责于行为人的法律错误阻却故意说），其次，行为人的帮助故意的背后的确存在为他人实施犯罪的意思和为自己实现犯罪的意思，为自己实现犯罪而帮助他人的极端案例是甲意图杀害A，让与A熟悉的乙将A骗至现场，而乙与B有仇，于是将B骗至现场，甲错把B当做A而杀死（例23），尽管这种区别只有量刑上的意义，但这意味着为自己实现犯罪的帮助故意未必轻于间接实行的故意，并且二者在利用他人为自己实现犯罪这一点上颇有相似之处。最后，意图利用实行犯的实行行为实现自己所欲之罪而实施帮助行为，但由于错误而导致在客观上对实行犯的实行行为形成行为支配关系，则对帮助犯应当按间接实行犯处罚。这样，笔者所采取的主客观相统一原则是在主观上以帮助犯为实现自己所欲之罪为必要，客观上其帮助行为实现了间接实行犯的利用行为的效果，唯有如此才能将帮助犯作为间接实行犯处罚。如果帮助犯仅仅

① 参见陈兴良著：《共同犯罪论》，中国人民大学出版社2006年版，第343页。

② 参见刘凌梅著：《帮助犯研究》，武汉大学出版社2003年版，第220页。

是为了实行犯的利益而实施帮助行为，即使发生上述错误也不能将帮助犯作为间接实行犯处罚。例如，对例22稍作修改，甲与A素不相识，看到A与自己的朋友乙扭打在一起，且乙处于弱势，于是甲便以帮助乙伤害A的意思扔给乙一根木棍，结果乙用木棍将正在对自己实施抢劫的A打伤（例24），在本案中就不宜将甲作为间接实行犯处罚。

（二）以间接实行的故意实现了帮助犯的帮助行为的效果

行为人以为他人没有犯罪故意，以利用他人为自己实施犯罪的意思实施利用行为，而事实上被利用者已有犯罪故意，行为人所实施的利用行为实际上起到了帮助犯帮助行为的效果。例如，甲看到乙在追打与自己有仇的A，甲认识乙并知道其患有精神病，甲欲利用乙为自己实施伤害A的行为而设置障碍将A绊倒在地，乙追上A并将A打伤，事后查明乙患有间歇性精神病，乙伤害A的时候是清醒的（例25）。

对于这种情况，主观说认为应当以行为人的意思为标准，以间接正犯的意思实现了相当于帮助犯帮助行为的效果应当以间接正犯处罚。客观说认为应当根据行为人的行为所起到的实际效果来判断，以间接正犯的故意实施了相当于帮助犯帮助行为的效果就应当按帮助犯处罚。折中说内部有两种见解，第一种见解认为以间接正犯的意思实现了相当于帮助犯帮助行为的效果应当成立间接正犯的未遂；第二种见解认为以间接正犯的意思实现了帮助犯帮助行为的效果应当按帮助犯处罚。对于德日学者的争论，笔者认为折中说的见解是妥当的，理由在于：以利用他人为自己实施犯罪的意思实施利用行为，由于认识错误，尽管自己所欲实施之罪已经实现，但自己实施的利用行为实际上只起到了帮助行为的效果，这种场合对利用者按间接正犯的未遂处罚是合理的，这就像意图诈骗他人财产而实施欺诈行为，但他人并没有受骗，只是基于怜悯而交付财产，对于实施诈骗的行为人应当按诈骗罪未遂处罚的道理是一样的，只不过未遂犯在德日刑法中是作为例外来处罚的，因此在未遂不可罚的场合，为了不至于使行为人逃脱处罚，就应当对行为人按较轻的帮助犯处罚。但是，若采折中说的见解就必须能够认为利用者的利用行为属于间接正犯的实行行为，但又因为利用者的利用行为起到的是帮助行为的效果，故而难以存在这样的定性，因此该说并没有得到多数德日学者的支持。这样，发生上述错误的场合，因为较重的间接实行的故意能够包含帮助故意，客观上又实现了帮助行为的效果，所以对利用者按较轻的帮助犯处罚是合理的，由于这种学说更为符合德日刑法理论体系，于是成为通说的观点。

但笔者认为，在我国刑法理论中依据主客观相统一原则，发生上述错误的场合对间接实行犯按未遂处理更为妥当。首先，依据我国现行刑法的规定不存在未遂犯不可罚的问题。其次，行为人以间接实行的故意实施利用行为，只不过由于认识错误使其所实施的利用行为在客观上起到了帮助行为的效果，如果仅按帮助犯处罚则明显与其主观恶性不符，容易轻纵罪犯，如果按间接实行犯的既遂处罚则又与行为人行为的客观危害不相适应，惩罚过重。最后，关于间接实行犯的利用行为的实行行为定性确实存在困难，但是抛开行为人的主观故意利用行为与帮助行为的客观表现有可能完全相同，因此单从客观方面难以将二者区分开来，考虑到行为人以利用他人为自己实现犯罪的故意实施了利用行为就能够认定，开始利用行为之际为实行着手。

三、帮助犯与共同实行犯间的认识错误

（一）帮助犯与共同实行犯间认识错误的表现形式

在共同犯罪中，帮助犯与实行犯的区别本来就是一个历史悠久的话题，至今刑法理论仍未能彻底解决该问题，而发生认识错误的场合使两者之间的区分变得尤为复杂，但是又必须对两者作出区分，因为毕竟帮助犯和实行犯在共同犯罪中所处的地位、所起的作用以及应当受到的惩罚都不相同。

帮助犯与共同实行犯间的认识错误，简言之，就是由于认识错

误，以帮助他人实施犯罪的故意实施帮助行为，但实际上起到了共同实行犯的实行行为的效果，或者以与他人共同实行犯罪的意思实施实行行为，但实际上起到了帮助他人实施犯罪的帮助行为的效果。因此，该错误实际上也只有这两种表现形式。

之所以会发生这种错误，一方面是行为人的主观认识的问题；另一方面也与各罪之间实行行为的多样化、各种不同共犯类型的复杂化有关，这就使得很多时候同样的行为在不同的犯罪构成中所起的作用是不同的。例如，A欠甲钱已久一直不还，甲便想将A抓起来吓一吓他，但是由于甲一个人没有时间一直看着A，就找来与A素有仇怨的乙帮自己看着A，以防止A逃跑（例26）。在本案中，甲和乙就可能会认为乙的行为属于帮助甲的非法拘禁行为的放风行为，应当成立帮助犯，但根据我国现行刑法的规定乙的行为属于非法拘禁罪的实行行为，应该按该罪的共同实行犯处罚。

（二）帮助犯与共同实行犯间的认识错误的处理

要处理帮助犯与共同实行犯间的认识错误，就必须了解有关区分帮助犯与共同实行犯的学说，因为学说间的差异将影响到发生该错误的场合究竟应当根据行为人的主观意思还是客观行为来认定他应当成立的共犯类型。

目前，德日刑法学界的主要观点有：主观说。该说主张以为自己的意思而参与犯罪的是共同实行犯，以为帮助他人犯罪的意思而参与犯罪的是帮助犯。[①] 客观说。该说内部又可分为形式客观说和实质客观说。[②] 形式客观说认为，凡参与分担构成要件之实行行为的是共同实行犯，凡参与实施构成要件以外的行为的是帮助犯；实质客观说认为，应当整体考察各共犯人的行为，凡对于犯罪的实现承担了重要的角色的是共同实行犯，凡承担了次要角色的是帮助

① 参见马克昌主编：《犯罪通论》，武汉大学出版社1999年版，第551页。

② 参见陈子平著：《刑法总论》（2008年增修版），中国人民大学出版社2009年版，第414页。

犯，至于如何区分重要角色与次要角色，一般需要综合考虑有无共同实行的意思、各共犯人的地位、有无实行行为的分担等。行为支配说。该说认为对于全体犯罪过程基于支配的意思并处于支配地位的是共同实行犯，没有支配的意思并处于辅助地位的是帮助犯。[①]对于上述学说，除了主观说弊端过多，鲜有学者支持外，其他二说都有一定的影响。

我国学者多认为，应当坚持以主客观相统一原则为依据来区分共同实行犯与帮助犯（本书暂称之为主客观相统一说），即凡是以参与实行犯罪的意思直接实施犯罪构成要件实行行为的是共同实行犯，凡是以帮助他人实现犯罪的意思实施犯罪构成要件实行行为之外的行为的是帮助犯。[②] 当然，也有少数学者采取形式客观说的见解，[③] 而采主客观相统一说与采形式客观说对帮助犯与共同实行犯间认识错误的处理存在较大差异。

1．采形式客观说。行为人以帮助他人实施犯罪的故意实施了犯罪构成要件的实行行为的就应当按照共同实行犯处罚，行为人以参与实行犯罪的意思实施了犯罪构成要件的实行行为以外的行为的，就应当按照帮助犯处罚。这种见解完全是采取客观说的主张来处理帮助犯与实行犯间的认识错误的，而这种处理方式完全忽略了行为人的主观意思，是违反主客观相统一原则的，故而不宜采纳。

2．采主客观相统一说。行为人以帮助他人实施犯罪的故意实施了犯罪构成要件的实行行为的，应当按照错误论的基本原则成立较轻的帮助犯，行为人以参与实行犯罪的意思实施了犯罪构成要件的实行行为之外的行为的，则可以适用共谋共同实行犯的理论按照共同实行犯处罚。当然，有学者可能会指出这样的处理方式与主观

① 参见林山田著：《刑法通论》（增订7版），台大法学院图书部2001年版，第48页。

② 参见马克昌主编：《犯罪通论》，武汉大学出版社1999年版，第552页。

③ 参见刘凌梅著：《帮助犯研究》，武汉大学出版社2003年版，第203～206页。

说的见解并无不同。但笔者认为，之所以产生这样的结果是由于适用了错误论和共犯论的原理而造成的，并非是主客观相统一说本身的问题，并且这样的处理结果也并无不妥。

四、帮助犯认识错误与缺效帮助

缺效帮助，是指行为人以帮助他人实施犯罪的意思实施帮助行为，但由于客观原因使行为人提供的帮助行为并未达到预期的效果，而实行犯以其他方式完成犯罪的情况。例如，甲知道乙欲杀A，便为乙提供枪支，但乙在实行之际害怕使用枪支声音太大容易被人发现，于是改变主意用刀将A杀死（例27）。应当说缺效帮助也属于帮助犯认识错误的情况，毕竟实行犯完成犯罪与帮助犯的帮助行为无关，那么帮助犯是否还应当对实行犯的罪行承担责任呢?笔者认为答案是肯定的。这是因为，按照帮助行为的性质可以将其分为有形帮助和无形帮助，而帮助故意的成立却不需要区分有形帮助的故意和无形帮助的故意，即使行为人以提供有形帮助的意思实施帮助行为，但却因为错误最终实现了无形帮助的效果。在这种场合仍应当对行为人按帮助犯处罚，而不需要认定行为人主观上有无形帮助的故意，只不过也应当注意到有形帮助和无形帮助在共同犯罪中所起的作用的不同，对二者在量刑上区别对待。

第六章

组织犯认识错误

对组织犯来说，最困难的问题之一就是划定他刑事责任的范围，而组织者或被组织者的认识错误无疑会大大增加这种困难，因此处理好组织犯认识错误对准确认定其刑事责任至关重要。

第一节　组织犯的基础理论

组织犯是以分工为标准而划分的共犯人类型，相较于教唆犯、实行犯等其他类型的共犯人，组织犯的争议问题最多，也最复杂，因此研究组织犯认识错误之前应当厘清组织犯的基础理论。

一、组织犯的概念

关于组织犯的概念，我国刑法学界有狭义说和广义说之争。狭义说认为，组织犯是组织、领导犯罪集团和在犯罪集团中起策划、指挥作用的共犯人，该说又被学者们称为“特有类型说”。[①] 广义说中又有两派观点，其中一派观点认为，组织犯是组织、领导犯罪集团或在聚众犯罪中起组织、领导、策划或指挥作用的共犯人，该说又被称为“等同说”；[②] 另一派观点则认为，组织犯就是在共同

① 参见马克昌主编：《犯罪通论》，武汉大学出版社 2001 年版，第 542 页。

② 参见陈兴良：《论共同犯罪的立法与司法完善》，载《法学研究》1989 年第 6 期。

犯罪中组织、领导、策划或指挥他人实施犯罪的共犯人，该说又被称为“一般类型说”。[1] 其中“特有类型说”是学界的通说，而“一般类型说”的支持者也逐渐增多。

从各派观点的争论中可以看出，问题的焦点集中于组织犯的存在范围上，那么该怎么看待上述争议呢？从学理上说，即使在一般共同犯罪中也会存在分工复杂的情况，个别共犯人不直接实行犯罪而是实施组织、领导、策划和指挥行为的可能性也是存在的，如果将组织犯从一般共同犯罪中排除，就会造成对此类共犯人的行为评价上的困难，即他们的行为既不能评价为教唆行为，又不能评价为帮助行为，这样他们与实行犯的共犯关系就无法判定，当然也就无法认定他们在共同犯罪中的作用。因为共犯人的分工是确立共犯关系的依据，也是认定各共犯人在共同犯罪中所起作用的基础（如帮助犯在任何场合都不能认为是主犯）。这样，若采通说的见解就不得不将一般共同犯罪中实施组织、领导、策划或指挥行为的共犯人评价为实行犯，否则他们与实际实行的实行犯间的共犯关系就无法成立，尽管通说在极力地淡化对他们的行为在分工上的评价，但通说对德国刑法学者创造的“无形的共同正犯”理论和日本刑法学者创造的“共谋的共同正犯”理论是持肯定态度的。[2] 由此可以看出，通说认可了这种将一般共同犯罪中的组织行为评价为实行行为的处理方式。这样，通说的处理方式实际上就是将在一般共同犯罪中实施组织行为的共犯人与在犯罪集团中实施组织行为的共犯人区别开来，对前者按实行犯处罚，对后者按组织犯处罚。当然，这

---

① 参见赵辉：《略论组织犯的存在范围》，载《武汉大学学报》（哲学社会科学版）2007 年第 6 期。

② 例如，马克昌教授认为共谋共同实行犯罪的现象在我国社会生活中也是存在的，对这种情况应当根据未实行的共谋者在共同犯罪中所起到的作用来处理。参见马克昌主编：《犯罪通论》，武汉大学出版社 2001 年版，第 529 页。陈毅坚博士认为我国刑法关于胁从犯的规定使“正犯背后的正犯”存在解释的可能。参见陈毅坚：《作为组织支配的正犯后正犯》，载《北方法学》2010 年第 4 期。

也是通说最为诟病的问题之一，实施性质相同的组织行为却只根据组织程度的不同分别评价为不同的行为是不合理的，并且这种处理方式难以贯彻理论的统一性，人为地造成了理论体系上的混乱，德日学者之所以采取“无形的共同正犯”、“共谋的共同正犯”理论是因为其国内刑法典尚未设置关于组织犯的规定，而在我国现行刑法已有组织犯的相关规定的情况下，实在没有必要再这样处理，更何况“共谋共同正犯”理论存在诸多争议问题，即使在日本刑法学界也并非通说的见解。[①] 对于通说的弊端，“等同说”同样无法解决，该说只将组织犯的成立范围扩大到聚众犯罪中，而对于集团犯罪、聚众犯罪之外的共同犯罪中的组织行为，该说同样是按照实行行为来处理的。因此笔者认为，“一般类型说”的见解更为妥当，该说以组织行为的本质属性作为评价的依据从方法论的角度考虑是合理的，并且也能够在现行刑法的规定中找到法律依据，即刑法第 26 条第 4 款“对于第三款规定以外的主犯，应当按照其所参与的或者组织、指挥的全部犯罪处罚”。

本书仍沿用通说的处理方式，因为即使持“一般类型说”的学者也承认与一般共同犯罪相比犯罪集团中的组织犯的主观恶性更大，社会危害性也更为严重，更何况犯罪集团也有其自身的特点，所以应当将二者分开研究。因此，本章只研究犯罪集团中的组织犯认识错误，而将一般共同犯罪中分担组织行为的共犯人的认识错误放在第三章中作为共谋共同实行犯认识错误的内容来研究。[②]

---

① 这一点又与德国不同，德国刑法典第 25 条第 1 款规定，“自己实施犯罪，或通过他人实施犯罪的，依正犯论处”，这样就能够使“正犯背后的正犯”的犯罪现象有解释的可能，因此基于行为支配理论而提出的“无形的共同正犯”在德国却是通说的见解。

② 采取这种处理方式的前提是，能够将一般共同犯罪中的组织行为评价为实行行为，对此学者们大多采取实质价值评价为基础的行为支配理论来论证，即正犯的成立是以行为人对实现构成要件行为的有效控制力为实质条件的。参见李海东著：《刑法原理入门》，法律出版社 1998 年版，第 171 ~ 172 页。就组织犯来说，尽管他没有亲手实施实行行为，但他对犯罪构成的实现具有支配作用，故而能够对他按实行犯处罚。

二、组织犯之其他问题

（一）组织犯的分类

依据我国现行刑法的规定，犯罪集团中的组织犯可以分为两种：一种是犯罪集团的组织者、领导者，另一种是犯罪集团中的指挥者、策划者。其中，前者是犯罪集团的核心，是最高等级的领导者，他能够掌控和支配集团全体成员，并使集团成员服从和遵循集团意志以实现集团的犯罪目的；而后者是犯罪集团的重要组成部分，是犯罪集团的纽带，他是领导者的“传声筒”，能够串联起领导者与集团成员之间的关系，他的存在能够使犯罪集团呈现出一个网状的形态，并且能够使犯罪集团的组织程度更高，体系更严密。当然，第二种类型的组织犯并不是在所有的犯罪集团中都会出现，一般只有那种规模庞大、结构复杂的犯罪集团中才会存在。

从学理上说，犯罪集团的性质也可以作为组织犯的分类方法，如我国现行刑法明文规定的恐怖组织的组织犯和黑社会性质组织的组织犯，还有从犯罪学的角度划分的盗窃集团的组织犯、拐卖妇女儿童集团的组织犯、贩毒集团的组织犯、赌博集团的组织犯以及卖淫集团的组织犯等。这些犯罪集团往往组织严密、等级森严、人数众多，在这些犯罪集团中无论是作为领导者的组织犯，还是作为一般指挥者的组织犯，他们的行为都极具研究价值，但这种价值主要体现在犯罪学的研究上，而对于以“定罪、量刑”为核心的刑法学则研究意义不大。

（二）组织犯的处罚

我国现行刑法并未明文规定对组织犯的处罚，而是通过规定对主犯、首要分子的处罚来实现对组织犯的处罚，因此研究组织犯的处罚就必须厘清他与主犯、首要分子的关系。

1. 组织犯与主犯的关系。关于主犯，我国现行刑法第26条第1款规定，“组织、领导犯罪集团进行犯罪活动的或者在共同犯罪中起主要作用的，是主犯”，由此可以看出我国现行刑法规定了两种类型的主犯，一种是组织、领导犯罪集团进行犯罪活动的共犯人，一种是在共同犯罪中起主要作用的共犯人。其中前者能够与作为犯罪集团的组织者、领导者的组织犯对应，但后者是否能够与作为犯罪集团中的指挥者、策划者的组织犯对应，学者们的主张就有所不同了。有的认为所有的组织犯都是主犯；[①] 有的则认为组织犯所应当承担责任的范围与他所应当承担责任的程度是两个不同的问题，应当根据组织犯在共同犯罪中实际起到的作用来认定其刑事责任的程度，[②] 该学者认为组织犯同样有可能在共同犯罪中承担次要责任。从学理上说，第二种见解是妥当的，尽管犯罪集团中的指挥者、策划者在他所指挥、策划的共同犯罪中，同样能够支配实行犯的实行行为，但这也仅仅意味着能够将他与实行犯等同处理，实行犯中尚有作为从犯的次要实行犯以及被胁迫而实行犯罪的胁从犯之分，犯罪集团中的指挥者、策划者受迫于该集团的领导者而不得不为指挥、策划行为的情况也是可能存在的，故而也可能成立从犯或者胁从犯。但我国现行刑法第 26 条第 4 款的规定，使犯罪集团中的指挥者、策划者无论在何种情况下对他所组织、指挥的罪行都只能够按照主犯处罚，即“对于第三款规定之外的主犯，应当按照其所参与的或者组织、指挥的全部犯罪处罚”，其中“组织、指挥的全部罪行”指的就是犯罪集团中的指挥者、策划者。

2. 组织犯与首要分子的关系。我国现行刑法在总则第 97 条规定了首要分子的概念，即“本法所称首要分子，是指在犯罪集团或者聚众犯罪中起组织、策划、指挥作用的犯罪分子”，在第 26 条第 3 款规定了对犯罪集团首要分子的处罚，即“对组织、领导犯罪集团的首要分子，按照集团所犯的全部罪行处罚”，还在分则

---

① 参见肖扬宇：《论首要分子与主犯、组织犯之关系》，载《石河子大学学报》（哲学社会科学版）2010 年第 2 期。

② 参见向朝阳、邹佳铭：《论组织犯及其刑事责任》，载《中国刑事法杂志》2006 年第 4 期。

规定了对若干聚众犯罪中的首要分子的特别处罚，这样错综复杂的规定使组织犯与首要分子的关系更加难以界定。犯罪集团的首要分子作为集团的组织者、领导者，自然应当是组织犯，但聚众犯罪中的首要分子是否是组织犯则是有争议的，一种观点认为除单独处罚首要分子的聚众犯罪中的首要分子以外，首要分子都是组织犯；[①]另一种观点则认为，聚众犯罪是我国刑法分则规定的、以聚众的方式实施的犯罪类型，故而不适用总则关于组织犯的规定。[②]笔者认为第二种观点的见解更为妥当，理由是：组织犯是以共犯人的分工为标准而划分的共犯人类型，在任意的共同犯罪中共犯人的分工是确立共犯关系成立的基础，但在必要共犯中刑法已对各共犯人的参与方式作出规定，因此没有必要再适用任意共犯中的规定。

因此，组织犯与主犯、首要分子间存在重合关系，详言之，组织犯中既有犯罪集团的领导者又有指挥者，其中前者是首要分子，同时也是主犯，后者不是首要分子，但也是主犯，对于前者应当按照集团所犯的全部罪行处罚，对后者则应当按照他所组织、指挥的全部罪行处罚。

第二节　组织犯认识错误的概述

一、组织犯认识错误的概念

组织犯认识错误，是指在集团犯罪的过程中，组织者、被组织者对组织者组织之罪行或者被组织者实行之罪行的事实情况和法律意义的认识与客观实际不符的情况。在组织犯认识错误的概念中有

① 参见肖扬宇：《论首要分子与主犯、组织犯之关系》，载《石河子大学学报》（哲学社会科学版）2010年第2期。

② 参见向朝阳、邹佳铭：《论组织犯及其刑事责任》，载《中国刑事法杂志》2006年第4期，第35页。

以下几个问题需要注意。

（一）组织犯认识错误的主体

犯罪集团的构成越复杂，分工越细致，其内部成员可能成立的共犯类型就越多，一个犯罪集团同时包含组织犯、教唆犯、帮助犯和实行犯的情况并不罕见，更有甚者还可能出现在此次集团犯罪中是组织犯，在彼次集团犯罪中是实行犯的情况。在集团犯罪的过程中他们都有可能发生认识错误，但对于组织犯来说，重要的是他自己的认识错误和被组织的实行犯的认识错误。因为组织行为是犯罪集团成立的必要条件，而被组织者的实行行为则是实现集团犯罪的必要条件，二者缺一不可，尽管为了完成特定的罪行组织犯可能会同时指挥教唆犯、帮助犯和实行犯，但最终只能由实行犯来完成犯罪。因此，组织犯认识错误的主体应当是组织犯与被组织的实行犯。

（二）组织犯认识错误的认识对象

在集团犯罪过程中，组织犯组织实行犯实施特定罪行以实现集团犯罪的目的，因此组织犯组织之罪自然是组织犯与实行犯都应当认识的对象。再者，对实行犯实施之罪实行犯应当有所认识自不待言，组织犯也是有认识的，因为如果组织犯和实行犯对组织犯组织之罪没有发生认识错误，那么实行犯实行之罪就是组织犯组织之罪，组织犯对自己组织之罪的认识就是对实行犯实行之罪的认识；反之，如果二者对组织犯组织之罪的认识发生了错误，那么在组织犯组织之罪与实行犯实行之罪的重合范围内，组织犯与实行犯有共同的认识（如果两罪没有重合，则共犯关系不成立）。因此，组织犯组织之罪与实行犯实行之罪都是组织犯与实行犯应当认识的对象。

二、组织犯认识错误的分类

犯罪集团中有两种类型的组织犯，一种是集团的组织者、领导者，一种是非领导的指挥者、策划者。组织犯的认识错误首先可以分为两种类型，即集团领导者认识错误与指挥者认识错误。当然，指挥者并非是在任何犯罪集团或者任何一次集团犯罪中都存在的，他与领导者的区别主要体现在犯罪集团中的地位、作用和所应当承担的责任范围上，二者的行为性质则是完全相同的，因此对他们的认识错误的处理也基本相同。

除此之外，还可以采取多种标准对组织犯认识错误进行分类。例如，以错误的主体为标准，可以分为组织犯认识错误与实行犯认识错误，以认识对象为标准，可以分为对组织犯组织之罪的认识错误与对实行犯实行之罪的认识错误，以错误的性质为标准，可以分为组织犯事实认识错误与组织犯法律认识错误，以错误发生的阶段为标准，可以分为组织阶段的组织犯认识错误与实行阶段的组织犯认识错误，以错误是否发生在同一犯罪构成内为标准，可以分为同一犯罪构成内的组织犯认识错误与不同犯罪构成间的组织犯认识错误等。当然也可以采取多种标准并用的方法，如同时以错误的主体与认识对象为标准，分为组织犯对自己组织之罪的认识错误、组织犯对实行犯实行之罪的认识错误、实行犯对组织犯组织之罪的认识错误和实行犯对自己实行之罪的认识错误。

对组织犯认识错误，本书采纳的分类体系是：首先，根据错误的性质将它分为组织犯事实认识错误和组织犯法律认识错误；其次，以错误是否发生在同一犯罪构成内和错误的内容为标准，对组织犯事实认识错误进行更为细致的分类，对组织犯法律认识错误则依旧分为积极的法律错误、消极的法律错误以及对行为相当罪名与刑罚的认识错误。

第三节　组织犯认识错误的处理

组织犯认识错误一般只能够影响到组织犯所应承担的责任范围，而不会影响到他在犯罪集团中的地位和作用。详言之，在组织犯发生认识错误的场合，他所欲组织之罪与实际组织之罪不一致，这样就会产生他实际组织之罪是否属于集团所犯罪行的问题，而实行犯是按照组织犯实际组织之罪来实施犯罪的，故而组织犯的认识错误并不会对实行犯的罪责产生任何影响。在实行犯发生认识错误的场合，他所欲实施的罪行与他实际实现的罪行不一致，这样就会产生他是否要对自己实施的罪行负故意罪责的问题，与此同时也会产生他所实施的罪行是否属于组织犯组织之罪的问题，从而影响到组织犯所应承担责任的范围。在组织犯、实行犯都发生认识错误的场合，所产生的问题更为复杂，既需要判断实行犯是否应对他所实施的罪行负故意罪责，又需要判断实行犯实施之罪是否为组织犯组织之罪，还需要判断组织犯实际组织之罪是否为他所欲组织之罪，从而综合判定集团所犯罪行的范围。由此可以看出，无论是组织犯自己的认识错误，还是实行犯的认识错误，都不会影响到组织犯在犯罪集团中的地位以及他在共同犯罪中的作用。

一、组织犯事实认识错误

组织犯事实认识错误，是指在集团犯罪过程中组织者、被组织者对组织者组织之罪或者被组织者实行之罪的事实情况的认识与客观实际不符的情况。集团犯罪有不同于一般共同犯罪的特点，我国现行刑法规定的犯罪集团是“三人以上为共同实施犯罪而组成的较为固定的犯罪组织”，由此可以看出犯罪集团并不是为了实施一次具体的犯罪而存在的，而是为了实施某一种或几种特定的犯罪而长期存在的组织，因此集团全体成员的共同犯罪故意包括每一次实施具体罪行的故意和作为集团犯罪目的的概括性故意，这样就可能造成即使实际实施的罪行与意欲实施的罪行不一致也能够满足集团犯罪目的的实现的情况。因此，由于集团犯罪目的这一概括性很强的犯罪故意存在使组织犯认识错误在处理上呈现出与一般共同犯罪的认识错误不同的特点。再者，犯罪集团中有两种类型的组织犯，二者与实行犯的共同故意的概括程度有所不同，领导者是集团中最顶层的支配者，故而他与实行犯的共同故意更为抽象，指挥者是集团中具体的支配者，因而他与实行犯的共同故意更为具体，这样看起来好像发生认识错误的场合领导者与实行犯的共同故意更易成立，指挥者与实行犯的共同故意反而不易成立。但这样的结论是错误的，因为在有指挥者的场合，领导者对实行犯实行行为的支配是通过指挥者来实现的，如果由于错误而使指挥者与实行犯间的共同故意不能成立，那么就意味着领导者对实行犯实行行为的支配没有实现，这样即使领导者与实行犯的共同故意再怎么概括也不能成立。

（一）同一犯罪构成内的组织犯事实认识错误

这种错误是指在集团犯罪的过程中组织犯或实行犯对组织犯组织之罪或实行犯实行之罪的事实情况的认识与客观实际不符，但没有超出同一犯罪构成的范围。这种错误主要包括对象错误和方法错误，而组织犯按照他行为的性质，只可能发生对象错误。

1. 对象错误。这种错误包括：组织犯的对象错误，即组织犯在组织实行犯实施犯罪的过程中，由于自己的认识错误而向实行犯指示了他所欲侵害对象之外的对象；实行犯的对象认识错误，即实行犯在实施犯罪的过程中，由于对组织犯指示的对象发生了误认而侵害了另外的对象；组织犯和实行犯都发生对象认识错误的情况，无论二者是基于自己的认识还是基于共同的认识都可能会发生这种错误（后者即是同一犯罪构成内的组织犯与实行犯整体性对象认识错误）。同一犯罪构成内的对象错误不阻却故意成立，处理认识错误的各派学说都持这种见解，组织犯和实行犯都应当对实际造成的结果负故意罪既遂的责任。

2. 方法错误。在实行犯实施组织犯组织之罪的过程中，由于发生偏差而攻击了预定对象之外的对象。例如，甲组织乙杀A，乙向A射击，结果却误中A身旁的B，将B打死（例1）。[①] 对于例1中的情况，具体相一致说认为，甲和乙构成对A的故意杀人罪未遂的共同犯罪，对于B的死亡则需要单独地判断乙是否应当承担过失责任，在认定乙过失责任成立的场合，与其所构成的前罪成立想象竞合犯的关系。犯罪构成形式要件相一致说则认为，甲和乙应当成立对B的故意杀人罪既遂的共同犯罪，乙对A的故意杀人未遂不再评价。另外，对实行犯的方法错误而造成并发案的处理，具体相一致说与犯罪构成形式要件相一致说间的争议更大。例如，甲组织乙杀A，乙向A射击，结果将A打成重伤，并将A身旁的B打死（例2）。对于例2中的情况，具体相一致说的处理方式完全相同；犯罪构成形式要件相一致说的内部则分成了两派三种观点，其中一故意说中的第一派观点与具体相一致说的见解相同，第二派观点则认为甲和乙应当构成对B的故意杀人罪既遂的共同犯罪，对A受重伤的结果则需要单独地判断乙是否应当承担过失责任，在认定乙过失责任成立的场合，与其所构成的前罪成立想象竞合犯的关系，数故意说则认为甲和乙应当分别构成对A的故意杀人罪未遂和对B的故意杀人罪既遂的共同犯罪，两罪是想象竞合犯的关系。

对于上述诸说的争议，首先，无论采取哪种学说对实行犯的过失责任的认定都不会有问题，故而只需要考虑学说本身的合理性就可以了。其次，从说理上来看，具体相一致说更容易解释清楚，因为数故意说和一故意说中的第二派观点都存在论证上的困难，对于这一点本书在共同实行犯整体性认识错误中已经说明，当然在处理组织犯认识错误的问题上是否能够说得通还需要进一步分析，但一

---

① 依据我国现行刑法的规定，犯罪集团的人数被限定在3人以上，因此现实中的集团犯罪不会出现一个组织犯组织一个实行犯实施犯罪的情况，只不过组织犯与单个实行犯的认识错误是处理组织犯认识错误的基础，故而本章的案例都是以此为基础而设定的。

故意说中的第一派观点不仅在处理并发案的场合与具体相一致说完全相同，并且还在一般方法错误与并发案的处理上不能保持理论上的连贯性，因此不足为取，除此之外的三种见解都有讨论的余地。考虑到集团犯罪的特殊性，在即使攻击了错误的对象也能实现集团犯罪目的的情况下，应当认为组织犯与实行犯的共同故意成立。例如，某恐怖组织欲刺杀 A 国总统以达到制造恐怖气氛，报复该国的目的，其组织成员在实施刺杀 A 国总统的过程中发生错误打死了总统身旁的国防部长（例 3）。在本例中该恐怖组织的组织犯与实行犯的共同故意是刺杀 A 国总统，应当说目标明确、意图清楚，但实行犯由于方法错误而打死了国防部长，该实行犯对国防部长的死亡是持过失心理的，但由于即使打死了国防部长也能够满足该恐怖组织的犯罪目的，即制造恐怖气氛并报复 A 国，并且该组织于事后对于这样的结果也是愿意接受的，因此能够认定组织犯与实行犯的共同故意成立。然而，这种情况已经不是处理认识错误的学说所能解决的问题了。与例 3 相反的情况，在只有攻击了预定对象才能满足集团犯罪目的的场合，实行犯由于方法错误而攻击了错误的对象，组织犯与实行犯的共同故意能否成立才是各派见解讨论的焦点。例如，某杀手组织接受他人雇用为他人刺杀仇人 A，该组织成员甲向 A 开枪却误中 A 身旁的 B 将 B 打死（例 4）。在本例中 B 的死亡结果并不能满足该组织犯罪目的的实现自不待言，该组织于事后也不可能接受这样的结果，因为这对于他们来说就意味着行动失败，这样是否还能够认定组织犯与实行犯的共同故意成立就成为问题。在上述三种见解中，笔者认为数故意说在组织犯认识错误的处理上同样没有市场，即使组织犯与实行犯的共同故意具有较强的概括性，并且与集团犯罪目的相关联，但无论是组织犯的犯罪故意还是集团犯罪目的，都是通过实行犯来实现的，实行犯接受组织犯的组织后他自己或者与组织犯共同选定犯罪对象并实施犯罪行为，这样组织犯与实行犯的共同故意就具体化到他们所选定的对象上，而对于实际侵害的对象实行犯主观上所持的是过失心理，如果将这种过失心理抽象地评价为故意，那么组织犯与实行犯的共同故意在实际侵害的对象上已经实现，没有必要对他们所预定的对象再次评价为故意，即使预定对象已经受到了未至既遂的损害。具体相一致说的问题是，一方面在实际的侵害结果能够满足集团犯罪目的实现的情况下没有办法贯彻自己的主张；另一方面对于方法错误与对象错误难以分辨的情况下该说也无法处理。例如，某恐怖组织欲在公交车上安装炸弹炸死不特定的多数乘客，该组织成员甲在公交车上安装炸弹，并欲1小时后遥控引爆，其间该公交车由于发生故障不能继续运输，乘客纷纷下车而该车驶进了修理厂，最终在修理厂发生爆炸，炸死了多名修理工人（例5）。对于这种情况如果认定安装炸弹时为实行着手，那么应当属于方法错误阻却实行犯故意成立，如果认定引爆时为实行着手，那么应当属于对象错误不阻却实行犯故意成立，这样对于这种错误的处理就只能依赖于实行着手的认定，丝毫看不出错误论所应起的作用。反观一故意说中的第二派观点，若采该说的见解则同一犯罪构成内的对象错误和方法错误都不阻却组织犯与实行犯共同故意成立，这样处理的益处是不必再讨论他们的共同故意的概括程度以及与集团犯罪目的的关系，但是该说对在并发案的场合组织犯为什么也要对实际侵害的结果承担故意的罪责更加难以解释清楚，因为他所欲侵害的对象已经受到了伤害，只不过是未至既遂。尽管从共犯的分工上来看组织犯依旧是从属于实行犯，除了现行刑法分则关于组织行为单独处罚的规定外，对组织犯的处罚是以能够认定他所组织的实行犯实施的是他所组织之罪为前提的。这样对实行犯认识错误的处理同样能够及于组织犯，但是通常组织犯并不在实行的现场，故而他无法预见到实行犯对预定对象之外的对象所造成的实际侵害，这一点与实行犯又有所不同。实际上对于实际侵害的对象甚至都难以认定组织犯的过失责任，更难以追究他的故意罪责。

通过对比分析，不得不说犯罪构成形式要件相一致说相对更为合理，而对比法案的处理，尽管组织犯对实行犯实际侵害的结果缺乏预见可能性，但是实行犯的罪行仍是在组织犯的支配下实施的，即仍能够认定实行犯实施之罪是组织犯组织之罪，实行犯对他实际实现之罪负故意既遂责任的场合组织犯也应当承担相同的责任，犯罪构成形式要件相一致说本就不关心行为人行为的具体指向，这对于组织犯同样适用。

（二）不同犯罪构成间的组织犯事实认识错误

这种错误是指在集团犯罪的过程中，组织犯或实行犯对组织犯组织之罪或实行犯实行之罪的事实情况的认识与客观实际不符，且超出了同一犯罪构成的范围。一般来说，这种错误能够阻却组织犯与实行犯的共同故意成立，仅在组织犯组织之罪与实行犯实行之罪有重合关系的场合对二者在重合的范围内处罚。造成这种错误的原因主要有以下几个方面：第一，组织犯与实行犯在通谋的过程中发生误解。第二，实行犯在实行的过程中改变犯意或另起犯意转而实施其他罪行。第三，纯粹的实行中的错误，其中前两种情况也可以认为是组织犯与实行犯的合意不一致。

1. 组织犯与实行犯的合意不一致。当组织犯与实行犯的合意不一致时，组织犯组织之罪与实行犯实行之罪既可能有重合关系也可能没有重合关系，在有重合关系的场合对组织犯应当在重合的范围内按较轻的罪处罚，在没有重合关系的场合虽然一般来说组织犯不应当对实行犯的罪行承担责任，但在一些特殊情况下也存在就实行犯的罪行追究组织犯的责任的可能。

(1) 组织犯组织之罪与实行犯实行之罪有重合关系。例如，组织犯欲组织实行犯实施抢夺行为，实行犯理解为抢劫，于是便实施了抢劫行为（例6），或者恰恰相反，组织犯欲组织实行犯实施抢劫行为，实行犯理解为抢夺，于是便实施了抢夺行为（例7）。对于这种情况，首先，应当判断组织犯组织之罪与实行犯实行之罪的重合范围，具体的判断应当以犯罪构成为依据并采纳实质的、形式的符合说作为判断标准；其次，应当判断两罪的轻重关系，判断的标准主要是法定刑幅度，并且当一罪中有多个法定刑幅度时应当选择与组织犯组织的罪行、实行犯实行的罪行具体相对应的法定刑幅度；最后，若组织之罪重于实行之罪的，对组织犯应该按实行之罪的既遂处罚，若组织之罪轻于实行之罪的，对组织犯应该按组织之罪的既遂处罚，这样无论是例6还是例7中对组织犯都应当按抢夺罪的既遂处罚。

（2）组织犯组织之罪与实行犯实行之罪没有重合关系。例如，组织犯甲组织实行犯乙抢劫A女的财产，而乙见A女漂亮便实施了强奸行为（例8）。这种场合，通常对组织犯是无法处罚的，因为实行犯并没有犯组织犯组织之罪，而依据现行刑法的规定组织未遂是不可罚的，这一点与教唆犯有所不同。但是下列三种情况却比较特殊：

第一，实行犯所犯的组织犯组织之罪之外的罪行是为了完成组织之罪所必须实施的。例如，组织犯甲组织实行犯乙实施杀害A的行为，乙在杀A的过程中遭到A和他的妻子B的反抗，乙为了完成杀A的任务将A和B全部杀死（例9）。对于这种情况，首先应当判断组织犯与实行犯的合意是否严密，即他们的共同故意是否仅限于杀死A，如果合意严密则甲不必对乙杀死B的行为负责，如果合意不严密则需要继续判断甲对乙杀B的行为是否能够预见，在有预见的场合能够就B的死亡追究甲的责任。因为，仅仅是合意不严密的情况并不能就此得出甲杀A的故意中包含有杀B的意思，但如果当甲预见到乙在实施杀A的过程中可能遇到其他人的抵抗且不排除抵抗就无法实现杀A的意图时，甲仍执意要求乙必须杀死A，那就意味着甲杀A的故意中包含了排除障碍的意思，这样即使乙为了排除障碍而把B打成重伤，甲也应当对B受重伤的结果承担故意罪责，因为这个时候甲的故意实际上可以认为是概括的故意，即以杀死A为核心包括了为排除障碍而实施其他犯罪的故意。

第二，实行犯实行之罪与组织犯组织之罪的罪质相同。例如，某诈骗集团组织犯甲组织实行犯乙实施诈骗A财产的行为，乙至A

家发现A不在家，便潜入A家窃取A的财产（例10）。如果严格贯彻犯罪构成形式要件相一致说的主张，那么在这种情况下组织犯与实行犯的共同故意不成立，也无法就实行犯的罪行追究组织犯的罪责。这样，如果最终甲接受了乙所窃取的财产，对甲也只能按窝赃罪处罚，但这种处理方式显然与甲的主观恶性以及他行为的危害性不符，容易轻纵罪犯。而日本刑法理论中，传统的罪质符合说也不能解决该问题，该说不仅要求在构成上互不重合的两罪所保护的法益相同，还要求侵害法益的行为方式相同，[①] 而由于盗窃行为与诈骗行为的性质不同，因此对例10中乙的罪行也无法追究甲的责任。但是，由于学者们对保护法益的同一性和侵害法益行为方式的共同性的理解不同使今日之罪质符合说的具体主张也各有不同。例如，有学者主张“从日常生活的实态来看遗弃生死不明的人能够同时满足单纯遗弃罪和遗弃尸体罪的构成要件，无论行为人以哪种故意而实施遗弃行为都能够按实际实现的犯罪处罚”。[②] 因此笔者认为，对罪质符合不应当理解得过于狭窄，即使侵害法益的行为方式不同，但只要它们的社会危害性相同、对它们的处罚相同、保护法益相同就能够认为两罪的罪质相符，如例10中甲所图者，无非是A的财产，只不过他预想的是以诈骗的方式获得A的财产，而窃取的方式本不在他的故意中，他的组织成员乙根据客观情况的变化而改变了行为方式，以窃取的方式获得了A的财产，同样也满足了集团犯罪目的的实现。又因为盗窃罪与诈骗罪的保护法益相同，处罚也基本相同，尽管盗窃行为与诈骗行为的性质不同，但二者的社会危害性基本相似，因此从罪质相符的角度考虑也能够认定甲与乙构成盗窃罪既遂的共同犯罪。

---

① 参见刘明祥著：《错误论》，法律出版社、日本成文堂1996年联合出版，第46页。

② 参见刘明祥著：《错误论》，法律出版社、日本成文堂1996年联合出版，第46页。

第三，实行犯实行之罪并非组织犯组织之罪，但两罪的犯罪构成完全相同。例如，组织犯甲组织实行犯乙实施杀害 A 的行为，而乙在实施杀 A 的过程中发现 A 的弟弟 B 是自己的仇人，于是乙将 B 杀死而没有杀 A（例 11）；又如盗窃集团组织犯甲组织实行犯乙盗窃某展览馆的绝世名画，乙在实施盗窃行为的过程中发现该馆对名画保卫森严，不易得手，同时发现馆内财物部门戒备松弛，于是乙盗走 1 万元现金（例 12）。对于这种情况的处理，关键在于能否把实行犯实行之罪评价为组织犯组织之罪，至于评价的标准：首先，可以考虑具体相一致说。若采该说，组织犯与实行犯在对犯罪构成有重要意义的事实上的认识的具体不一致能够阻却他们的共同故意成立，这样无论是在例 11 中还是在例 12 中甲和乙的共同故意都不成立，乙单独对他所实施的罪行负责，这是因为不仅侵犯他人生命这样具有一身专属性的法益对犯罪构成来说是重要的事实，而且在我国现行刑法所规定的盗窃罪中盗窃国家保护文物等特定财产与盗窃普通财产也有本质的不同。其次，可以通过判断实行犯实行之罪与组织犯的组织行为间是否存在因果关系来认定。在这种场合，应当从组织犯与实行犯共谋的关键内容来判断实行犯改变预定侵害对象的行为是否切断了组织犯的组织行为与实行犯实行之罪间的因果关系，在例 11 中，组织犯与实行犯共谋的关键内容是杀害特定对象 A，而实行犯以自己的意思改变侵害对象的行为就意味着他放弃了与组织犯共谋的罪行；在例 12 中组织犯与实行犯共谋的关键内容是盗窃特定对象“绝世名画”，而实行犯实施的盗窃普通财产的行为也不能认为是组织犯的组织行为引起的。

2. 纯粹的实行中的错误。这种情况是指实行犯与组织犯的合意一致，但实行犯在实施犯罪的过程中由于错误而造成了合意之外的结果，且实际侵害的结果与预定侵害的结果不在同一犯罪构成内。原则上，不同犯罪构成间的错误阻却故意成立，组织犯和实行犯都不需要对实际造成的结果承担故意罪责，二者只构成对预定之罪的故意罪未遂的共同犯罪，而对实际侵害的结果只需要单独判断实行犯是否应当承担过失责任以及刑法有无相关处罚规定。但如果组织犯和实行犯预定之罪与实行犯实现之罪在犯罪构成上有重合的场合，则能够在重合范围内认定他们的故意罪责。

二、组织犯法律认识错误

在集团犯罪的情况下，无论是组织犯还是实行犯，不知自己的行为违法是难以想象的，故而他们是不会发生消极的法律错误的，但是积极的法律错误和对行为相当罪名和刑罚的认识错误却仍是有可能存在的。前者的例子是，误认为通奸行为是犯罪行为，纠集3人以上形成固定的组织以使他（她）人便于离婚为目的，长期为他（她）人提供引诱其配偶发生性关系的服务（例13），这种情况组织者和被组织者都不构成犯罪；后者的例子是，纠集3人以上形成固定的组织长期盗伐森林而误认为构成盗窃罪的（例14），这种情况对组织犯和实行犯应当按他们实际实施的犯罪处罚。

三、组织犯与间接实行犯、教唆犯间的认识错误①

组织犯对被组织者主体、主观方面的认识错误，即对被组织者有无责任能力、有无犯意的认识错误，会造成组织犯与教唆犯、间接实行犯间的认识错误。

（一）组织犯与间接实行犯间的认识错误

这种错误是指组织犯误认为被组织者是有责任能力的人而组织被组织者实施犯罪，而被组织者实为无责任能力的人，这样组织犯的组织行为实际上起到了间接实行犯的利用行为的效果。在这种情况下，对组织者应当按间接实行犯处罚，这是因为组织他人实施犯

① 组织犯与帮助犯间是不会发生认识错误的，因为对被组织者有无犯意的认识错误会使组织行为起到教唆行为的效果，而对被组织者有无责任能力的认识错误会使组织行为起到间接实行犯的利用行为的效果，无论如何组织行为都无法评价为帮助行为，反之亦然。

罪的故意中包含了支配被组织者行为的意思，而这种支配意思完全能够评价为对被组织者行为的利用意思。但在相反的情况下，间接实行犯以为被利用者无责任能力而利用被利用者实施犯罪，而被利用者有责任能力，这里间接实行犯的利用行为却不能评价为组织行为，还要根据被利用者有无犯意而分别评价为帮助行为或教唆行为，这是由组织行为的特殊性质所决定的。

(二) 组织犯与教唆犯间的认识错误

这种错误是指组织犯误认为被组织者有犯意而组织被组织者实施犯罪，而被组织者没有犯意，这样组织犯的组织行为实际上起到了教唆行为的效果。组织行为与教唆行为本就关系密切，参加犯罪集团的被组织者，有的是积极参加的，有的是被劝说、引诱参加的，有的是被胁迫参加的（尽管后两者的情况可以认为被组织者是受组织者教唆而参加犯罪组织的，但根据我国现行刑法的规定，教唆他人加入犯罪集团的行为仍被评价为组织行为），他们在加入犯罪集团之后都有了实行犯罪的故意，尽管还不是某个具体的罪的故意，这样在组织犯组织被组织者实施具体犯罪的过程中，组织行为是不会起到教唆行为的效果的；而对于那些以接受组织犯的组织而实施具体犯罪的方式加入犯罪集团的被组织者，组织犯的组织行为是有可能起到教唆行为的效果的，即使组织行为起到了教唆行为的效果，但也能够认为是组织行为与教唆行为的竞合，并因为组织行为同时还包含组织、领导、指挥和策划的作用而远远大于教唆行为的作用，因此对于该组织者仍应当按照组织犯处罚。同样，教唆犯误认为被教唆者无犯意而教唆被教唆者实施犯罪，而被教唆者有犯意的，教唆者的教唆行为是不能够评价为组织行为的，因为教唆行为与实行行为间不具备较强的控制和支配关系。

第七章

共犯认识错误的其他问题

第一节　共犯认识错误与身份

在共同犯罪的场合，共犯人的身份是否是其他共犯人犯罪故意的认识要素，对身份的认识错误是否会对共犯人的罪责产生影响，这些都是研究共犯认识错误所必须解决的问题。

一、共犯认识错误与身份的概说

通俗地讲，身份就是对一个人在社会上或法律上的地位的抽象称谓。而刑法上的身份，则是指因刑事法律关系的调整而产生的，影响定罪量刑的一种法律上的地位、资格等，即个人的、特殊的、影响定罪量刑的因素，其特点主要是法定性、人身性和联责性。一般来说，刑法上的身份可以分为以下几种：第一种是基于年龄和身体状况而产生的身份；第二种是基于性别而产生的身份；第三种是基于职务和职业而产生的身份；第四种是基于自然事实和法律规定而产生的身份（又称为事实的身份和法律的身份）。

由于行为人所具有的不同的个人因素会使他的行为具有特殊的社会危害性，刑法通常会设定特别的规定，符合该规定的场合就构成了身份犯。当身份犯存在于共同犯罪中，就不得不考虑各共犯人所具有的身份对定罪量刑产生的影响，一直以来共犯与身份的关系都是共犯论中重点讨论的对象。一般来说，在单独犯的场合，行为人并不需要对自己所具有的身份有所认识，但在共同犯罪中却未必如此，部分共犯人对其他共犯人的身份的认识错误就可能对他的罪责产生影响。例如，在纯正的身份犯的场合，通常认为其他共犯人应当对有身份者的身份有所认识才可能与有身份者共同构成有身份者之罪，这样其他共犯人对有身份者的身份发生认识错误时，就应当适用错误论的学说判断发生错误的共犯人对他所实施的行为应当承担的责任。

由于不同类型的共犯人参与共同犯罪的方式不同，因而在发生上述错误时对不同类型的共犯人，受其参与方式的影响，在处理上也体现出一定的差别，故而下文分别就不同类型的共犯人对身份的认识错误展开研究。

二、共同实行犯认识错误与身份

在共同实行犯罪的场合，各实行犯参与实行的是纯正的身份犯还是不纯正的身份犯在处理上有所不同。

（一）共同实行纯正的身份犯的实行犯认识错误

1. 实行犯法律身份认识错误。所谓法律身份，是指行为人基于法律的赋予而形成的身份，如军人、国家机关工作人员、司法机关工作人员、在押的罪犯等。法律身份属于继受身份，与个人的自然因素无关，存在被剥夺的可能，其他人发生认识错误的概率较大。

在数人共同实行犯罪的过程中，其他实行犯对有身份的实行犯的身份发生认识错误的场合通常会对各实行犯的罪责造成影响。例如，不具有国家机关工作人员身份的甲邀约刚认识的乙共同对A国家机关实施盗窃行为，不料乙正好是A机关的工作人员，由于受到领导批评正怀恨在心，意图报复，于是两人约定由乙实施盗窃行为，甲负责接应和销赃，随后甲和乙共同进入该机关，乙利用职务上的便利将自己与他人共同保管的财物交给甲，由甲带出并销赃（例1）。在本例中，甲的犯罪故意的内容是和乙共同实施盗窃行为，甲并不知道乙就是A机关的工作人员，更没有与乙共同利用乙职务上的便利的故意；而乙因为具有国家机关工作人员的身份并利用职务之便非法占有了机关财产，故而其行为构成贪污罪。在这种情况下，甲意图实现的是盗窃罪，而乙所实施的是贪污罪，那么甲和乙是否能够成立共同犯罪的关键就在于是否能够认定贪污罪与盗窃罪在犯罪构成上有重合关系。详言之：如果乙实施的是利用职务之便的窃取行为，从规范的立场来看应当能够认为与盗窃罪中的窃取行为重合，因此能够认定甲和乙成立共同犯罪，对甲应当在其所认识的范围内按盗窃罪处罚，对乙则应当按贪污罪处罚；如果乙实施的是利用职务之便的侵吞、骗取行为，那么就难以认定乙实际实施的贪污罪与甲所欲实施的盗窃罪在犯罪构成上有重合关系，这样甲和乙就不成立共同犯罪，对于甲应当按盗窃罪的未遂和销赃罪数罪并罚，乙则单独成立贪污罪。又如，甲以前是一名国家机关工作人员，但因为违反规定而被单位开除，甲被开除后利用以前具有的国家机关工作人员的身份招摇撞骗，某日甲意欲对A行骗，并与乙相约共同实行，乙与甲素来相识，但不知道甲已经被开除，以为甲依旧是国家机关工作人员而乙又认识A，乙依约与甲同去为甲说好话使A相信甲并替甲收受A的财物（例2）。对于这种情况，乙不知道甲已经不具有国家机关工作人员的身份，故而认为甲实施的是向他人索取贿赂的行为，乙以参与甲的索贿行为的故意实施了为甲说好话和替甲收受A的财物的行为，但实际上甲实施的是招摇撞骗的行为。尽管从客观上来看，乙为甲说好话的行为使甲的欺骗行为能够顺利完成，但因为招摇撞骗罪中的冒充国家机关工作人员行骗的行为与受贿罪中的索贿行为间并不存在重合关系，所以不能让乙对其故意范围外的行为负责，故而对乙应当作无罪处理，甲则单独成立招摇撞骗罪。

2. 实行犯事实身份认识错误。事实身份，又称为自然身份，是指行为人身份的形成是基于事实原因而取得的。例如，男女性别、亲属关系、怀孕妇女、有精神疾病的人、有特定年龄界限的人

（如不满14周岁的人或已满14周岁不满16周岁的人）等。[①] 事实身份属于原始身份，与法律的规定无关，通常是基于自然发生的事实而拥有或消灭，一般易于辨认，发生错误的概率较小。

在数人共同实行犯罪过程中，如果其他实行犯对有身份的实行犯的事实身份出现了认识错误，则也应当按照错误论的基本原则处理。例如，甲欲杀害A，但苦于自己一人无法完成犯罪，便诱骗经常和自己一起鬼混的乙共同实行，乙虽然身材高大且长相成熟，但仍未满14周岁，而甲认为乙已经成年，而后二人共同将A杀死（例3）。在本案中，由于乙未满14周岁故而无须对自己参与实行的故意杀人罪负责，甲和乙并不成立共同犯罪，甲应当独自承担故意杀人罪的责任，即使最终A的死亡是由乙造成的，但乙的行为不过是甲意图完成犯罪的工具，并且由于甲已经参与了犯罪的实行故而应当构成故意杀人罪的直接实行犯而非间接实行犯。又如，甲女对自己的室友A女心怀嫉妒，便产生找人强奸A，使A难以做人的故意。某日甲找到住在附近的小混混乙，并将自己的意思告知乙，而乙实际上是女性，只不过是同性恋，衣着装束看起来和男性一样，乙对A早已有意便欣然答应，于是当晚甲和乙潜入甲的家中将A按倒在床上，甲摁住A的手臂任由乙对A实施猥亵行为（例4）。[②] 在本案中，甲意图实现的是强奸A的行为，但由于对乙的性别发生误认而实际实施的是强制猥亵A的行为，由于强奸罪和强制猥亵罪在犯罪构成上有重合之处，因此能够认定甲和乙成立共同犯罪，二人共同承担强制猥亵妇女罪的责任。

由此可见，无论是对法律身份的认识错误，还是对事实身份的认识错误，都可能阻却共同犯罪故意成立。但无论是否成立共同犯

---

① 对于精神疾病和年龄究竟属于事实身份还是法律身份，学者之间是有争议的。有的学者认为二者是需要依据法律的规定来确认的，故而应当属于法律身份；有的学者则认为二者属于行为人本身的自然状态，故而应当属于事实身份。

② 对于该案中甲的行为也有学者认为是帮助强奸的行为，但强奸罪是由暴力胁迫行为和奸淫行为两部分组成的，行为人分担实行暴力行为应当认定为强奸罪的实行犯。

罪，对没有发生错误的实行犯都应当按他实际实现的犯罪处罚。而对于发生错误的实行犯，首先，在否定共犯关系成立的场合，如果他误认为无身份者为有身份者，意图与有身份者共同利用有身份者基于身份的行为实施犯罪，那么由于实际上他是与无身份者共同实行，所以对发生错误的实行犯将会造成不可罚的现象，如上述例2中的情况；如果他误认为有身份者为无身份者，那么他主观上并没有利用有身份者基于身份的行为的故意，即使共同实行的有身份者实施了基于身份的行为，也只能对发生错误的实行犯按他实际实施的犯罪处罚。其次，在肯定共犯关系成立的场合，如果发生错误的实行犯误认为无身份者为有身份者，意图与有身份者共同利用有身份者基于身份的行为实施犯罪，那么由于他是与无身份者共同实行，所以只能对他按实际实施的犯罪处罚，如上述例4中的情况；如果发生错误的实行犯误认为有身份者为无身份者，那么他主观上同样并没有利用有身份者基于身份的行为的故意，对他同样应当按实际实施的犯罪处罚。

(二) 共同实行不纯正的身份犯的实行犯认识错误

共同实行犯中无身份的实行犯对其他实行犯的加减的身份的认识错误是不影响共同犯罪故意的，因为加减的身份只对具有该身份的实行犯的量刑有影响。例如，甲女与其情夫乙共谋将甲的丈夫A杀死，乙起初害怕承担责任不愿实行，甲明知自己已经怀孕，即使案发也不会被判处死刑，于是极力劝说乙，并表示愿意承担主要的杀人行为，而乙只需排除A的反抗即可，于是二人共同实行，由于实行中甲体力不支，乙不得不将A杀死（例5）。对于这种情况，尽管甲女对乙隐瞒了怀孕的事实，但并不影响乙的罪责，而对于乙所认为的甲是造意者、谋划者、实行者理应由甲承担主犯的责任，但由于甲具有法定情节，因此不适用死刑，而乙在实行中从次要实行犯转变为主要实行犯，因此对乙完全有适用死刑的可能。

由于在共同实行犯罪过程中，各实行犯均参与实行犯罪，当部分实行犯对其他实行犯的身份发生认识错误而导致他所欲实施之罪与实际实现之罪不一致的场合，总的原则是在两罪重合的范围内承认共犯关系成立，而对于重合范围外的罪行，则应当单独判断各实行犯所应当承担的罪责。

三、教唆犯认识错误与身份

教唆者对被教唆者身份的认识错误对他所应当承担的罪责会发生重要的影响，该错误主要表现为误认为有身份者为无身份者而教唆和误认为无身份者为有身份者而教唆。

（一）误认为有身份者为无身份者而教唆

对于这种情况，教唆者本身是否具有身份并不重要，通常是教唆者教唆被教唆者实施一般的犯罪，但由于被教唆者具有身份，所以实现了有身份者之罪。例如，甲教唆乙去A国有公司盗窃财产，但甲并不知道乙就是该公司的工作人员，乙随后利用自己管理财物的便利非法占有了公司财产（例6）。在本例中，甲对乙的身份出现了错误的认识，他本意不过是要教唆乙实施盗窃行为，尽管乙是有身份者，并利用身份实施非法占有公司财产的行为，但甲主观上并没有利用乙的职务之便的意图。因此，如果乙所实施的是利用职务之便的窃取行为，那么同样从规范的立场来看能够认为与盗窃行为重合，故而应当认定甲和乙成立共同犯罪，甲构成盗窃罪的教唆犯，乙则构成贪污罪；如果乙所实施的是利用职务之便的侵占、骗取行为，那么甲和乙就不成立共犯关系，甲应当构成盗窃罪的教唆未遂并按我国现行刑法第29条第2款的规定处罚，乙仍构成贪污罪。

（二）误认为无身份者为有身份者而教唆

这种情况主要是指教唆者意图教唆有身份者实施特定之罪，但由于对被教唆者的身份发生认识错误，把无身份者当做有身份者而教唆。例如，甲去A国有公司办事经常能见到乙在那里办公就认为乙是该公司的工作人员，便唆使乙利用职务之便侵占该公司的一批货物，而乙不过是该公司的临时工作人员，并没有管理该批货物的职权，但为了甲许诺的丰厚回报乙最终实施盗窃行为将该批货物交与甲（例7）。在本例中，甲误认为乙是该国有公司的工作人员而唆使其实施贪污行为，甲主观上有利用乙的职务之便的故意，但实际上乙并不具备国家工作人员的身份，乙实施的是盗窃行为。对于这种情况，如果甲教唆乙实施的是利用职务之便的侵吞、骗取行为，那么甲和乙之间的共犯关系就不成立，甲应当构成贪污罪的教唆未遂并按我国现行刑法第29条第2款规定处罚，乙则构成盗窃罪；而如果甲教唆乙实施的是利用职务之便的窃取行为，就能够认定甲和乙成立共同犯罪，对甲应当按盗窃罪的教唆犯处罚，乙仍构成盗窃罪。但是，在后者的场合就可能会出现对甲按贪污罪的教唆未遂处罚重于按盗窃罪的教唆犯处罚，在这种场合对甲按贪污罪的教唆未遂处罚无疑更加符合他的主观恶性，虽然不具有国家工作人员身份的人不可能构成贪污罪的实行犯，但完全可以构成该罪的教唆犯，甲基于教唆他人犯贪污罪的故意实施了教唆行为，只不过由于认识错误而使甲的故意未能实现，故而对甲按贪污罪的教唆未遂处罚也能够符合主客观相统一原则的要求。

当然，实践中还有可能出现把此种身份的人当做彼种身份的人而教唆的情况，对这种错误的处理方法与前述两种错误基本相同。

四、帮助犯认识错误与身份

帮助者对被帮助者身份的认识错误同样可以分为误认为无身份者为有身份者而帮助和误认为有身份者为无身份者而帮助。

（一）误认为有身份者为无身份者而帮助

这种情况主要是指帮助者误认为有身份者为无身份者而意图帮助其实施一般的犯罪，而由于被帮助者具有身份而实现了有身份者之罪。例如，甲为A国有公司的工作人员，意图侵吞本公司的一批货物，但苦于无处销赃，便找到乙，告诉乙自己准备盗窃一批货物并要乙帮助自己处理赃物，乙欣然许诺，于是甲利用职务之便非法占有了本公司的货物并交与乙处理（例8）。在本例中，乙并不知道甲是A公司的工作人员，更没有利用甲职务上的便利的故意，而是认为自己帮助甲实施的是普通的盗窃行为，但由于甲是有身份者并利用职务之便实施了贪污行为。对于这种情况，如果甲所实施的是利用职务之便的窃取行为，那么就能够认定甲和乙之间的共犯关系成立，对乙应当按照盗窃罪的帮助犯处罚，甲则构成贪污罪；如果甲所实施的是利用职务之便的侵吞、骗取行为，则甲和乙之间并不成立共犯关系，甲独自承担贪污罪的责任，而乙帮助甲处理赃物的行为可按窝赃罪处理。当然，实践中不排除发生错误的帮助者的帮助行为不能单独定罪的情况，这种场合如果否定共犯关系成立，对帮助者就只能按无罪处理。

（二）误认为无身份者为有身份者而帮助

这种情况是指帮助者误认为无身份者为有身份者而以帮助其实施有身份者之罪的意思实施帮助行为，但由于被帮助者并无身份，故而最终实现了其他犯罪。例如，甲以前是国家机关工作人员，由于违法乱纪被开除，而后甲以先前拥有的国家机关工作人员的身份实施招摇撞骗，某日甲欲对A实施欺骗行为并要乙帮助收受A的财产，而乙与甲素来相识，知道甲是国家机关工作人员，但不知其已经被开除，故而乙以为自己帮助甲实施的是受贿行为，最终乙替甲收受了A的财产（例9）。在本例中，乙并不知道甲已经没有了国家机关工作人员的身份，而以帮助甲实施受贿行为的意思实施了帮助行为，其主观上有利用甲职务之便的故意，但由于甲已经失去了国家机关工作人员的身份，因而甲实施的是招摇撞骗的行为。对于这种情况，由于招摇撞骗罪的行为构成与受贿罪的行为构成并没有重合关系，因此对甲应当按招摇撞骗罪处罚，而对乙由于其主观上意图实施帮助他人受贿的行为，客观上却实施了帮助他人招摇撞骗的行为，主客观不一致，因此只能按无罪处理。

第二节　共犯认识错误与结果加重犯

多数日本学者在研究共犯认识错误的过程中都会涉及结果加重犯问题，而我国学者通常是将该问题放在共犯过限的范畴下研究的，这主要是因为共犯认识错误与共犯过限在内容上有交叉重合之处，而共同犯罪的结果加重犯又恰恰处于这个重合地带。由于本书采取的是广义的共犯错误论，因此将由于共犯人的认识错误而造成的结果加重犯放在共犯错误论中研究。在结果加重犯的场合，除了是出于故意的心理态度之外，重结果的发生对于行为人来说本身就属于认识错误，自然就会与错误论发生联系，只不过由于结果加重犯自有一套理论体系，因此在单独犯的场合并不需要在错误论中特别地研究结果加重犯。但是，就像很多理论与共同犯罪相结合就会变得异常复杂一样，结果加重犯也不例外，而在共同犯罪中成立结果加重犯的场合又与共犯人的认识错误息息相关，因此在共犯认识错误中研究结果加重犯就显得很有必要了。

一、共同实行犯认识错误与结果加重犯

在数人共同实行犯罪的过程中，实行犯发生认识错误的场合就可能需要判断是否成立结果加重犯，是发生错误的实行犯单独成立结果加重犯还是所有实行犯成立结果加重犯的共犯等问题。一般来说，当共同实行犯的认识错误发生在不同犯罪构成间的场合才有成立结果加重犯的可能，也正是由于重结果已经超出了特定犯罪的基本构成法律才不得不加重其刑，因此共同实行犯的认识错误至少应当发生在基本构成与加重构成或者是不同类型的加重构成之间，而如果共同实行犯认识错误发生在同一犯罪构成内则只需要解决各实行犯对于实际发生的结果是否承担故意罪责即可，根本就不存在基本结果与重结果之分。

在共同实行犯发生不同犯罪构成间认识错误的场合，可能产生

部分实行犯成立结果加重犯和全体实行犯成立不同类型的结果加重犯的情况，但由于我国现行刑法不处罚过失的共同犯罪，所以不可能出现全体实行犯成立结果加重犯的共犯的情况。共同实行犯不同犯罪构成间认识错误的不同表现形式对于判断各实行犯成立何种类型的结果加重犯会产生重要的影响，所以本书按照该错误的不同表现形式来研究各实行犯结果加重犯的认定。

（一）各实行犯意思联络不一致下的结果加重犯

发生这种错误的场合，一方面是因为各实行犯之间存在误解；另一方面是因为部分实行犯改变犯意，无论是哪种原因引起的错误，可能成立结果加重犯的情况都非常复杂。

首先，部分实行犯成立结果加重犯的情况。例如，甲意欲伤害A，乙意欲杀A，乙误认为甲要杀A便与甲相约共同实行，结果甲实施伤害A的行为，乙实施杀A的行为，二人共同将A杀死（例10）。这种情况较为简单，一般认为甲和乙在故意伤害罪的范围内成立共同犯罪，对乙应当按故意杀人罪处罚，对甲应当按故意伤害罪处罚，并且甲应当负担故意伤害致死的责任，即甲独自成立结果加重犯。在这种场合，尽管A的死亡是由乙的行为造成的，但是乙杀害A的行为同时又属于其与甲共同实行的伤害A的行为，由于共同实行犯的场合奉行“部分行为全体责任”的原则，甲自然应当对A的死亡结果负责；并且对于甲来说即使他只有轻伤的故意也因为实施伤害行为之际他应当预见可能会造成被害人死亡的结果，并有义务避免这种结果发生，那么无论是甲没有预见到A的死亡结果或者是他已经预见但轻信能够避免都应当就A的死亡追究甲的过失责任，这样甲就构成了故意基本行为加过失重结果的结果加重犯类型。但是，如果甲只有殴打A的意思（类似于德日刑法中暴行的故意），且根本没有可能预见到乙要杀害A，是否仍应当让甲对A的死亡负责呢？对于该问题，我国刑法学界存在两种不同的观点：有的学者认为，由于殴打行为不具有引起重伤或死亡结果的可能，因此不应当让甲对A的死亡承担责任；[①] 有的学者则认为，在二人以上共同故意实行犯罪的过程中只要部分实行犯实现了结果加重犯的构成，其他实行犯即使没有直接实施导致重结果发生的行为也应当作为结果加重犯处罚。[②] 笔者认为，第二种观点较为妥当，理由在于：首先，认为殴打行为不是具有造成重伤或死亡的具体危险的类型化的行为是缺乏理论依据的，我国刑法理论并不区分殴打故意与伤害故意，通常行为人以殴打的故意实施伤害行为的场合应当根据伤害行为造成的结果处罚，这是因为在实施殴打行为的过程中极有可能对被害人造成伤害的结果是不言自明的，当伤害结果的发生并没有意外因素介入的时候行为人并没有合理的理由能够使他确信可以避免该伤害结果，如果行为人只想殴打被害人，那么他就必须在实施殴打行为的过程中时刻注意控制其行为以避免造成伤害结果，否则他对于伤害结果至少是出于容忍的心理态度；其次，在共同实行犯罪的过程中各实行犯间发生误解的情况下部分实行犯对其他实行犯超出合意的行为是否具有控制力应当根据合意范围外的行为与合意范围内的行为的关系来判断，如果二者关系密切，如在性质上能够成立吸收与被吸收的关系等，那么部分实行犯对其他实行犯超出合意的行为所导致的结果也应当承担过失责任。再者，如果是部分实行犯另起犯意的情况对其他实行犯是否还能够作相同的处理呢？例如，甲和乙意欲伤害A，在二人共同实施伤害行为的过程中乙起了杀意将A杀死（例11）。对于这种情况的处理，关键在于是否能够认为乙改变犯意将A杀死的行为切断了其与甲共同伤害A的行为而独立地造成A的死亡。笔者认为，如果乙改变犯意而实施的杀人行为发生在其与甲共同实施伤害行为的过

① 参见李邦友著：《结果加重犯基本理论研究》，武汉大学出版社2001年版，第177页。

② 参见林亚刚、何荣功：《结果加重犯共同正犯刑事责任的探讨》，载《郑州大学学报》（哲学社会科学版）2002年第4期。

程中，则甲仍应当对 A 的死亡承担结果加重犯的责任，因为甲虽然对乙所实施的杀人行为无法预见，但甲对伤害行为可能导致 A 的死亡是有预见的，而乙所实施的杀人行为与其所实施的伤害行为间同样具有吸收关系，对甲来说只要对乙的伤害行为有认识就足够了；而如果乙的杀人行为发生在其与甲共同实施的伤害行为已经完成后，则乙主观上并没有与甲共同实施杀害 A 的故意，客观上也没有与甲共同实施杀人行为，那么就难以认定乙与甲共同实施的伤害行为与乙以单独实行的意思实施的杀人行为间能够成立吸收与被吸收的关系，事实上这种场合乙应当分别构成故意伤害罪和故意杀人罪，不过是由于伤害行为和杀人行为是对同一对象实施的性质相似但轻重不同的行为，所以两罪构成吸收关系（这里是罪的吸收关系而非伤害行为与杀人行为间的吸收关系），对乙应当按故意杀人罪处罚；而甲则与乙构成故意伤害罪的共同犯罪，且无须对 A 的死亡承担责任。

其次，各实行犯成立不同类型结果加重犯的情况。例如，甲意欲以伤害 A 的方法抢劫 A 财产，乙意欲以杀害 A 的方法抢劫 A 的财产，甲和乙相约共同实行，结果将 A 杀死并抢走 A 的财产（例 12）。对于这种情况，甲和乙构成抢劫罪的共同犯罪自不待言，二人均成立抢劫罪的结果加重犯，但是对于 A 的死亡甲应当负过失责任，乙应当负故意责任，即甲成立的是故意基本行为加过失重结果的结果加重犯类型，乙则构成故意基本行为加故意重结果的结果加重犯类型。之所以会产生这种结果，主要是由于现行刑法对抢劫罪的结果加重犯的特别规定而造成的，通说认为抢劫致死既包括以故意杀害被害人为手段而抢劫被害人财产的情况也包括在实施抢劫过程中行为人的暴力行为过失导致被害人死亡的情况，因此在例 12 中对甲和乙都能按结果加重犯处罚，只不过二者构成不同类型的结果加重犯。然而，这样一来还是否能够认为甲与乙之间的误解跨越了不同的犯罪构成呢？笔者认为，尽管结果加重犯的犯罪构成是以基本犯的犯罪构成为基础而派生出来的，但也应当承认其独立的地位，对于结果加重犯的构成学界存在“完全独立性说”和“相对独立性说”两种不同的见解，但无论哪种见解都是以肯定结果加重犯的独立性为前提的，因此结果加重犯的构成与基本犯的构成之间的错误同样属于不同犯罪构成间的错误。但也应当指出，只有当结果加重犯的构成能够包括对重结果的故意的罪过时各实行犯才有可能在结果加重犯的构成与基本犯的构成间发生误解，因为在过失的结果加重犯的场合各实行犯的故意都指向了基本犯的构成，而对于重结果都没有欲求。另外，如果对例 12 稍作改变，甲和乙相约共同抢劫 A 的财产，在共同实行的过程中乙起了杀意将 A 杀死（例13）。对于这种情况，一般认为如果乙杀死 A 的行为发生在抢劫行为尚未实施完毕的过程中或者是在抢劫的现场为了保护赃物、排除妨碍而杀死 A 的都能够认为是为了完成抢劫而采取的必要手段，甲和乙构成抢劫罪的共同实行犯自不待言，二者均须对 A 的死亡承担抢劫致死的责任，乙承担故意责任，甲承担过失责任；反之，如果乙杀死 A 的行为发生在抢劫行为已经完成后或者是为了湮灭罪证则都不能认为是抢劫行为的组成部分，乙应当单独对杀死 A 的行为负责，这样甲和乙构成抢劫罪的共同犯罪，乙另单独成立故意杀人罪，并且对乙应当数罪并罚。可以看出，对这种情况的处理方法与犯盗窃、抢夺、诈骗罪的转化犯的规定并不相同。这是因为，尽管行为人已经通过实施暴力行为抢得被害人的财产，但如果在抢劫的现场他受制于被害人的反抗而难以逃脱，为了保护赃物或排除妨碍行为人继续实施暴力行为以便能够逃离现场就应当认为是抢劫行为的延续；然而，为了湮灭罪证而实施的暴力行为则又另当别论，不同于转化犯的场合，此时抢劫行为已经实施完毕，行为人在完全可以单纯离去的情况下为了湮灭证据又对被害人实施暴力行为将其杀死，这与抢劫行为已经没有关系了，自然应当对行为人单独定罪。

通常来说，各实行犯合意不一致的场合难以成立相同类型的结果加重犯。这是因为，由于在合意不一致的场合部分实行犯造成了合意范围外的重结果，对于该重结果各实行犯间必然有一部分持故意的心理态度而另一部分持过失的心理态度，这样自然无法成立相同类型的结果加重犯。并且，从上述例 10、例 12 之间的差别可以看出，在合意不一致的场合，各实行犯是否都能够成立结果加重犯、成立何种类型的结果加重犯都是由现行刑法的规定决定的。详言之，如果只处罚故意基本行为加过失重结果的结果加重犯，那么就只有对重结果持过失态度的实行犯能够成立结果加重犯，而对重结果持故意态度的实行犯就只能另按他罪处罚，即例 10 中的情况；如果既处罚故意基本行为加过失重结果的结果加重犯又处罚故意基本行为加故意重结果的结果加重犯，则对全体实行犯都能按结果加重犯处罚，只不过是成立不同类型的结果加重犯，即例 12 中的情况。

（二）各实行犯意思联络一致下由认识错误而成立的结果加重犯

在这种场合，各实行犯之间的意思联络是一致的，只不过由于部分实行犯或者全体实行犯的认识错误而导致发生了合意范围外的结果，这种情况自然有成立结果加重犯的可能，当然只可能成立故意基本行为加过失重结果的结果加重犯类型，因为在各实行犯意思联络一致的场合如果成立故意基本行为加故意重结果的结果加重犯就不会有错误存在的余地，此时全体实行犯都对重结果持故意态度，否则各实行犯的意思联络就不一致了。但问题是，在能够成立结果加重犯的场合，是只有发生错误的实行犯单独成立结果加重犯还是全体实行犯都成立结果加重犯呢？在全体实行犯都成立结果加重犯的场合，是成立结果加重犯的共犯还是各实行犯独自成立结果加重犯呢？对于这两个问题，在我国刑法学界有两派观点相对立。

一派观点认为，在因部分实行犯认识错误而造成合意外的重结果的场合，发生错误的实行犯应当承担结果加重犯的责任自不待言，其他实行犯在对重结果有过失的场合也应当承担结果加重犯的责任，但各实行犯均独自构成结果加重犯，而不成立结果加重犯的共犯；在因全体实行犯认识错误而造成合意外的重结果的场合，全体实行犯均应承担结果加重犯的责任，但各实行犯同样独自构成结果加重犯。理由在于：首先，我国刑法理论并不承认过失共犯，因而即使各实行犯有共同的注意义务，并共同违反了该义务而导致重结果发生，但他们对重结果并没有共同的犯罪故意，也就不可能成立共同犯罪；其次，在由部分实行犯认识错误而导致重结果发生的场合，其他实行犯的行为与重结果之间纵然没有直接的因果关系，但也因为在结果加重犯的场合基本犯罪行为具有惹起重结果发生的具体危险，全体实行犯在对基本犯罪构成有认识的场合就应当预见到发生重结果的可能且均有义务防止该重结果发生，因此能够认定全体实行犯对重结果的发生存在过失心理，所以全体实行犯均应当成立结果加重犯。当然，尽管全体实行犯均单独成立结果加重犯，但仍应当根据各实行犯在基本犯罪中的作用、情节轻重以及其行为对造成重结果的原因力等要素分别量定刑罚。①

另一派观点认为，无论是部分实行犯认识错误而造成合意外的重结果发生还是全体实行犯认识错误而造成合意外的重结果发生，全体实行犯均应当成立结果加重犯的共犯。理由在于：首先，全体实行犯在共同犯罪故意的支配下共同实施基本犯的实行行为，彼此相互利用、相互补充，各实行犯所实施的行为都是共同犯罪行为的组成部分，是不可分割的整体，部分实行犯的行为造成重结果发生自当视为整体共同犯罪行为造成重结果发生，因此全体实行犯都应当对重结果承担责任，这也是“部分行为全体责任”原则的要求；其次，全体实行犯在实施基本犯罪行为之际应当预见到他们的共同犯罪行为可能造成重结果发生，全体实行犯有共同的注意义务以防止造成基本犯罪构成外的重结果，全体实行犯共同违反了该注意义

① 参见陈家林：《结果加重犯的共同正犯浅论》，载《河北法学》2006 年第 12 期。

务而造成重结果的场合自当按结果加重犯的共同实行犯处罚。①

笔者认为，从理论上来说第二派观点更为妥当。理由在于：首先，在部分实行犯认识错误而造成重结果发生的场合，如果无法分辨是谁的行为造成重结果发生，那么若不按共同实行犯处理则全体实行犯都不需要对重结果承担责任，因为如果认为全体实行犯均应当独自承担结果加重犯的责任，就必须能够单独地判断各实行犯的行为与重结果之间的关系，而在无法辨别是谁的行为造成重结果发生的场合，全体实行犯的行为与重结果之间的关系都无法认定；其次，如果认为全体实行犯均应当单独承担结果加重犯的责任，那么根据各实行犯在实施基本犯罪中所起的作用而认定的主、从犯关系如何与重结果协调就成为问题，因为各实行犯的行为与重结果之间的关系是个别认定的，在基本犯罪中起主要作用的实行犯未必是直接造成重结果发生的责任人，但最终所有的实行犯均是在重结果的法定刑下处罚而并非是基本犯的法定刑，这样对于在基本的犯罪构成中起主要作用而在加重的犯罪构成中起次要作用的实行犯或者是在基本的犯罪构成中起次要作用而在加重的犯罪构成中起主要作用的实行犯都难以认定他所应承担的责任程度。然而，依据我国现行刑法的规定却不得不采取第一派观点的主张。

另外，应当指出的是，承继共同实行犯在成立结果加重犯方面表现出了一定的不同，即在先行者的行为已经造成重结果发生而基本犯罪行为尚未实施完毕的场合后行者在明了的情况下以与先行者共同实行的意思加入基本犯罪行为的实行，对于这种情况一般认为后行者只需对基本犯罪行为负共同实行犯的责任。例如，甲意欲抢劫A的财产而将A打成重伤，此时甲的朋友乙经过并在了解情况之后以与甲共同实行的意思完成了对A的抢劫行为（例14），在本案中甲和乙构成抢劫罪的共同实行犯，甲单独成立抢劫致人重伤的

① 参见林亚刚、何荣功：《结果加重犯共同正犯刑事责任的探讨》，载《郑州大学学报》（哲学社会科学版）2002年第4期。

结果加重犯。这是因为，在这种情况下后行者主观上对重结果并没有罪过，客观上后行者的行为与重结果之间也不具备因果关系，因此后行者无须对重结果负担责任。

二、教唆犯、帮助犯认识错误与结果加重犯

教唆犯、帮助犯认识错误的场合，与结果加重犯相关的问题是实行犯在实施基本犯罪行为的过程中故意或过失地造成基本犯罪构成外的重结果，教唆犯、帮助犯对该重结果是否应当承担结果加重犯的责任。一般认为，在合意范围内，教唆犯在实行犯已经着手实行教唆犯教唆之罪的场合应当从属于实行犯、帮助犯在任何场合都应当从属于实行犯，实行犯成立结果加重犯的场合通常教唆犯、帮助犯也应当承担结果加重犯的责任，但是当实行犯故意造成合意外的重结果时，只有在能够认定教唆犯、帮助犯对该重结果主观上有过失的场合才有成立结果加重犯的可能。

（一）实行犯故意造成基本犯罪构成外的重结果

发生这种错误的场合，通常是由两个方面的原因造成的：一是由于教唆者、帮助者和被教唆者、被帮助者间发生误解造成的；二是被教唆者、被帮助者在实行犯罪的过程中改变犯意实施其他罪行造成的。无论是上述哪种情况，教唆者、帮助者都有成立结果加重犯的可能，而且在可能产生的问题上与共同实行犯也颇为类似。

首先，只有教唆犯、帮助犯成立结果加重犯的情况。例如，甲唆使乙伤害A，乙却误认为甲让自己杀害A而将A杀死（例15）；或者是甲误认为乙要伤害A而为乙提供工具，而实际上乙要杀害A，最终乙用甲提供的工具将A杀死（例16）。无论是例15还是例16中的情况，甲和乙都应当构成故意伤害罪的共同犯罪。例15中甲是故意伤害罪的教唆犯和例16中甲是故意伤害罪的帮助犯，并且都应当对A的死亡负故意伤害致死的责任，两例中乙都单独成立故意杀人罪。这是因为，对实行犯所实施的伤害他人的行为极易造成被害人死亡的危险教唆犯、帮助犯都有充分的认识，二者在

以伤害的意思实施教唆行为和帮助行为时就必须注意避免造成被害人死亡的结果，并且由于伤害行为是由实行犯实施的，所以教唆犯、帮助犯必须在伤害的意思内与实行犯达成一致，而在教唆犯与实行犯、帮助犯与实行犯间发生误解的场合教唆犯、帮助犯对于被害人的死亡主观上是有过失的，所以自当对被害人的死亡承担结果加重犯的责任。[1] 另外，在例15、例16中如果是实行犯改变犯意实施杀人行为的场合，由于区分杀害行为是否发生在伤害行为的过程中是十分困难的，教唆犯、帮助犯即使对实行犯所实施的合意范围外的杀人行为缺乏预见可能性，但对于伤害行为可能造成被害人死亡是有认识的，因此也应当承担结果加重犯的责任。例如，甲教唆乙伤害A，乙在伤害A的过程中起了杀意将A杀死（例17）。在本案中，尽管甲只教唆乙伤害A，对乙产生杀A的意思缺乏预见可能性，但甲能够预见到乙的伤害行为可能造成A死亡的结果，因此甲和乙构成故意伤害罪的共同犯罪自不待言，甲应当负故意伤害致死的责任，而乙由于杀人行为与伤害行为均指向同一被害对象，因此只成立故意杀人罪。

其次，实行犯与教唆犯、帮助犯均成立结果加重犯，但类型不同的情况。例如，甲教唆乙以伤害A的方法抢劫A的财产，乙误以为是以杀害A的方法抢劫A的财产而将A杀死，并抢走A的财产（例18）；或者是甲以为乙要以伤害A的方法抢劫A的财产便为乙提供工具，实际上乙意欲以杀害A的方法抢劫A的财产，最终乙用甲提供的工具将A杀死，并抢得A的财产（例19）。对于例18和例19中的情况，甲和乙都构成抢劫罪的共同犯罪，例18

---

① 实践中教唆犯与实行犯、帮助犯与实行犯间由于发生误解而成立结果加重犯的情况还是比较少见的，更为常见的是基于概括的故意而实施的教唆行为或帮助行为，后者的场合一般是按实行犯实际实现的犯罪处罚教唆犯、帮助犯；再者，发生误解的场合与实行犯改变犯意又有所不同，因为教唆犯、帮助犯对于误解主观上是有过错的，而对实行犯改变犯意的情况教唆犯、帮助犯通常并没有预见可能性，同样的道理也适用于共同实行犯的场合实行犯间发生误解与部分实行犯改变犯意在处理上的区别。

中甲是抢劫罪的教唆犯和例 19 中甲是抢劫罪的帮助犯，并且甲和乙都应当对 A 的死亡承担抢劫致死的责任，两例中甲都构成故意抢劫行为加过失致死的结果加重犯，乙构成故意抢劫行为加故意杀人的结果加重犯。理由同样在于，以伤害的方法实施抢劫行为极易造成被害人死亡，对此无论是例 18 中作为教唆犯的甲还是例 19 中作为帮助犯的甲都应当充分认识到，并且都有义务避免死亡结果发生，在与实行犯发生误解的场合同样存在对死亡结果的过失心态，因此都应当对死亡结果承担结果加重犯的责任。另外，如果在例 18、例 19 中实行犯与教唆犯、帮助犯间并没有发生误解，而是改变犯意实施合意范围外的罪行造成重结果的，并不能一概否定教唆犯、帮助犯对重结果的责任。因为，无论是伤害行为还是杀人行为都能够作为抢劫行为的手段，只要是抢劫行为尚未实施完毕或者是在抢劫的现场为了保护赃物、排除妨碍而杀死被害人的都能够认为是为了完成抢劫而采取的必要手段，而教唆犯、帮助犯对这样的手段极有可能造成被害人死亡的结果是有充分认识的，因此都应当承担结果加重犯的责任。但是，如果实行犯所实施的杀人行为发生在抢劫行为已经完成后或者是为了湮灭罪证而实施的，那么就已经超出了抢劫的共同故意，教唆犯、帮助犯都不应当对被害人的死亡结果承担责任。

在教唆犯、帮助犯与实行犯间意思联络不一致的场合，教唆犯、帮助犯与实行犯同样无法构成相同类型的结果加重犯，理由与共同实行犯相同，不再赘述。

（二）实行犯过失造成基本犯罪构成外的重结果

发生这种错误的场合，教唆犯与实行犯、帮助犯与实行犯间的意思联络是一致的，重结果的发生是由实行犯在实施基本犯罪行为的过程中过失地造成的，一般来说实行犯能够成立结果加重犯的场合，教唆犯、帮助犯在对重结果有预见可能性的场合应当从属于实行犯同样成立结果加重犯。但问题是，一则教唆犯、帮助犯与实行犯是否能够成立结果加重犯的共犯；二则在教唆犯、帮助犯与实行犯分别成立结果加重犯的场合，如何判断教唆犯、帮助犯是否已经履行了结果避免义务。

对于第一个问题，依据我国刑法理论中通说的观点，则教唆犯、帮助犯与实行犯应当分别成立结果加重犯。理由同样在于我国现行刑法不处罚过失的共同犯罪，对教唆犯教唆实行犯犯过失之罪、帮助犯帮助实行犯实施过失犯罪的情况理论上都是按间接实行犯处理的，这样对于实行犯在实施基本罪行的过程中过失地造成重结果而成立结果加重犯的情况，如果教唆犯在实施教唆行为之际、帮助犯在实施帮助行为之际能够预见到其所教唆或帮助的罪行极易造成超出基本犯罪构成外的重结果而仍实施教唆行为或帮助行为的，就能够认定教唆犯、帮助犯对重结果的发生负过失责任，就应当成立结果加重犯。但笔者认为，撇开我国现行刑法的规定不谈，单从理论上来说，认定教唆犯、帮助犯与实行犯成立结果加重犯的共犯更为妥当。理由在于：首先，如果对教唆犯、帮助犯与实行犯分别认定结果加重犯的责任，那么同样会产生对基本犯罪的主从犯关系的认定与认定各共犯人对发生重结果所应承担的责任程度间的协调问题。例如，教唆犯与实行犯对基本罪行形成了主犯与从犯的关系，而对重结果的发生则实行犯的责任明显重于教唆犯，这样就会造成处罚上的不协调。其次，教唆犯、帮助犯与实行犯的共同故意能够包摄对发生重结果的预见可能性，即共同的故意不单单指向基本罪行，而对基本罪行可能造成的重结果共同故意同样能够认识到。易言之，并非教唆犯、帮助犯与实行犯各自单独地预见到发生重结果的可能，而是他们的共同故意应当预见到发生重结果的可能而且也能够预见，故而他们有共同的结果避免义务而不是各自单独地负担结果避免义务，否则如果教唆犯、帮助犯已经履行了结果避免义务而实行犯没有履行并导致该重结果发生的场合就应当免除教唆犯、帮助犯的责任，这样就会产生第二个问题，但是通过下面的论证就会发现，教唆犯、帮助犯根本没有可能单独地履行结果避免义务，而如果能够认定教唆犯、帮助犯与实行犯成立结果加重犯的共犯就不会产生这样的矛盾。

对于第二个问题，因为需要分别判断教唆犯、帮助犯和实行犯对重结果所应当承担的责任，所以如果能够认定教唆犯、帮助犯已经履行了结果避免义务，那么即使发生了重结果也能够免除他们的责任。通说认为，如果教唆犯、帮助犯在实施教唆行为或帮助行为的场合能够预见到实行犯所实施的基本罪行极易造成超出基本构成外的重结果，那么只要实行犯过失地造成了该重结果的场合，教唆犯、帮助犯就应当对该重结果承担结果加重犯的责任。然而，这就意味着教唆犯、帮助犯除了放弃实施教唆行为或帮助行为外根本没有可能履行对重结果的避免义务，因为一旦实行犯进入实行后教唆犯、帮助犯（以事前、事后的帮助犯最为典型）就根本不具备对实行犯实行行为的控制力，除非教唆犯、帮助犯能够彻底消除实行犯的实行行为所具备的造成基本构成外的重结果的危险，否则教唆犯、帮助犯是没有其他途径可以履行对重结果的避免义务的，然而在实行犯成立结果加重犯的场合那种危险根本不可能消除。例如，教唆他人实施伤害行为之际是无法消除伤害行为可能造成死亡结果的危险的，因此结论便是教唆犯、帮助犯根本不可能履行对重结果的避免义务。之所以会如此，恐怕还是和教唆犯、帮助犯与实行犯在基本罪行上的共犯关系分不开的，由于在基本罪行上形成了共犯关系，所以对于因基本行为所具有的可能导致重结果的危险而产生的结果避免义务就不是各共犯人自己的义务，而应当是全体共犯人共同的义务，因此全体共犯人必须共同履行该注意义务，当然由于在实行犯着手实行后教唆犯、帮助犯均从属于实行犯，这样只要实行犯履行了该义务就能够视为教唆犯、帮助犯同样履行了该义务，但反之则不能成立，因此分别认定教唆犯、帮助犯与实行犯对重结果的结果加重犯的责任是不合理的。

另外，承继帮助犯（也称为事中帮助犯）作为帮助犯的特殊形态与承继共同实行犯相似，当实行犯已经造成超出基本构成外的重结果而实行行为尚未实施完毕的场合，行为人在明了之后以帮助的意思为实行犯提供帮助的，对他只能在基本罪行的范围内处罚。

第三节 共犯认识错误与阻却犯罪性前提事实认识错误

一、共犯认识错误与阻却犯罪性前提事实认识错误的关系

本书在第一章基础理论部分已经对阻却犯罪性前提事实认识错误作了简要的介绍，对于这种错误我国学者研究得尚不够深入，特别是对数人共同参与该错误的处理更是鲜有论及，这种现状不仅造成了我国刑法理论中的空白，也使得在司法实践中法官对数人共同发生该错误的处理缺乏统一的认识。

前文已述，对阻却犯罪性前提事实认识错误的处理，我国刑法学界的通说认为该错误属于事实错误中的行为性质错误，发生这种错误的场合应当阻却行为人的故意罪责，当行为人主观上有过失且在刑法有相关处罚规定的情况下能够对他按过失犯罪处罚，否则就只能作无罪处理；① 也有学者提出反对意见，认为这种错误应当属于法律错误，在该错误能够归责于行为人的场合对他应当按故意犯罪处罚，如果不可归责于行为人就应当阻却他的故意罪责。② 若采通说的见解，数人共同参与该错误的场合，应当分别判断各参与人是否承担过失责任，这种场合各参与人并不构成共同犯罪，那么该错误就与共同犯罪没有任何联系了；若采法律错误说的见解，数人共同参与该错误的场合，也应当分别判断该错误是否可归责于各参与人，在不可归责于各参与人的场合阻却他的故意罪责，在能够归责于各参与人的场合则应当对他按故意犯罪处理，这样该错误就有可能与共同犯罪联系在一起，那么该错误也就属于共犯认识错误的

① 参见马克昌主编：《犯罪通论》，武汉大学出版社 1999 年版，第 380 页。
② 参见郑泽善：《论正当化事由错误》，载《甘肃政法学院学报》2008 年第 1 期。

研究范围了。

阻却犯罪性前提事实认识错误的具体表现形式多种多样，但总体来说可以归为积极的错误和消极的错误两类。前者是指作为阻却犯罪性事由之基础的前提事实本来不存在但行为人误以为存在，如假想防卫、假想避险等；后者是指作为阻却犯罪性事由之前提事实本来存在但因行为人误认为不存在，如偶然防卫。对于消极错误的处理，我国学者的观点较为一致，认为发生这种错误的场合由于行为人没有防卫意思故而对他按故意犯罪处罚即可，因此这种错误对行为人的罪责没有任何影响，但是该错误毕竟也是阻却犯罪性前提事实错误的一种客观表现形式，因此本书在此也一并讨论。

二、阻却犯罪性前提事实认识错误下成立共犯的形式

（一）积极的阻却犯罪性前提事实认识错误下成立共犯的形式

相较于消极的错误，积极的错误才是本来意义上的阻却犯罪性前提事实认识错误，而消极的错误通常与阻却犯罪性事由的成立是否需要行为人的主观意思的问题相关，因此积极的错误是本节重点研究的对象。一般来说，积极的阻却犯罪性前提事实认识错误的表现形式主要有假想防卫、假想防卫过当、假想避险以及假想避险过当等，由于假想防卫与假想避险、假想防卫过当与假想避险过当之间颇有相似之处，因此本节以防卫行为为例展开分析。

1. 假想防卫下成立共犯的形式。假想防卫，是指客观上并不存在急迫的不法侵害但行为人错误地以为存在或者是行为人错把正在进行的合法侵害当做不法侵害，进而实施了以防卫为目的的攻击行为。当数人共同发生假想防卫时就可能与共同犯罪发生联系，如A欲和同事甲开玩笑，于夜间埋伏在甲下夜班回家必经的小路上，在甲和一起下班的乙经过时突然从黑暗中跳出吓唬二人，甲和乙误认为A正在对自己进行急迫的不法侵害，于是二人顺手从背包中掏出随身携带的扳手、铁锤等工作工具实施了攻击行为，将A打成重伤（例20）。这种情况属于典型的假想防卫，不过是由数人共

同实行而已。对于这种情况，若依通说的观点就应当分别判断甲和乙对于该错误的发生主观上是否有过失以及甲和乙的攻击行为与A受重伤的结果之间有无因果关系，进而分别认定甲和乙的责任。一般来说，如果A只是从黑暗中跳出来吓唬甲和乙而没有其他行为，并不至于就认为是急迫不法的侵害，而甲和乙草率地认为不法侵害存在并直接实施了暴力侵害行为，造成了A受重伤的结果，甲和乙都应当对A负过失致人重伤罪的责任，但问题是如果甲和乙的行为单独都无法造成A受重伤的结果或者是无法分别究竟是谁的行为造成了A受重伤的结果，那么就无法认定甲和乙的过失责任。若依法律错误说，则由于甲和乙基于共同的认识错误而产生了共同实施防卫行为的故意，并共同实施了防卫行为造成A受重伤的结果，二人对于错误的发生都负有不可推卸的责任，因此对二人应当按故意伤害罪的共同犯罪处罚。

对于上述两说的处理方式，笔者认为法律错误说更为妥当。理由在于：首先，若采通说的观点，则现行刑法否定过失共犯所带来的问题将无法处理。其次，假想防卫的场合，行为人对其防卫行为所造成的结果是有认识的，并且也是基于故意的心理态度追求该结果发生，只不过由于他所认为的阻却犯罪性前提事实的存在而使他对他的行为是否为法律许可发生认识错误，而这种错误属于对犯罪构成外的事实的认识错误而导致对行为不被法律许可的认识错误，行为人对于发生该错误是否应当承担责任与他主观上对于防卫行为所造成的结果的心理态度是两个不同的问题。即使认为该错误阻却故意成立也并不能就得出行为人对发生该错误有责任的场合应当对其行为所造成的结果承担过失责任，而如果行为人在稍加注意就能够避免错误的场合却极其轻率地实施了攻击行为，对行为人按故意犯罪处罚并无不当。最后，若采法律错误说的处理方式，实际上各参与假想防卫的行为人之间并非只能够成立共同实行的关系，教唆犯的关系、帮助犯的关系都有成立的可能。

2. 假想防卫过当下成立共犯的形式。假想防卫过当，是指并不存在急迫的不法侵害，而行为人误以为存在并以防卫的目的实施了攻击行为，又造成过当结果的情况。当数人共同参与到假想防卫的行为中，并最终造成了过当结果时，各参与人同样有可能成立共犯关系。例如，甲女和乙女于深夜下班后结伴而行，经过一条偏僻的小道，发现远方有人正迅速向她们移动，因为听说这条小道最近发生过多起强奸案件，二女顿时心生恐惧，以为歹徒就要对她们施暴，待到该人接近时二女便用随身携带的水果刀向其猛刺，致其死亡（例21）。一般来说，在假想防卫过当的场合，一方面需要判断行为人对于发生假想防卫有无责任；另一方面还需要判断行为人对于防卫过当所造成的结果应当承担何种责任。然而，防卫过当又与假想防卫不同，学者们一致认为即使是基于故意的心理态度也能够成立防卫过当，因此从理论上来说对假想防卫有过失的未必不能对过当结果持故意的心理态度，[①] 但又因为假想防卫过当只有一个侵害结果，所以最终仍必须将上述两个方面综合起来判断。对于例21中的情况，若采通说的观点，一般来说，深夜经过一条最近多发强奸案件的小道并看到有人迅速向自己移动就会认为是歹徒要向自己施暴，因此甲和乙对假想防卫无须承担责任，但是甲和乙的防卫行为却明显超过了必要限度，毕竟对方只有一人而甲和乙用水果刀向其猛刺，因此应当就被害人的死亡追究甲和乙的故意罪责；若采法律错误说，同样因为不能将甲和乙的认识错误归责于二人，因此对于假想防卫二人无须承担责任，而对防卫过当所造成的结果的处理则与前说相同。

因此，发生假想防卫过当的场合，首先，应当根据通说或法律错误说处理假想防卫，若依前者则可能得出的结论要么是过失犯罪，要么是无罪，若依后者则行为人要么构成故意犯罪，要么无罪；其次，再结合过当结果综合认定行为人的责任。这样理论上可

---

① 但在实践中很难想象会发生对假想防卫出于过失心态而对过当结果出于故意心态的犯罪类型。

能出现的情况有：（1）依据通说的判断结果。如果行为人对假想防卫出于过失的心理态度，那么他对过当结果就只可能是出于过失的心理态度，如果行为人对假想防卫无须承担责任，那么他对过当结果的心理态度就能够包括故意、过失或者无罪过三种类型。（2）依据法律错误说的判断结果。如果行为人对假想防卫是出于故意的心理态度，那么他对过当结果就可能是故意或者过失两种不同的罪过形式（这就意味着有成立结果加重犯的可能），如果行为人对假想防卫无须承担责任，那么他对过当结果的心理态度同样能够包括故意、过失或者无罪过三种类型。由于笔者支持法律错误说的观点，所以数人参与假想防卫而导致过当结果发生的，在能够对假想防卫认定故意罪责的场合无论是过失心态下的过当结果还是故意心态下的过当结果都可能成立共同犯罪（实际上前者属于共同犯罪中的结果加重犯），而在对假想防卫无须承担罪责的场合则只能对故意心态下的过当结果承担共同犯罪的责任。

（二）消极的阻却犯罪性前提事实认识错误下成立共犯的形式

消极的阻却犯罪性前提事实认识错误，是指客观上虽然存在阻却犯罪性的前提事实，但行为人并没有认识，而是出于故意犯罪的目的实施了犯罪行为，却在客观上起到了阻却犯罪性行为的效果。这种错误以偶然防卫为典型，即行为人并未认识到急迫不法侵害的存在，而是出于故意犯罪的目的对不法侵害者实施了犯罪行为，偶然制止了不法侵害且也没有超过防卫的必要限度的情况。对于偶然防卫，我国刑法学界的通说是不承认其客观的防卫效果的，因为根据主客观相统一原则，成立正当防卫要求行为人主观上必须有防卫意思并基于该意思而实施防卫行为，故而发生偶然防卫时对行为人仍应当按他所实施的罪行定罪处罚。

因此，数人共同实施犯罪行为，由于认识错误而实现了防卫行为的效果，对各行为人仍应当按他参与共同犯罪的方式及他在共同犯罪中所起的作用定罪处罚。例如，甲与乙共谋杀害 A，A 也因为以前的小事与甲、乙产生矛盾而欲杀死甲、乙，某日甲和乙在去杀

A 的路上遇到 A，随即共同向 A 开枪杀死了 A，事后得知此时 A 也准备掏枪射杀甲、乙，只是因为没有甲、乙动作迅速而被甲、乙开枪杀死（例22）。在该例中，甲、乙出于杀 A 的意思共同实施了杀 A 的行为，虽然客观上起到了防卫行为的效果，但由于主观上是实施犯罪的意思，因此不能成立正当防卫，对甲、乙应当按故意杀人罪的共同实行犯定罪处罚。

参考文献

一、著作类

1. 文清源著:《错误论》,辽宁人民出版社 1991 年版。

2. 李光灿等著:《论共同犯罪》,中国政法大学出版社 1987 年版。

3. 新华汉语词典编委会编撰:《新华汉语词典》,商务印书馆 2004 年版。

4. 赵秉志主编:《全国刑法硕士论文荟萃》,中国人民公安大学出版社 1989 年版。

5. 赵秉志主编:《犯罪总论问题探索》,法律出版社 2002 年版。

6. 陈兴良著:《共同犯罪论》(第二版),中国人民大学出版社 2006 年版。

7. 时春明著:《刑法上错误的理论和实践》,兰州大学出版社 1989 年版。

8. 马克昌主编:《犯罪通论》,武汉大学出版社 2001 年版。

9. 马克昌等主编:《刑法学全书》,上海科学技术文献出版社 1993 年版。

10. 高铭暄、马克昌主编:《刑法学》(第 3 版),北京大学出版社、高等教育出版社 2007 年版。

11. 高铭暄主编:《中国刑法学》,中国人民大学出版社 1989

年版。

12. 何秉松主编:《刑法教科书》,中国法制出版社 1993 年版。

13. 张明楷著:《刑法学》(第 3 版),法律出版社 2007 年版。

14. 张绍谦著:《刑法因果关系研究》,中国检察出版社 2004 年版。

15. 陈家林著:《共同正犯研究》,武汉大学出版社 2004 年版。

16. 叶高峰主编:《共同犯罪理论及其运用》,河南人民出版社 1990 年版。

17. 陈兴良著:《刑法哲学》,中国政法大学出版社 1992 年版。

18. 马克昌著:《比较刑法原理》,武汉大学出版社 2002 年版。

19. 李邦友著:《结果加重犯基本理论研究》,武汉大学出版社 2001 年版。

20. 刘凌梅著:《帮助犯研究》,武汉大学出版社 2003 年版。

21. 李海东著:《刑法原理入门》,法律出版社 1998 年版。

22. 闫二鹏著:《共犯与身份》,中国检察出版社 2007 年版。

23. 刘明祥著:《刑法中错误论》,中国检察出版社 2004 年版。

24. 吴振兴著:《罪数形态论》,中国检察出版社 2006 年版。

25. 姜伟著:《犯罪形态通论》,法律出版社 1994 年版。

26. 吴振兴著:《论教唆犯》,吉林人民大学出版社 1986 年版。

27. 魏东著:《教唆犯研究》,中国人民公安大学出版社 2002 年版。

28. 王觐著:《中华刑法论》,中华书局 1933 年版。

29. 张明楷著:《外国刑法纲要》,清华大学出版社 2007

年版。

30. 马克昌、莫洪宪主编：《中日共同犯罪比较研究》，武汉大学出版社 2003 年版。

31. 林维著：《间接正犯研究》，中国政法大学出版社 1998 年版。

32. 田鹏辉著：《片面共犯研究》，中国检察出版社 2005 年版。

33. 阴建峰、周家海主编：《共同犯罪适用中疑难问题研究》，吉林人民出版社 2001 年版。

34. 何秉松著：《有组织犯罪研究》，中国法制出版社 2002 年版。

35. 赵辉著：《组织犯及其相关问题研究》，法律出版社 2007 年版。

36. 储槐植著：《美国刑法》（第 3 版），北京大学出版社 2005 年版。

37. 黎宏著：《日本刑法精义》（第 2 版），法律出版社 2008 年版。

38. 许玉秀著：《当代刑法思潮》，中国民主法制出版社 2005 年版。

39. 林山田著：《刑法通论》（增订 7 版），台大法学院图书部 2001 年版。

40. 洪福增著：《刑事责任之理论》，台湾刑事法杂志社 1982 年版。

41. 甘添贵等编：《共犯与身份》，台湾学林文化事业有限公司 2001 年版。

42. 黄荣坚著：《基础刑法学》，中国人民大学出版社 2009 年版。

43. 陈子平著：《刑法总论》（2008 年增修版），中国人民大学出版社 2009 年版。

44. K. J. M. Smith, *A Modern Treatise on the Law of Complicity*, Oxford, 1991.

45. Andrew Ashworth, *Principles of Criminal Law*, Oxford & New York, 1995.

46. Michael Jefferson, *Criminal Law*, 5th, Edition, 法律出版社 2003 年版（英文影印本）。

47. ［英］鲁珀特·克罗斯著：《英国刑法导论》，赵秉志等译，中国人民大学出版社 1991 年版。

48. ［意］杜里奥·帕多瓦尼著：《意大利刑法学原理》，陈忠林译，法律出版社 1998 年版。

49. ［德］弗兰茨·冯·李斯特著，埃贝哈德·施密特修订：《德国刑法教科书》，徐久生译，何秉松校订，法律出版社 2000 年版。

50. ［德］汉斯·海因里希·耶赛克、托马斯·魏根特著：《德国刑法教科书》（总论），徐久生译，中国法制出版社 2001 年版。

51. ［德］克劳斯·罗克辛著：《德国刑法学总论》（第 1 卷），王世洲译，法律出版社 2005 年版。

52. ［法］卡斯东·斯特法尼等著：《法国刑法总论精义》，罗结珍译，中国政法大学出版社 1998 年版。

53. ［前苏联］特拉伊宁著：《犯罪构成的一般学说》，薛秉忠等译，中国人民大学出版社 1958 年版。

54. ［前苏联］基里钦科著：《苏维埃刑法中错误的意义》，蔡枢衡译，法律出版社 1956 年版。

55. ［俄］斯库拉托夫等主编：《俄罗斯联邦刑法典释义》（上册），中国政法大学出版社 2000 年版。

56. ［韩］金日秀、徐辅鹤著：《韩国刑法总论》，邓军男译，武汉大学出版社 2008 年版。

57. ［日］齐藤信宰著：《刑法中错误论的研究》，日本成文堂

1989 年版。

58. ［日］大塚仁著：《犯罪论的基本问题》，冯军译，中国政法大学出版社 1993 年版。

59. ［日］大塚仁著：《刑法概说》（总论），冯军译，中国人民大学出版社 2003 年版。

60. ［日］大塚仁等编：《刑法解释大全》（第 3 卷），日本青林书院 1992 年版。

61. ［日］大谷实著：《刑法总论》，黎宏译，法律出版社 2003 年版。

62. ［日］川端博著：《正当化事由错误》，日本成文堂 1988 年版。

63. ［日］泷川幸辰著：《犯罪论序说》，王泰译，法律出版社 2005 年版。

64. ［日］川端博著：《刑法总论二十五讲》，余振华译，中国政法大学出版社 2003 年版。

65. ［日］木村龟二主编：《刑法学词典》，顾肖荣等译，上海翻译出版公司 1991 年版。

66. ［日］内藤谦著：《刑法讲义总论（下）》，日本有斐阁 1991 年版。

67. ［日］野村稔著：《刑法总论》，全理其、何力译，法律出版社 2001 年版。

68. ［日］日高义博著：《刑法中错误论的新展开》，日本成文堂 1991 年版。

69. ［日］平野龙一著：《刑法总论I》，日本有斐阁 1972 年版。

70. 徐久生、庄敬华译：《德国刑法典》，中国方正出版社 2004 年版。

71. 黄风译：《意大利刑法典》，中国政法大学出版社 1998 年版。

72. 张明楷译：《日本刑法典》，法律出版社 1998 年版。

二、论文类

1. 汪保康:《共同犯罪中认识错误的几种情况》, 载《法律科学》1991 年第 6 期。

2. 刘明祥:《打击错误及其处理原则探析》, 载《法学家》1994 年第 5 期。

3. 刘明祥:《论共同实行犯的事实错误》, 载《法商研究》1994 年第 5 期。

4. 刘明祥:《论刑法中的因果关系错误》, 载《法学评论》1994 年第 4 期。

5. 刘明祥:《论刑法中错误的分类》, 载《国家检察官学院学报》1994 年第 4 期。

6. 刘明祥:《关于事实错误的学说及其评析》, 载《外国法译评》1995 年第 4 期。

7. 刘明祥:《论法律错误的立法及其完善》, 载《法商研究》1996 年第 4 期。

8. 刘明祥:《论事实错误与法律错误的区别》, 载《法学评论》1995 年第 4 期。

9. 林亚刚、赵慧:《对象错误与打击错误——与倪培兴同志商榷》, 载《中国刑事法杂志》2002 年第 3 期。

10. 林亚刚、何荣功:《结果加重犯共同正犯刑事责任的探讨》, 载《郑州大学学报》(哲学社会科学版) 2002 年第 4 期。

11. 林亚刚:《共谋共同正犯问题研究》, 载《法学评论》2001 年第 4 期。

12. 林亚刚:《共同正犯相关问题研究》, 载《法律科学》2000 年第 2 期。

13. 沈琪、冯景旭:《教唆犯罪事实错误问题的认定与处理——以主客观相统一原则为立场》, 载《法律适用》2007 年第 9 期。

14. 刘士义:《论错误在认识中的地位和作用》, 载《理论探讨》1993 年第 4 期。

15. 刘柏纯：《论法律认识错误对刑事责任的影响》，载《河北法学》2006 年 8 月。

16. 刘宇：《论防卫错误的竞合形态》，载《长春理工大学学报》（社会科学版）2005 年 6 月。

17. 张明楷：《英美刑法中关于法律认识错误的处理原则》，载《法学家》1996 年第 3 期。

18. 张明楷：《论具体方法错误》，载《中外法学》2008 年第 2 期。

19. 田鹏辉：《论期待可能性错误》，载《沈阳师范大学学报》（社会科学版）2003 年第 1 期。

20. 倪培兴：《论事实错误的归责原则》，载《中国刑事法杂志》2005 年第 3 期。

21. 张庆方：《论违法性认识错误对刑事责任的影响》，载《烟台大学学报》（哲学社会科学版）1998 年第 2 期。

22. 何秉松、于齐生：《论刑法上的错误》，载《政法论坛》1994 年第 4 期。

23. 杜澎：《论刑法中“行为性质错误”》，载《法学评论》2000 年第 3 期。

24. 阮齐林：《论刑法中的认识错误》，载《法学研究》1996 年第 1 期。

25. 贾宇：《论刑法中的认识错误》，载《人民检察》2009 年第 5 期。

26. 田鹏辉、安巍：《论刑法中客体错误》，载《北方论丛》2003 年第 1 期。

27. 青道夫：《论行为人对其行为社会危害性的认识错误及刑事责任根据》，载《公安大学学报》1987 年第 2 期。

28. 郑泽善：《论正当化事由错误》，载《甘肃政法学院学报》2008 年第 1 期。

29. 彭文华：《论阻却犯罪的违法性错误》，载《政治与法律》2005 年第 3 期。

30. 许发民：《析教唆犯与间接正犯之间认识错误的认定与处理——以部分的主客观相统一原则为立场》，载《甘肃政法学院学报》2006 年第 1 期。

31. 陈兴良：《论共同犯罪的立法与司法完善》，载《法学研究》1989 年第 6 期。

32. 周铭川：《承继的共同正犯研究》，载《环球法律评论》2008 年第 5 期。

33. 李凤梅：《教唆行为：共犯行为抑或实行行为》，载《法学杂志》2009 年第 1 期。

34. 陈家林：《结果加重犯的共同正犯浅论》，载《河北法学》2006 年第 12 期。

35. 贾宇：《论违法性认识应是犯罪故意的必备要件》，载《法律科学》1997 年第 3 期。

36. 王莹：《论法律错误——德国禁止错误理论的变迁及其对我国犯罪构成理论改造的启示》，载《刑事法评论》2009 年第 1 期。

37. 赵辉：《略论组织犯的存在范围》，载《武汉大学学报》（哲学社会科学版）2007 年第 6 期。

38. 向朝阳、邹佳铭：《论组织犯及其刑事责任》，载《中国刑事法杂志》2006 年第 4 期。

39. 肖扬宇：《论首要分子与主犯、组织犯之关系》，载《石河子大学学报》（哲学社会科学版）2010 年第 2 期。

40. 张明楷：《犯罪集团首要分子的刑事责任》，载《法学》2004 年第 2 期。

41. 陈毅坚：《作为组织支配的正犯后正犯》，载《北方法学》2010 年第 4 期。

42. 路军：《组织犯概念诸学说介评——从组织犯刑事立法出

发的思考》，载《当代法学》2005 年第 3 期。

43. 王昭振、赵薇：《组织犯：诠释基础、类型与处罚》，载《河北法学》2008 年第 10 期。

44. 叶良芳：《实行过限之构成及其判定标准》，载《法律科学》2008 年第 1 期。

45. 马克昌：《共同犯罪理论中若干争议问题》，载《华中科技大学学报》（社会科学版）2004 年第 1 期。

46. 李邦友：《日本刑法共谋共同正犯的理论及其发展》，载《法学评论》2001 年第 1 期。

47. 竹怀军、利子平：《“不知法不免责”原则价值的嬗变与选择——违法性错误理论与实践发展的比较考察及借鉴》，载《比较法研究》2007 年第 5 期。

48. ［日］大谷实：《共犯与身份》，载《法学评论》2005 年第 4 期。

49. ［日］西原春夫：《刑法における错误の理论》，载《法学セミナー》1982 年第 7 期。

50. ［日］大塚仁：《间接正犯和从犯的错误》，载《名古屋大学法政论集》1962 年第 29 号。

51. 安健：《论刑法上的认识错误》，中南政法学院 1992 年硕士论文。

52. 任海涛：《承继共犯研究》，吉林大学 2006 年博士论文。

53. 韩玲：《共同犯罪的罪过形式研究》，吉林大学 2006 年博士论文。

54. 赵香如：《间接实行犯的研究》，武汉大学 2005 年博士论文。

55. 李成：《共同犯罪与身份关系比较研究》，武汉大学 2006 年博士论文。

56. 肖本山：《共犯过限论》，武汉大学 2008 年博士论文。

后　记

从我一开始接触刑法，就对错误问题最感兴趣，无奈其理论过于深奥、复杂，唯恐自己功底浅薄，始终不敢涉及，但因兴趣使然，心中总是念念不忘，终于在博士阶段的学习即将结束之际选择共犯认识错误作为自己毕业论文的题目。尽管在选题之初，我对共犯认识错误的复杂性及研究的困难性都做了充分的准备，但在写作的过程中我才真真正正地体会到在解决共犯认识错误的过程中错误论、共犯论以及犯罪构成论之间纵横交错、错综复杂的联系，这也使我每日在战战兢兢、如履薄冰的心境中进行写作。

本书的完成以及武大三年的学习生涯，这些人是我必须要感谢的：

感谢我的授业恩师林亚刚教授和师母姚绯绯女士。以前只是听过“严父慈母”的说法，与恩师、师母相处三年才真实地体会到其中的含义。恩师治学严谨、一丝不苟，对学生要求严格，还记得第一次向恩师请教论文，恩师不顾繁忙于次日就将文章批改完毕，短短数千字的文章恩师批改得密密麻麻，当我看到文章的那一刻内心充满感激。此次论文的写作更是得到了恩师的鼓励与支持，从文章的选题、篇章布局到遣词造句、标点符号，恩师都悉心指导，尤其是论文的写作难度极大，若非恩师孜孜不倦的鼓励与鞭策，我很难坚持到底。师母姚绯绯女士和蔼可亲、贤淑练达，平日里对我嘘寒问暖、关爱有加，特别是师母得知我幼年丧父，是母亲一人含辛茹苦将我带大更是对我多有照顾。恩师与师母之厚爱学生永世难忘。

感谢德高望重的马克昌先生。刚入校门，先生便教育我们在求学上应当精益求精，在为人上应当严于律己，先生已是耄耋之年，但仍是精神矍铄、笔耕不辍，并不断举办学术报告向武大学子传授刑法理论，先生之健康长寿实乃武大刑法之幸。特别感谢莫洪宪教授、康均心教授、吴振兴教授、皮勇教授在开题时的宽容与精心指导，为我论文的写作提供了宝贵的建议。感谢刑法教研室的每一位老师，武大三年的学习，离不开诸位老师的无私奉献与帮助。此外，还要感谢经济与管理学院金融系高小红老师及其妻子迟芸博士，在武大读书期间他们给了我无微不至的关怀。

何荣功师兄平易近人，虽早已成为武大刑法教研室的老师，但平日里仍以师兄弟相称，对我帮助甚多；袁建伟师兄为人热情，入校后有幸和建伟师兄成为邻居，受到师兄不少照顾；杨开江师兄、袁剑湘师兄、赵俊师兄、田淼师兄、李晓龙师兄、冉妮莉师姐、张纪寒师姐与我共同受教于恩师门下，三年来承蒙他（她）们照顾颇多；同窗师兄弟（姐妹）马献钊、李占州、李坤、曾彦、郭玉川、杜琪、张红昌、吴情树、焦俊峰、杨新红、覃剑锋、肖扬宇、绳万勋、胡剑波、罗永鑫、张洪城、胡东平、怯帅卫、王东明等个个才华横溢，与他（她）们同窗三年，我获益颇多；好友田鑫博士、王琦璟博士等与我相处三年，使我的博士学习生活丰富多彩。在此一并感谢！

我最应该感谢的是我的母亲徐凤琴女士。母亲为了把我带到世上，不仅忍受十月怀胎之苦，还在生产时因难产几乎失去生命；我幼年丧父，母亲独自一人把我抚养成人，其中艰辛难以言表；多年来我一直在外求学，无论在精神上还是物质上母亲都给了我最大的支持。想到母亲日益老去，而我却不能在母亲身旁侍奉，心中十分愧疚。母亲辛苦了一辈子，儿子今生无以为报，唯有加倍努力使母亲能够安享晚年。

感谢我的舅舅魏东平先生。读书期间，舅舅对我关怀备至，常常与我谈心，为我指引前进的方向。感谢我的妹妹王佳瑜女士和未来妹夫代航先生。他们在百忙之中为我收集资料、校订论文。

感谢我的妻子赵倩女士。婚后便开始两地分居的求学生活，聚少离多，妻子温柔贤淑、善解人意，不但没有怨言，还不断地鼓励我、宽慰我；妻子在家中陪伴母亲，经常哄得母亲开心，使我能够安心在校读书；最近，我在写论文、找工作的双重压力下脾气暴躁，妻子总是想方设法为我缓解压力。每每想到这些，我都十分感动，在本书行将结束之际我要对她说一声谢谢。

2009年的冬天格外的寒冷、漫长，隆冬的寒意一直持续到春节，就连武汉也下了三四场雪；这个冬天的寒意还表现在金融海啸余威犹在、就业形势依然严峻。在这种就业和论文的双重压力下，我坚守在枫园的居室奋战了数百个日夜，个中滋味可想而知，但我始终记得一句话：“有希望，不放弃。”

袁　雪

2010年3月9日于枫园十二舍